Das Unterbewusstsein von Organisationen

Werner Leodolter

Das Unterbewusstsein von Organisationen

Neue Technologien – Organisationen neu denken

 Springer Gabler

Werner Leodolter
Institut für Unternehmensführung
und Entrepreneurship
Karl Franzens Universität Graz
Leoben
Österreich

ISBN 978-3-662-44458-0   ISBN 978-3-662-44459-7 (eBook)
DOI 10.1007/978-3-662-44459-7

Die Deutsche Nationalbibliothek verzeichnet diese Publikation in der Deutschen Nationalbibliografie; detaillier-
te bibliografische Daten sind im Internet über http://dnb.d-nb.de abrufbar.

Springer Gabler

Gedruckt auf säurefreiem und chlorfrei gebleichtem Papier

Springer-Verlag Berlin Heidelberg ist Teil der Fachverlagsgruppe Springer Science+Business Media
(www.springer.com)

Andrea, Martina und Nora

Vorwort

Als ich Autofahren gelernt habe, habe ich mich voll auf das Fahren konzentriert und jede Schalthandlung, Betätigung des Blinkers etc. bewusst gesetzt. Nach relativ kurzer Zeit und häufigem Fahren ging vieles wie automatisch von der Hand und ich konnte meine Aufmerksamkeit anderen Dingen zuwenden – Gespräche mit den Beifahrern, Hören von Radiosendungen etc.

Als ich vor einigen Jahren begann, mit einem Wagen der Oberklasse zur Arbeit zu pendeln, hatte ich plötzlich erweiterte Möglichkeiten zur Verfügung: Automatikgetriebe, Autotelefon mit Spracherkennung, Navigationssystem, Einparkhilfe, Abstandswarnung etc. Die Strecke zur Arbeit war fast durchgehend Autobahn.

Ich begann die Zeit im Auto produktiver zu nutzen: berufliche Telefonate, Diktate. Meine liebe Gattin und meine Freunde haben mich immer vor Unaufmerksamkeiten und Unfallgefahr gewarnt. Gott sei Dank ist nie etwas passiert, auch wenn es einige Male zu Beinahe-Unfällen kam, die bei voller Aufmerksamkeit für das Fahren vielleicht nicht passiert wären.

Wenn ich jetzt von automatischem Fahren auf Autobahnen mit selbststeuernden Fahrzeugen höre – das automatische Einparken ist ja schon Stand der Technik – werde ich ja bald als Autolenker während der Fahrt lesen und schreiben können. Das Vorlesen von E-Mails etc. funktioniert ohnehin schon. Doch werde ich auf besondere Situationen auch richtig reagieren können? Werde ich sie überhaupt erkennen? Werden unsere Kinder und Enkel überhaupt noch den Bezug zur räumlichen/geografischen Orientierung ohne Navi haben, oder bei irrtümlicher Eingabe des falschen Fahrzieles unterwegs gar nicht mehr realisieren, dass sie in der völlig falschen Richtung unterwegs sind?

Diese banalen Beobachtungen zeigen einerseits die Lernfähigkeit des Menschen und die Fähigkeiten des menschlichen Gehirns. Andererseits zeigen sie die laufende Erweiterung des Handlungsspektrums der Menschen mit immer neuen Werkzeugen – eine fundamentale Entwicklung der Menschheit – beginnend mit ersten Werkzeugen und Jagdwaffen, über die Erfindung des Rades bis zu den Werkzeugen, welche die Informations- und Kommunikationstechnologien in immer schnellerer Abfolge hervorbringen. Virtual Reality und die Erweiterung der Wahrnehmungsmöglichkeiten durch Sensorik, Kameras, Datenbrillen etc. begleiten uns als Menschen und Individuen gerade in ein neues Zeitalter

und auf eine neue Entwicklungsstufe, indem sie unser Wahrnehmungs- und Handlungs-
spektrum signifikant erweitern.

Bildlich gesprochen werden unsere Arme – die ersten Werkzeuge dienten ja primär
der „Verlängerung" unserer Arme und deren Wirksamkeit – immer länger, geschickter,
leistungsfähiger, effizienter und mächtiger.

Organisationen als „zweckgerichteter Zusammenschluss von Menschen" verändern
sich mit der „Länge unserer Arme" und Mächtigkeit unserer Werkzeuge sowie den erweiterten Wahrnehmungs- und Handlungsmöglichkeiten massiv. Die Gestaltung von
Organisationen – und deren Gestalter, Mitglieder und Stakeholder – ist gefordert, diese
evolutionären und zum Teil revolutionären Entwicklungen zu nutzen. In Bezug auf unsere
Organisationen sind diese Entwicklungen im Bereich der „Werkzeuge" für Wahrnehmung
und Handeln wohl als „disruptive technologies and innovations" zu sehen. Wir sind also
gefordert, unsere Organisationen „neu zu denken" bzw. zumindest zu „überdenken", ob
sie noch zeitgemäß und zweckentsprechend sind. Dies wird erleichtert durch neue Sichtweisen und Zugänge:

Das menschliche Gehirn darf wohl als die Krone der Evolution und der Mensch als
Krönung der Schöpfung bezeichnet werden. Ein überwiegender Teil der Kapazität unseres
Gehirns ist dem Unbewussten und dem Unterbewusstsein zugeordnet. Nur ein kleiner Teil
steht dem Bewusstsein zur Verfügung, das wiederum auch wesentlich vom Unterbewusstsein gesteuert wird. Lernen (z. B. das Autofahren) spielt sich wesentlich im Überschnei-
dungs- und Grenzbereich zwischen Bewusstem und Unbewusstem ab.

Technologischer Fortschritt basiert heute oft auf der Nachbildung bzw. Simulation von
natürlichen Prozessen und Strukturen. Der Sammelbegriff dafür ist die Bionik.

Neben der – aktuell medial sehr präsenten – medizinischen Erforschung des Gehirns
zum Zweck der Heilung von Krankheiten, die sich beispielsweise auch in großen EU-
Forschungsprogrammen (HBP Human Brain Project) widerspiegelt, sind auch andere
Wissenschaftsdisziplinen bestrebt, das Gehirn zu analysieren, um die Innovation voranzu-
treiben. Computerfachleute versuchen, das Gehirn in einem Reverse-Engineering-Prozess
zu modellieren und darauf aufbauend technische Lösungen zu entwickeln, um Nutzan-
wendungen wie Spracherkennung und andere Systeme mit dem Anspruch künstlicher Intelligenz zu entwickeln bzw. zu perfektionieren.

Verhaltenspsychologen und Sozialwissenschaftler versuchen andererseits schon lange
die Prozesse im Gehirn und die Wechselwirkung zwischen Bewusstsein und Unterbewusstsein mit ihren Methoden zu ergründen, um so beispielsweise die Prozesse der Beurteilung und Entscheidungsfindung und die Einflüsse darauf besser zu verstehen. Daraus
sollen Ansätze zur Beeinflussung von Kaufverhalten, Gruppendynamik, Führungsent-
scheidungen etc. gefunden werden.

Innovationsforscher erkunden, welche Rahmenbedingungen Kreativität und Innovation besonders fördern, und bewegen sich dabei auch oft im Bereich des Unterbewusstseins
und seiner Wechselwirkungen mit dem Bewusstsein.

In einfacher Analogie werden die Strukturen des Bewusstseins und des Unterbewusstseins bereits heute auch auf Organisationen angewandt. Mission Statements, Visionen,

Bilder von der Zukunft einer Organisation – „Big Pictures" -, Unternehmensstrategien, Entwicklung der Unternehmenskultur etc. zielen darauf ab, im Wege der Verankerung im Unterbewusstsein der Mitarbeiter und der beteiligten, interessierten bzw. betroffenen Menschen das Handeln der Organisation positiv zu beeinflussen.

Diese Analogie vom Gehirn zur Organisation kann aber umfassender – als nur auf der Ebene des Individuums und seiner Fähigkeiten und Möglichkeiten – angelegt werden. Infrastrukturen, insbesondere Systeme und Vernetzung, aber auch die Gestaltung von innovationsfördernden Arbeitsumgebungen sind heute wesentliche Elemente des „Unterbewusstseins" von Organisationen. Diese Infrastrukturen – neben Leitbildern und Strategien etc. – bewusst als Teil des „Unterbewusstseins" der jeweiligen Organisation zu gestalten und dabei die Wirkungsweise des Gehirns – auf modellhafter Ebene einerseits und auf verhaltenspsychologischer Ebene andererseits – einfließen zu lassen, ist Thema dieses Buches.

Die Wechselwirkungen zwischen diesem „Unterbewusstsein einer Organisation" und dem bewussten, zweckgemäßen und zielgerichteten Handeln der Beschäftigten in allen Ebenen einer Organisation beeinflussen nachhaltig den Erfolg einer Organisation in einem immer volatileren Umfeld. Die technologischen Entwicklungen im Bereich Big Data, Social Media, künstliche Intelligenz, Augmented Reality, Internet der Dinge und Internet of Everything werden von einer Organisation nur erfolgreich genutzt werden können, wenn sie im „Unterbewusstsein der Organisation" und deren Infrastruktur gezielt eingebaut und „verdrahtet" werden, den handelnden Menschen zugänglich und nutzbar gemacht werden und die Visionen und Strategien sowie das zweckmäßige Handeln in der Organisation unterstützen.

Dieses Buch soll Sie, werter Leser, dazu anregen, die Organisationen, in denen Sie tätig sind, auf die Sie Einfluss haben oder die Sie einfach interessieren, „neu zu denken" und das Buch soll dabei helfen, diesbezügliche Ideen und Innovationen zu entwickeln. Fiktive, aber bereits nahe an der Realität angesiedelte Erzählungen, die in der inhaltlichen Entwicklung des „roten Fadens" eingeflochten sind, sollen sie dabei unterstützen (Beispiel Krankenhauskonzern, Beispiel Industrieunternehmen, Beispiel Handelsunternehmen).

Zunächst werden in Kap. 1 – der Einführung – die Begrifflichkeiten klargelegt, um die Analogien auch semantisch zu verankern.

In Kap. 2 werden die relevanten verhaltenspsychologischen Grundlagen dargelegt.

Kapitel 3 erläutert die Elemente der Infrastruktur einer Organisation und analysiert die relevanten Technologien und Methoden sowie die Erwartungen für die Zukunft, insbesondere die künstliche Intelligenz und das „predictive modelling" und andere Themen aus dem Bereich Big Data, Smart Data etc.

Kapitel 4 entwickelt ein Modell des Unterbewusstseins einer Organisation und seiner ihrer Schnittstellen zum Bewusstsein

Kapitel 5 widmet sich der Frage, ob, wie und wie schnell das Unterbewusstsein einer Organisation gestaltet bzw. umgestaltet werden kann und welche Leitlinien dabei zu berücksichtigen sind.

In Anbetracht der rasanten technologischen Entwicklung bilden Erfahrungen, Beobachtungen, Literatur und darauf gegründete Erwartungen die Grundlagen für die hier erarbeiteten Hypothesen und deren Begründung. Statistisch abgeleitete oder wissenschaftliche Herleitungen und Erkenntnisse werden demnach nur in kleinerem Ausmaß erörtert.

Anmerkungen zum Entstehen der Idee zu diesem Buch[1]

Die in Kap. 5 beschriebenen kybernetischen Grundmuster (der sich verstärkende Kreislauf, der ausgleichende Kreislauf, das Element der Verzögerung etc.) entsprechen in einer Analogiebetrachtung zum Teil den verschiedenen Grundtypen von Regelkreisen, wie wir sie aus der technischen Disziplin der Regelungstechnik kennen. Ich habe diese kybernetischen bzw. regelungstechnischen Grundüberlegungen 1992 – damals noch ohne Kenntnis des Buches von Peter Senge über „organisatorisches Lernen" (The fifth discipline, Senge 1990) – in meinem Buch auf Produktionsbetriebe zur Anwendung gebracht und unter dem Titel „Fertigungsleitsysteme – organisatorische und informationstechnische Leitlinien" als Fachbuch veröffentlicht (Leodolter 1992). Die Gedanken von Peter Senge habe ich 1995 entdeckt und in einem Artikel über lernfähige Organisationen (Lernfähige Organisationen – eine Voraussetzung für nachhaltig erfolgreiche Unternehmen – Leodolter 1997) meine Ideen aus 1992 damit angereichert und meine Betrachtungen auf gesamte Organisationen erweitert. Dabei entstand auch die Idee der umfassenden Beschreibung des Unterbaus von Organisationen als Infrastrukturen und der Analogiebetrachtung dieser Strukturen und Teile des Verhaltens von Organisationen als „Unterbewusstsein von Organisationen". Diese Ideen sind nach Jahren der Tätigkeit in oberen und obersten Führungsetagen im Gesundheitswesen und nach der Lektüre des Buches von Daniel Kahneman „Thinking fast and slow" sowie des Buches „How to create a mind" von Ray Kurzweil sowie durch die laufende Beschäftigung mit Informations- und Kommunikationstechnologien im Zuge meines Lehrauftrages an der Technischen Universität Graz wieder „hochgekommen". Der aktuelle Innovationsschub in der Anwendung der IKT in Organisationen – Stichworte Big Data, Visual Analytics, In-Memory Computing, Massive Parallel Processing, Predictive Analysis etc. – bietet nun die Chance, diese Ideen in der Praxis stärker zur Wirkung zu bringen und vor diesem Hintergrund Organisationen „neu zu denken". Damit möchte ich Anregungen zur Erhöhung der Wirksamkeit und Nachhaltigkeit von Organisationen und komplexen Systemen sowie zur Gestaltung dieser geben.

Sie haben 3 Möglichkeiten, dieses Buch zu lesen:

- Die empfohlene Variante ist natürlich: von vorne nach hinten lesen – So können die umfassenden Zusammenhänge – unterlegt mit Beispielen – wohl am besten erfasst werden.
- Zum Hineinschnuppern (Quick Scan) – oder zum in Erinnerung rufen nach der vollständigen Lektüre – ist es auch denkbar, sich die gekennzeichneten Beispiele bzw. fiktiven Erzählungen aus Krankenhaus, Industrieunternehmen und Handelsunternehmen durchzulesen. Sie ergeben jeweils eine konsistente Erzählung aus der jeweiligen Branche.
- Die dritte Möglichkeit des schnellen Lesens – insbesondere mit Schwerpunkt auf die Gestaltung des Unterbewusstseins von Organisationen sind die Zusammenfassungen der Kapitel und die mit Pfeilen gekennzeichneten hineingerückten Leitsätze. Dies ist

---

[1] Die Literaturverweise zu diesen Anmerkungen finden Sie in Kapitel 1.

aber der eher abstrakte Zugang zur Materie. Er ist auch gut geeignet, sich das Gelesene – gegebenenfalls mit zeitlichem Abstand – wieder in Erinnerung zu rufen.

Sollten Sie zum Einstieg die Erzählungen und/oder die Leitsätze wählen, so hoffe ich, dass ihr Interesse so weit geweckt ist, dass sie dann das gesamte Buch lesen und sich auch noch in 5 Jahren an dieses Buch erinnern.

Inhaltsverzeichnis

Einführung

1

Zusammenfassung

Der Begriff des Unterbewusstseins – abgeleitet aus der Literatur – und die Fähigkeiten zur Intuition und zu intuitivem Handeln sind eng miteinander verknüpft. Die Analogiebetrachtung im Sinne des „Unterbewusstseins von Organisationen" ist zweckmäßig und mit dem Einzug der neuen Technologien in die Organisationen geradezu indiziert. Infrastrukturen sowie Struktur- und Ablauforganisation einer Organisation bilden – verbunden mit Werten, Haltungen und Strategien der Organisation – das Unterbewusstsein einer Organisation.

Zunächst seien die Begrifflichkeit des Unterbewusstseins und seine Abgrenzung zu Bewusstsein und Wahrnehmung dargelegt. Beginnen wir mit Sigmund Freud, dem Vater der Psychoanalyse (vgl. Sandler et al. 2003). Sigmund Freud, stellte zwei verschiedene und nicht ganz deckungsgleiche Modelle des psychischen Apparats auf:

- Zuerst das Modell Bewusstes/Vorbewusstes/Unbewusstes (topographisches Modell),
- später das Modell Ich/Es/Über-Ich (Strukturmodell der Psyche).

Betrachten wir das topografische Modell: Bewusstes, Vorbewusstes und Unbewusstes:

Das Unbewusste ist in der Psychologie jener Bereich der menschlichen Psyche, der dem Bewusstsein nicht direkt zugänglich ist. Alltagssprachlich wird es oft als „Unterbewusstsein" bezeichnet. Die Tiefenpsychologie geht davon aus, dass unbewusste psychische Prozesse das menschliche Handeln, Denken und Fühlen entscheidend beeinflussen, und dass das Bewusstmachen unbewusster Vorgänge eine wesentliche Voraussetzung für die Therapie von Neurosen ist. Dagegen fallen unter die als das Vorbewusste bezeichnete psychische Region alle psychischen Vorgänge und Inhalte, die im Augenblick nicht aktiviert, aber im Gegensatz zum Unbewussten prinzipiell zugänglich sind und im Bedarfsfall

W. Leodolter, *Das Unterbewusstsein von Organisationen*,
DOI 10.1007/978-3-662-44459-7_1

jederzeit wieder aktiviert werden können (vgl. Roudinesco und Plon 1997). In diesem Buch wird das Vorbewusste und das Unbewusste im Begriff „Unterbewusstsein" zusammengefasst.

Auch der Begriff der Intuition ist in diesem Zusammenhang relevant:

Die Intuition ist „die Fähigkeit, Einsichten in Sachverhalte, Sichtweisen, Gesetzmäßigkeiten oder die subjektive Stimmigkeit von Entscheidungen zu erlangen, ohne diskursiven Gebrauch des Verstandes" (Gigerenzer 2007). Die Fähigkeit, Eigenschaften und Emotionen in Sekundenbruchteilen unbewusst oder bewusst komplex und instinkthaft zu erfassen ist entwicklungsgeschichtlich eine Einstellung, die der Unterscheidung von Freund und Feind dient, um sich in Sekundenbruchteilen für eine Kampf- oder Fluchtreaktion entscheiden zu können.

Dieses Buch handelt von Organisationen und stellt die Hypothese in den Raum, dass es in einer Analogiebetrachtung zulässig ist, von einem Unterbewusstsein von Organisationen zu sprechen.

Analogien sind laut H.-G. Coenen (2002) wie folgt beschrieben: Die Analogie als rhetorischer Begriff bezeichnet ein Stilmittel, in welchem ähnliche Strukturen oder Sachverhalte in einen Zusammenhang gestellt werden. Zwischen zwei Dingen besteht eine Analogie, wenn sie sich durch ein Merkmal ähnlich sind, auch wenn sie sich in anderen Merkmalen unterscheiden können. Dieses Stilmittel wird häufig dazu verwendet, sich schon bekannte Informationen aus einem vergleichbaren Sachzusammenhang, oder auch einen in einem vergleichbaren Zusammenhang bereits gefundenen Konsens, zur Veranschaulichung eines anderen Zusammenhanges oder zur Verstärkung eines Argumentes in einem anderen Zusammenhang zunutze zu machen. Wenn aus dem schon bekannten Sachzusammenhang konkrete Schlussfolgerungen für den neuen, vergleichbaren Sachzusammenhang gezogen werden, spricht man auch von einem Analogieschluss.

Hofstädter et al. erläutern in ihrem Buch „Die Analogie – das Herz des Denkens" (2014) einige wesentliche Merkmale der Analogie als wesentliches Merkmal der Intelligenz:

Die Konzepte, in denen wir denken, verdanken wir der Sprache. Fehler erlauben uns einen Blick ins Unterbewusstsein, weil im Geist immer Wörter konkurrieren. Das Neue, das wir wahrnehmen, wenden wir an auf das, was wir schon kennen. Analogien sind Dreh- und Angelpunkt all unseres Denkens. Intelligenz ist die Fähigkeit, sehr schnell tiefe Analogien zu erkennen, die Fähigkeit innerhalb kurzer Zeit den Finger auf das Wesentliche einer Situation zu legen. Auch Mathematiker lassen sich von vagen Intuitionen und Einsichten leiten – erst hinterher rechtfertigen sie dann ihr Tun und füllen die Lücken (u. a. mit Logik). Analogie und Intuition sind ähnlich.

Der Bereich, auf den wir die Analogie anwenden wollen, ist die Welt der Organisationen aller Art. Betrachten wir daher den Begriff der Organisationen.

Das Gabler Wirtschaftslexikon bezeichnet eine Organisation als das formale Regelwerk eines arbeitsteiligen Systems, weist aber auch auf informale Regelungen hin, die ebenfalls wirksam sein können. Generell wird festgehalten, dass sich der Begriff der Organisation nicht eindeutig definieren lässt. Die Begriffslegung ist abhängig von der jeweils zugrunde gelegten organisationstheoretischen Herangehensweise (vgl. Springer Gabler 2010).

Gerade die erwähnten informalen Regelungen sind Teil des „Unterbewusstseins der Organisationen" und bedingen sich wechselseitig mit dem „bewussten" formalen Regelwerk. Insofern ist das „Unterbewusstsein" in seiner alltäglichen Wirkungsweise zwar für die Organisation unbewusst, aber es ist zu einem guten Teil gestaltbar.

Lassen Sie uns daher in diesem Buch den Begriff Organisation sehr offen und weit gefasst als „zweckgerichtete Verbindung von Individuen und Organisationen mit einer Form der Koordination und/oder Selbstregulierung zur Erfüllung dieses Zwecks der Organisation" betrachten. Der Begriff der betrachteten Organisationen umfasst daher einerseits Kleinunternehmen bis hin zu Großkonzernen im wirtschaftlichen Bereich als auch im Non-Profit-Bereich und andererseits Gemeinden bis hin zu Staatsgebilden. Dieses Buch fokussiert im Speziellen aber auf Organisationen im Profit- und Non-Profit-Bereich, wenngleich einige Ideen und Konzepte auch auf Gemeinden oder Staaten als Organisationen (oft auch Institutionen, Körperschaften etc. genannt) anwendbar sein mögen.

Eine zulässige und für das Thema dieses Buch praktikable Definition und Strukturierung der menschlichen Bewusstseinsebenen als Grundlage für die Analogiebetrachtungen hin zu Organisationen findet sich beim Psychotherapeuten Ivan Staroversky (2013), der die Psyche in 3 Ebenen strukturiert, eine Struktur, die ich auch den folgenden Überlegungen zugrunde legen werde:

- the conscious mind – Das Bewusstsein
- the subconscious mind or the preconscious mind – das Unterbewusstsein
- the unconscious mind – Das Unbewusste, das auch als „Subdomäne" des Unterbewusstseins mitbetrachtet wird

Ein weiterer zu definierender Begriff, der eine besondere Form der Analogiebetrachtung darstellt und für dieses Buch von Relevanz ist, ist die Bionik. Abstrakt betrachtet ist die Bionik eine Form der Analogie und des Analogieschlusses von natürlichen Phänomenen hin zu technologischen Konstrukten und Konzepten.

Die Bionik (auch *Biomimikry*, *Biomimetik* oder *Biomimese*) beschäftigt sich mit dem Übertragen von Phänomenen der Natur auf die Technik. Das älteste bekannte Beispiel dafür ist Leonardo da Vincis Idee, den Vogelflug auf Flugmaschinen zu übertragen. Das gängigste Beispiel aus dem modernen Alltag ist der von Kletten inspirierte Klettverschluss. Der Bionik liegt die Annahme zugrunde, dass die belebte Natur durch evolutionäre Prozesse optimierte Strukturen und Verfahren entwickelt, von denen der Mensch lernen kann (vgl. Blüchel 2006). Als interdisziplinäres Forschungsfeld zieht die Bionik Naturwissenschaftler und Ingenieure, Architekten, Philosophen und Designer an. Der Bionik geht es um systematisches Erkennen von Lösungen der belebten Natur; sie grenzt sich damit von der zweckfreien Naturinspiration ab. Ihr Ziel ist stets ein von der Natur getrenntes technisches Objekt oder Verfahren. Damit unterscheidet sich die Bionik von Wissenschaften, die biologische Prozesse nutzen und erweitern, wie die Bioinformatik, Biophysik und Biochemie.

Insofern ist die Analogiebetrachtung des menschlichen Gehirns und seiner Bewusstseinsebenen hin zu Organisationen durchaus angebracht.

Eine wichtige Frage ist natürlich: Gibt es in der Literatur bereits Anwendungen des Begriffs des „Unterbewusstseins" auf Organisationen?

Ein früher Ansatz war – wenn auch nicht auf eine Organisation bezogen, aber doch über das Individuum hinausgehend – die Annahme des „Kollektiven Unbewussten" durch Carl Gustav Jung:

Die von Carl Gustav Jung begründete „analytische Psychologie", weist viele Ähnlichkeiten zur Freud'schen Psychoanalyse auf. Beide beschreiben die Möglichkeit der (Wieder)Aufdeckung des Unbewussten durch die tiefenpsychologische Therapie. Eine Neuerung für die Theorie besteht in der Annahme eines „Kollektiven Unbewussten" durch Jung. Dies steht zwar nicht im Widerspruch zu der Freud'schen Annahme von Inhalten des ES, die der Menschheit, weil angeboren, allgemein oder eben kollektiv wären – so u. a. die berühmten „Phallischen Symbole". Im Gegensatz zu Freud aber sah Jung das kollektive Unbewusste gewissermaßen als Lagerstätte der Erfahrungen an, die die Menschheit parallel zu ihrer Evolutionierung verinnerlicht habe. Im kollektiven Unbewussten manifestieren sich die von Jung 1919 beschriebenen Archetypen. Die bedeutendsten sind: Animus und Anima (das Bild des Männlichen und das Bild des Weiblichen), Schatten (negative, sozial unerwünschte, unterdrückte Züge der Persönlichkeit) sowie der alte Weise und die alte Weise. Hinzu kommen die Symbole des Selbst als umfassender Ausdruck der Ganzheit der Psyche. Archetypen sind eines jeden Individuums präexistente unbewusste Form von Urbildern, welche die Psyche determinieren. Ein Mensch taucht aus dem kollektiven Unbewussten auf und seine Subjektivität entsteht durch einen Prozess der progressiven Integration von Animus und Anima, den Jung als Individuation bezeichnete (vgl. Roudinesco und Plon 1997).

Es gibt zahlreiche Seminarangebote und Literatur zur Anwendung der Psychoanalyse auf Organisationen, die sich aber im Wesentlichen auf die Beeinflussung der Organisation im Wege der Beeinflussung und des Verstehens von Individuen in ihren Rollen in der Organisation konzentriert – es geht also um die Anwendung und Nutzung der Psychoanalyse der Menschen in der Organisation und der Kunden der Organisation für die Zwecke der jeweiligen Organisation. Mathias Lohmer (2014) beispielsweise setzt sich mit der Psychoanalyse von Organisationen auseinander und propagiert die psychodynamische Organisationsberatung.

Ich habe in einer Publikation (Leodolter 1997) den Begriff des „Unterbewusstseins von Organisationen" in Zusammenhang mit der Etablierung von lernenden Organisationen und der dazu notwendigen Infrastrukturen verwendet.

Die massiven Entwicklungen in den Informations- und Kommunikationstechnologien der letzten beiden Jahrzehnte haben einen fundamentalen Wandel dahingehend mit sich gebracht, dass die Menschen (als Teile und Mitarbeiter von Organisationen) ihren fortgeschrittenen persönlichen Umgang mit neuer Technologie mitbringen und nicht mehr wie früher lediglich Anwender der von der Organisation zur Verfügung gestellten Werkzeuge sind. Sie erwarten eine „user experience", wie sie es von Apple, Facebook, Google, der Spiele-Industrie etc. gewohnt sind. Dies wird von den Organisationen auch zunehmend geboten – zumindest bemühen sie sich zunehmend darum, um auch attraktiv für Talente zu sein. Der „war for talents" ist ja schon im Gange, wenn man der Fach-und der Tagespresse glauben darf. Die demografischen Entwicklungen im nächsten Jahrzehnt lassen in den westlichen Industrieländern ja eine Verschärfung des „war for talents" erwarten.

Ein in diesem Zusammenhang verwendeter Begriff für die Gesamtheit der Informations-, Kommunikations- und Organisationsmittel sowie die organisatorische Gestaltung und Einbettung dieser ist „Infrastruktur":

Der Begriff Infrastruktur wird neben dem Gebrauch für öffentliche Einrichtungen zur Versorgung, Transport etc. hauptsächlich zur Kennzeichnung technischer Grundeinrichtungen im privatwirtschaftlichen Bereich, beispielsweise in Unternehmen, verwendet. So können unter anderem verwaltete Straßen, Gebäude und technische Grunddienste, wie Strom oder Kommunikation in Industrieparks oder Büroanlagen auch als Infrastruktur verstanden werden. Spezielle Organisationsformen der privatwirtschaftlichen Verwaltung solcher Anlagen bezeichnet man z. B. mit „(On-)Site-" oder „Facilitymanagement". In den Unternehmen selbst hat sich in den letzten Jahren auch der Begriff IT-Infrastruktur durchgesetzt.

Die IT-Infrastruktur ist die Gesamtheit aller Gebäude, Kommunikationsdienste (Netzwerk), Maschinen (Hardware) und Programme (Software), die einer übergeordneten Ebene durch eine untergeordnete Ebene (lat. *infra* „Unter") zur automatisierten Informationsverarbeitung zur Verfügung gestellt werden. Die übergeordnete Ebene hat hierbei keine direkte Möglichkeit der Beeinflussung der Prozesse der untergeordneten Ebene; die Planungshoheit für die Prozesse verbleibt bei der untergeordneten Ebene.

Der Begriff „Konsolidierung der IT-Infrastruktur" bezeichnet den Prozess der Vereinheitlichung und Zusammenführung (oder sogar Verschmelzung) von Server- bzw. Desktop-Systemen, Anwendungen sowie Datenbeständen oder Strategien (vgl. TecChannel 2006). Ziel ist in der Regel die Vereinfachung und Flexibilisierung der IT-Infrastruktur, oft durch Reduzierung von physischen Systemen und Ersetzung dieser durch virtuelle Systeme.

Das Unterbewusstsein von Organisationen im Sinne der Ausführungen in diesem Buch stellt daher – in Form einer Analogie zum Unterbewusstsein und dem Bewusstsein eines Individuums und den Begrifflichkeiten der Psychoanalyse – ein soziotechnisches Konstrukt bestehend aus

- technischen Infrastrukturen (die der Organisation unterbewusstes und bewusstes Handeln ermöglichen) und
- Strukturen und Prozessen einer Organisation (formale und informelle Regelungen) sowie
- Werte, Haltungen und Strategien dar,

die den Rahmen für bewusste und unterbewusste Handlungen der einzelnen Mitarbeiter und Führungskräfte bilden und diese wesentlich beeinflussen.

Die Leistung und Entwicklung einer Organisation ergibt sich u. a. aus den zahllosen Entscheidungen, die entweder von einzelnen Mitarbeitern und Führungskräften tagtäglich mehr oder weniger bewusst getroffen werden oder von Systemen auf Basis entsprechender Parameter und Algorithmen vorbereitet werden oder sogar selbsttätig getroffen werden.

Die Analogiebetrachtung des menschlichen Gehirns und seiner Bewusstseinsebenen hin zu Organisationen ist also durchaus zweckmäßig und angebracht – auch aus evolutionären Gesichtspunkten. Dazu zwei Auszüge aus den obigen Definitionen der Begrifflichkeiten:

- Der Bionik liegt die Annahme zugrunde, dass die belebte Natur durch evolutionäre Prozesse optimierte Strukturen und Prozesse entwickelt, von denen der Mensch lernen kann
- Carl Gustav Jung sah das kollektive Unbewusste gewissermaßen als Lagerstätte der Erfahrungen an, die die Menschheit parallel zu ihrer Evolutionierung verinnerlicht habe.

Die Forschungsschwerpunkte in der EU (HBP- the Human Brain Project) und den USA (Brain Initiative) und das gesamte Forschungs- und Entwicklungsfeld der künstlichen Intelligenz sind auch Ausdruck dieser evolutionären Entwicklung.

Im nächsten Kapitel werden die kognitionswissenschaftlichen und verhaltenspsychologischen Grundlagen für Entscheidungsfindungen näher beleuchtet, um danach im übernächsten Kapitel die infrastrukturellen und technischen Aspekte zu beleuchten, die das Unterbewusstsein von Organisationen und die Schnittstelle zu deren Bewusstsein prägen bzw. das Potential dazu haben, diese zu prägen.

Literatur

Blüchel KG (2006) Bionik. Wie wir die geheimen Baupläne der Natur nutzen können. Goldmann, München. ISBN 3-442-15409-X

Coenen H-G (2002) Analogie und Metapher. Grundlegung einer Theorie der bildlichen Rede. Berlin

Gigerenzer G (2007) Bauchentscheidungen. Die Intelligenz des Unbewussten und die Macht der Intuition. Bertelsmann, München. ISBN 978-3-570-00937-6

Hofstaedter D, Sander E, Held S (2014) Die Analogie: Das Herz des Denkens, 1. Aufl. Tropen-Verlag (Verlag C.H. Beck im Internet). ISBN 978 3 608 94619 2

Leodolter W (1992) Fertigungsleitsysteme – organisatorische und informationstechnische Leitlinien. B.G.Teubner, Stuttgart

Leodolter W (1997) Lernfähige Organisationen – eine Voraussetzung für nachhaltig erfolgreiche Unternehmen. Der Wirtschaftsing 37(1):27–31

Lohmer M (2014) Psychoanalyse in Organisationen: Einführung in die psychodynamische Organisationsberatung. Kohlhammer, Stuttgart

Roudinesco E, Plon M (2004) Jung, Carl Gustav. In: Dictionnaire de la Psychanalyse, 1997. Aus dem Französischen von Christoph Eissing-Christophersen u. a. Wörterbuch der Psychanalyse. Springer, Wien, S 510–515

Sandler J, Holder A, Dare C, Dreher AU (2003) Freuds Modelle der Seele. Eine Einführung. Psychosozial, Gießen.

Senge P (1990) The fifth discipline, the art and practice of the learning organisation. Doubleday currency

Springer Gabler Verlag (Hrsg) (2010) Gabler Wirtschaftslexikon, Stichwort: Organisation. http://wirtschaftslexikon.gabler.de/Archiv/773/organisation-v6.html Zugegriffen: 13. Juli 2014

Staroversky I (in www.staroversky.com;Three Minds: Consciousness, Subconscious, and Unconscious, Posted on May 23rd, 2013) mit Bezugnahme auf Corsini RJ, Wedding D (2011). Current psychotherapies, 9. Aufl. Brooks, Belmont

TecChannel.de Leitfaden zur Server-Konsolidierung. 17. Jan. 2006. Zugegriffen: 5. Aug. 2010

Verhaltenspsychologische und kognitionswissenschaftliche Betrachtungen

Zusammenfassung

Unbewusste Prozesse, die auf Erfahrungen beruhen und trainiert werden können, steuern unser Verhalten und folgen einer „inneren Argumentation". Geprägt werden sie u. a. durch sprachliche Konstrukte. Diese unbewussten Prozesse formen das „schnelle und intuitive Denken". Die Vorteile der Effizienz sind verbunden mit Gefahren, wie Vorurteilen, Bias etc. Intuition ist eine wesentliche Ressource unseres kognitiven Systems und ist beeinflussbar. Das Unterbewusstsein wirkt als eine assoziative Maschine, die auf Basis von Mustererkennung arbeitet. So bilden wir uns unsere Realität in einem dreistufigen Prozess aus Verdrängung, Verzerrung und Verallgemeinerung ab. Assoziationen und Analogien sind wesentliche Merkmale von Intelligenz. Diese verhaltenspsychologischen und kognitionswissenschaftlichen Aspekte auf personeller Ebene können für gute Entscheidungsfindungen genutzt werden und – im Kontext der jeweiligen Organisation – auch im Lichte der Analogiebetrachtung zum Unterbewusstsein von Organisationen positiv genutzt werden.

Wenn wir das Unterbewusstsein von Organisationen betrachten wollen, ist es bedeutend, zunächst das Unterbewusstsein der Akteure in einer Organisation, der Führungskräfte, Stakeholder und Mitarbeiter – also der Menschen – in seiner Relevanz für die Entscheidungsmechanismen zu betrachten. Damit sind wir beim Thema der Kognitionswissenschaft und der Verhaltenspsychologie. Wie wir später sehen werden, lohnt sich eine etwas eingehendere Betrachtung dieses Themas auch in Anwendung der Analogiebetrachtung auf Organisationen und ihr Unterbewusstsein und Bewusstsein.

© Springer-Verlag Berlin Heidelberg 2015

W. Leodolter, *Das Unterbewusstsein von Organisationen*,

DOI 10.1007/978-3-662-44459-7_2

2.1 „Mind" und „Self"

Die Psychologen und Neurowissenschaftler, wie z. B. Antonio Damasio in seinem Werk „Self comes to Mind" (2010) sprechen vom Bewusstsein und dem großen Bereich des Unbewussten. Entsprechend den obigen Definitionen ist es zulässig – auch in Bezug auf die Verhaltenspsychologie im sozialen und wirtschaftlichen Kontext – den Bereich des Unbewussten, der nahe am Bewusstsein liegt, als Unterbewusstsein zu bezeichnen. Es geht ja in der verhaltenspsychologischen Betrachtung im sozialen und wirtschaftlichen Kontext auch insbesondere um die Interaktion und wechselseitige Beeinflussung von Bewusstsein und Unterbewusstsein.

In der vor allem englischsprachigen Literatur in diesem Bereich begegnen uns auch immer wieder zwei Begriffe, die ich eingangs etwas erläutern möchte: „mind" und „self".

„Mind" – direkt übersetzt „Geist" oder „Seele" – ist eine Sammlung kognitiver Fähigkeiten, Fertigkeiten, Prozesse und Eigenschaften, die Bewusstsein, Wahrnehmen, Begreifen, Denken, Beurteilen, Entscheiden und Erinnerung ermöglichen – anwendbar auf Menschen (der menschliche Geist, die menschliche Seele) und andere Lebensformen. Das „conscious mind" bzw. „consciousness" – Bewusstsein – und „subconscious mind" – Unterbewusstsein – sind Instanzen dieses Begriffes. Die Psychologie betrachtet und behandelt die Gesamtheit der bewussten und unbewussten Prozesse und Handlungen. Das Unterbewusstsein umfasst auch Elemente des Unbewussten, wie Werte, Glauben, Muster und damit eine spezifisch persönliche (subjektive) Landkarte der Realität – ein Modell der Realität.

„Self" – das Selbst ist ein uneinheitlich verwendeter Begriff mit psychologischen, soziologischen, philosophischen und theologischen Bedeutungsvarianten – im introspektiven Sinn, also in Bezug auf die Empfindung, ein einheitliches, konsistent fühlendes, denkendes und handelndes Wesen zu sein. Das Selbst dient zur Reflektion, Verstärkung und Betonung des Begriffs „Ich" (vgl. Bracken 1996). C. G. Jung bezeichnet die Symbole des Selbst als umfassenden Ausdruck der Ganzheit der Psyche.

Ich werde die Begriffe auch manchmal im Englischen verwenden, wenn die deutsche Begrifflichkeit und Übersetzung zu sperrig sind.

Der Kognitionswissenschaftler Antonio Damasio (2012) leitet die Entwicklung des Bewusstseins aus der Evolution her: Im Bewusstsein von Tieren erfolgt die Verarbeitung der Bilder der Umwelt orientiert an bestimmten internen Bildern. Das Selbst fokussiert damit den Bewusstseinsprozess z. B. in Gefahrensituationen. Der Dualismus Körper-Geist in solchen Situationen wird auch in der Philosophie abgehandelt – in Form des „Mind-body problem", das in der Philosophie eine besondere Rolle spielt.

2.2 Bewusstseinsprozesse

Als im Zuge der Evolution die Bewusstseinsprozesse aufgrund der Vorteile im evolutionären Konkurrenzkampf immer komplexer wurden und sich Funktionen wie Erinnerung, Schlussfolgern und Sprache entwickelten, wurde es auch möglich, die nahe Zukunft zu

überblicken, automatisierte – vom Unterbewusstsein vorgeschlagene – Reaktionen und
Antworten zu verzögern oder zu verhindern, eine verzögerte und nicht nur eine unmittelbare Belohnung und Bestrafung zuzulassen, sondern die Abschätzung von zukünftigen
Vor- und Nachteilen zu ermöglichen. Das war auch der Beginn der Entwicklung einer so-
ziokulturellen Homäostase („Gleichgewicht") und damit von Zivilisation, Kultur, Kunst,
Wissenschaft und Forschung bis hin zu den heutigen sozialen und technischen Errungenschaften (vgl. Damasio 2012).

2.3   Entscheidungsprozesse und Lernprozesse

Die unbewussten Entscheidungsprozesse konnten so mit fortschreitender Entwicklung der
Lebewesen und insbesondere des Menschen immer besser durch Lernprozesse gesteuert
und kontrolliert werden, wobei es zwei Steuerungsarten gibt: die bewussten und unbewussten, die aber zum Teil unter bewusster Führung entwickelt werden. In der menschlichen Kindheit und im Heranwachsen steht viel Zeit zur Verfügung, die unterbewussten
Prozesse entsprechend der bewussten Zielsetzungen und kulturellen Konventionen zu
konditionieren. Teile der bewussten Kontrolle werden – bildlich gesprochen – an einen
„unterbewussten Server" ausgelagert, wobei die Steuerung bei „besonderen" Situationen
vom Bewusstsein übernommen wird. Suhler und Churchland (2009) haben das überzeugend dargelegt. Unterbewusste Prozesse entwickeln sich so zu einem geeigneten Mittel,
Verhalten zu steuern und dem Bewusstsein mehr Zeit und Ressourcen für weitergehende
und herausfordernde Aufgaben, wie Analyse, Abwägung und Entscheidungsfindung zu
ermöglichen. Die Abwägung und Entscheidungsfindung wird allerdings durch zahlreiche „biases" „priming" und „frames" – biologisch vorgegebene oder kulturell erworbene
Voreingenommenheiten, Prägungen und „Rahmengebungen" – beeinflusst. Die bewusste
Steuerung des Bewusstseins kann diesbezügliche negative Effekte verringern, erfordert
aber Aufmerksamkeit und damit kognitive Ressourcen.

Ap Dijksterhuis, ein niederländischer Psychologe hat in einem Experiment zu Kaufentscheidungen für normale Gebrauchsartikel einerseits und großen Kaufentscheidungen
(Haus, Auto) andererseits nachgewiesen, dass auch unbewusste Prozesse einer „inneren
Argumentation" unterliegen und zu guten Ergebnissen führen können, wenn das Unterbewusstsein durch vergangene Erfahrungen und Training gut vorbereitet ist. Es sind nicht
immer genaue Abwägungen von möglichen Vor- und Nachteilen notwendig (vgl. Dijksterhuis 2006). Dieses Experiment zeigt, wie mächtig die richtige Kombination von Unterbewusstsein und Bewusstsein ist. Die Entscheidung erfolgt bewusst und effizient mit ver-
tretbarem Aufwand, wobei im Unterbewusstsein eine „due diligence" erfolgt.

Wenn wir etwas ausreichend üben, lagern wir Fertigkeiten, Fachkenntnis und Expertise
in das Unterbewusstsein aus und sind uns der technischen Ausführungsschritte nicht mehr
bewusst. Ich erinnere an das Autofahren, wie im Vorwort beschrieben oder an Stars unter
Musikern, die sich – mit der zu einem guten Teil an das Unterbewusstsein „outgesourcten"
technischen Perfektion – bewusst auf den Ausdruck konzentrieren und sich so von ihren
Mitbewerbern abheben.

2.4   Die „extended mind thesis"

Die „extended mind thesis" (EMT) schlägt vor, dass manche Objekte aus dem Umfeld des Betroffenen von dessen Bewusstsein in einer Weise benutzt werden, dass sie als Erweiterung des Bewusstseins selbst betrachtet werden können. Die These geht auf Andy Clark 2008 und David Chalmers aus dem Jahr 1998 zurück.

Sie haben dabei behauptet, dass die Annahme, dass unser Bewusstsein durch die „Schädelknochen begrenzt" sei, eine willkürliche sei. Die Trennung zwischen Geist, Körper und Umwelt wird in Frage gestellt. Da externe Objekte und Quellen eine wesentliche Rolle in Erkenntnisprozessen spielen, sind Geist und Umwelt als gekoppelte Systeme zu sehen. Als wesentliches Unterscheidungsmerkmal zu herkömmlichen Interaktionsprozessen mit der Umgebung wird dabei gesehen, wenn externe Objekte in Erkenntnisprozessen und kognitiven Vorgängen als Teil eines erweiterten kognitiven Systems verwendet werden und dabei denselben Zweck verfolgen wie der interne kognitive Prozess. Die Kritiker argumentierten unter anderem, dass dieses Konzept zu einem überbordenden, „aufgeblasenen" Erkenntnisbegriff führen würde, weil beispielsweise auch ein Taschenrechner als solche Erweiterung des kognitiven Systems gesehen würde (vgl. Adams und Aizawa 2008).

Als Ergebnis dieser wissenschaftlichen Diskussion entwickelte sich eine moderate Umarbeitung der „extended mind theory", die die Behauptung der Gleichwertigkeit relativiert und die Komplementarität von internen und externen Elementen von kognitiven Systemen und Vorgängen herausarbeitet (vgl. Arnau et al. 2014). Der „extended mind thesis" wird somit ein erklärender Charakter und Wert für die Betrachtung von Erkenntnisprozessen zugebilligt anstatt es als Teil des Wesens von Geist und Erkenntnis zu betrachten.

Diese Diskussion bezieht sich auf die Fähigkeiten und Erkenntnisprozesse von Menschen. Sie zeigt aber auch, dass in Erweiterung und Analogiebetrachtung zu diesem modifizierten Konzept der „extended mind thesis" der in diesem Buch gewählte Zugang der Analogiebetrachtung vom Bewusstsein und Unterbewusstsein von Menschen hin zum „Bewusstsein und Unterbewusstsein von Organisationen" ein valider und schlüssiger Zugang ist. Der Wert dieser Betrachtungsweise sollte sich in der Gestaltung dieses Unterbewusstseins von Organisationen und dem Zugang in Form des „Organisationen neu denken" (siehe nachfolgende Kapitel) erschließen.

2.5   Sprache und (künstliche) Intelligenz

Sprache ist eines der wesentlichen Ausdrucksmittel unserer mentalen Prozesse. Andererseits prägt die Sprache, prägen sprachliche Konstrukte auch unser Denken und sind somit Teil unseres Bewusstseins, aber auch unseres Unterbewusstseins.

Sprache und ihre Repräsentation in den Computerwissenschaften prägt aber auch wesentlich die Entwicklung der Informations- und Kommunikationstechnologien. Noam Chomsky war diesbezüglich einer der Pioniere der Linguistik. Marvin Minsky (1988) hat mit der Society of Minds-Theorie auch sehr früh die Brücke hin zu den Konzepten der künstlichen Intelligenz gebaut. Dazu zwei Zitate von Marvin Minsky in „The society of

mind": „Minds are simply what brains do" und „When intelligent machines are construc-
ted, we should not be surprised to find them as confused and as stubborn as men in their
convictions about mind-matter, free will, and the like" (Minsky 1988).

Alan Turing hat ja schon sehr früh (ca. 1950) den Turing-Test als Benchmark zur Beurteilung dessen, ob künstliche Intelligenz vorliegt oder nicht, formuliert. Auch dabei handelt es sich um eine Fragestellung nahe an der Linguistik: Ein Computer und ein Mensch
kommunizieren unter Beobachtung eines Dritten in der Rolle des Beobachters. Der Beobachter soll durch Fragestellungen ermitteln, wer der Computer und wer der Mensch ist.
Wenn der Beobachter nicht in der Lage ist, verlässlich festzustellen, wer der Computer ist,
gilt der Turing-Test als bestanden (vgl. Turing 1950).

Diese strenge Definition legt eigentlich nahe, den Begriff „künstliche Intelligenz" nicht
weiter zu verwenden. Im wissenschaftsnahen und populärwissenschaftlichen Gebrauch
ist das aber durchaus zulässig, sodass Systeme, wie Apples Siri oder IBMs Watson und
ähnliche fortgeschrittene Entwicklungen durchaus unter dem Sammelbegriff „künstliche
Intelligenz" genannt werden können.

2.6 „System 1" und „System 2" – Das schnelle Denken und das langsame Denken

Daniel Kahneman (2011), der Nobelpreisträger für Wirtschaftswissenschaften hat in seinem Werk „Thinking Fast and Slow" die Grundprinzipien der Entscheidungsfindung mit
Fokus auf den Wirtschaftsbereich dargelegt. Er hat dabei das Unterbewusstsein und das
Bewusstsein in Hinblick auf die verhaltenspsychologischen Prozesse der Entscheidungsfindung für den Wirtschaftsbereich in Form des System 1 (Thinking fast) und des System
2 (Thinking slow) strukturiert.

System 1 als das schnelle System repräsentiert vieles von dem, was wir unter dem
Begriff Intuition zusammenfassen. Es ist unter anderem gekennzeichnet durch folgende
Charakteristika:

- arbeitet automatisch und schnell
- erfordert wenig oder gar keine Mühe
- verfügt über keine bewusste, selbstgewählte Steuerung und Kontrolle
- entwickelt überraschend komplexe Muster an Ideen
- es handelt sich um instinktive Fähigkeiten, die wir zum Teil mit der Tierwelt gemein
  haben
- Aktivitäten werden durch Übung immer schneller und laufen automatisch ab
- Wissen ist im Gedächtnis und wird ohne willentlichen Einfluss und ohne Mühe genutzt
  (das „Vorbewusste")
- unterliegt Voreingenommenheiten und Prägungen
- kann nicht „abgeschaltet" werden
- unterliegt kognitiven Illusionen

System 2 als das langsame, bewusst arbeitende und dadurch Mühe und Aufmerksamkeit erfordernde System ist gekennzeichnet durch folgende Charakteristika:

- arbeitet normalerweise in einem komfortablen „Bereitschaftsmodus"
- System 1 generiert laufend Vorschläge an das System 2, dieses formt diese dann in Meinungen etc. um
- wird aktiviert, wenn ein Ereignis erkannt wird, das mentale Modelle verletzt, die wiederum von System 1 gehalten und weiterentwickelt werden
- ordnet schwierigen und mühevollen mentalen Aktivitäten Aufmerksamkeit zu
- wird oft als subjektive Erfahrung von Argumentation, Auswahl, Konzentration empfunden
- formuliert Gedanken
- hat die Fähigkeit, die Art und Weise zu ändern, in der System 1 funktioniert
- die Kapazität an Aufmerksamkeit ist begrenzt
- ist zuständig für Selbstkontrolle – allerdings mit begrenzter Kapazität
- hat das letzte Wort in der Entscheidung
- es ist leichter, die Fehler anderer zu erkennen als die eigenen
- alles, was die Kapazität dieses „Arbeitsspeichers" in Anspruch nimmt, reduziert unsere Fähigkeit zu denken

Damit werden auch die Vorteile und Gefahren der Intuition als wesentliches Element der Entscheidungsfindung deutlich.

2.7   Entscheidungsfindung – Kognitive Typologien

Das Selbst als übergeordnetes Konzept der psychologischen Beschreibung eines Individuums wird von Kahneman (2011) in zwei Typologien strukturiert: Das „Erinnernde Selbst" („remembering self") und das „Erfahrende Selbst" („experiencing self"). Das erfahrende Selbst „führt das Leben" und würde beispielsweise versuchen, Schmerz zu verhindern oder zumindest die Phase der Schmerzempfindung möglichst kurz halten. Das erinnernde Selbst würde das wählen, was in der Erinnerung positiver und weniger negativ konnotiert ist. In der Erinnerung wird beispielsweise die Dauer von schmerzlichen Phasen zugunsten intensiver wenn auch kurzer Erfolgserlebnisse eher „vergessen". Die Menschen identifizieren sich eher mit dem erinnernden Selbst und bemühen sich um „ihre Story", „ihre Erzählung".

Daraus leitet Kahneman zwei Typologien in der Entscheidungsfindung ab: Den fiktiven „Econ" als in der Theorie lebenden rationalen Entscheider, wie ihn auch die Chicago School of Economics mit Milton Friedman und dem wirtschaftsliberalen Ansatz unter dem Postulat der Wahlfreiheit („free to choose") charakterisiert hat. Anderenseits typisiert er den in der realen Welt lebenden „Human", der nicht rational sein kann, der immer wieder den Fallen der Intuition ausgesetzt ist und auch in diese tappt und der stark durch Präsentation von Entscheidungsunterlagen und Produkten beeinflusst werden kann. In diesen unterschiedlichen Typologien wird auch das Dilemma der Verhaltensökonomie deutlich, nämlich ob die „Humans", – insbesondere Kunden und Verbraucher – Schutz brauchen vor der Ausnutzung ihrer Schwächen (insbes. System 1). Die Verhaltensökonomie glaubt nicht an die totale Rationalität und stellt die Fragen nach Schutzmechanismen, wie z. B. Unzulässiges im Kleingedruckten oder Opt-out-Regeln statt Opt-In-Regeln (z. B. Elektronische Gesundheitsakte in Österreich, Obama-Care etc.).

Abgesehen von diesen generellen Betrachtungen und Systematisierungen und Strukturierungen lauern auf dem Weg zu guten Entscheidungen zahlreiche Gefahren:

- Generell gilt das Gesetz des geringsten Aufwandes auch bei den Ressourcen des Gehirns, daher wird was immer möglich an das System 1 delegiert
- Die Aufmerksamkeit stellt eine begrenzte Ressource dar und die kognitive Leichtigkeit wird bevorzugt
- Intuition ist eine wesentliche Ressource unseres kognitiven Systems und ist beeinflussbar:
  - Das Unterbewusstsein wirkt auch als eine assoziative Maschine, die auf Basis von Mustererkennung arbeitet
  - Kognitive Entspanntheit fördert die Kreativität, während kognitiver Stress die mentalen Ressourcen blockiert und gute Entscheidungsfindung behindert
  - Übersteigertes Vertrauen und Zuversicht („overconfidence") sowie Prägungen („priming") und ein irreführender Rahmen („framing") sind häufig Ursachen für unterbewusste Fehlsteuerungen und können selbstkritisch durch Einschaltung des Systems 2 und – im besten Fall – durch Modifikation des Systems 1 in einem Lernprozess vermieden werden

Es stellt sich die Frage, wie weit diese Denk- und Entscheidungsprozesse annäherungsweise durch Messung und Feedback bewusst gemacht werden können und so bewusster gestaltbar und verbesserbar gemacht werden können. Eine Möglichkeit bieten sogenannte „Eye Tracking Glasses". Dabei handelt es sich um neue Verfahren zur Messung von Blickbewegungen zum Beispiel beim Betrachten eines Regals im Supermarkt. Ein Monitor stellt in Echtzeit dar, ob Objekte erblickt und ob sie auch wahrgenommen wurden. Mentale Prozesse wie Konzentration und Stress können so über die Zeit verfolgt werden. In Testbildern und einem Testvideo wird die Fähigkeit, sich auf überraschende Einzelheiten zu konzentrieren, getestet. Gleichzeitig erfahren die Benutzer solcher Werkzeuge, dass „erblicken" nicht gleich „sehen" beziehungsweise „wahrnehmen" bedeutet. In Unfallszenarien ist der Ausdruck „I looked, but I did not see" ein Ausdruck dafür, dass Lenker zwar Verkehrssignale kurz erblickt aber nicht als verhaltensrelevant gesehen haben. Sie waren abgelenkt und nicht konzentriert. Auch der menschliche Alterungsprozess kann Wahrnehmung und Aufmerksamkeit verändern.

Die Analyse von Sachverhalten und Daten ist geprägt durch die Fähigkeit, Statistiken und Grafiken zu erstellen und zu interpretieren. Mit der Erstellung von Darstellungen und

Statistiken sind auch oft Chancen gegeben, die Darstellung im eigenen Sinn etwas zu manipulieren. Dabei kommen oft subtile Methoden zur Anwendung, welche keine offensichtlichen, plumpen Manipulationsversuche darstellen. Hier ist ein hohes Maß an Aufmerksamkeit angebracht. Die Analyse ist, wie auch Kahneman anführt, keine triviale, sondern eine sehr fehleranfällige Tätigkeit, da zahlreiche Fallen des Systems 1 drohen und diese auch häufig „zuschnappen": Voreingenommenheiten und Vorurteile („biases"), Prägungen („priming"), kontextueller Bezug („framing") etc. Der Spruch „traue keiner Statistik, die du nicht selbst erstellt hast" hat schon einen wahren Kern.

Ein in letzter Zeit aufgetauchter neuer Begriff in diesem Kontext ist „Neurobusiness" (vgl. Brown 2013). Wir haben zwar gelernt, uns logisch und rational in unseren täglichen professionellen Entscheidungsfindungen in unserer Organisation zu verhalten, wir sollten uns aber auch bewusst sein, wie stark uns das menschlich irrationale Momentum auch in professionellen Entscheidungen steuert. Wir verfügen über so etwas wie eine „action mindware", die geprägt ist durch unsere Lebenserfahrung und die unsere Motivation in der Entscheidungssituation prägt. Dementsprechend sind unsere Wahrnehmungsfilter eingestellt. Dahinter stehen die Konstellationen unserer Werthaltungen sowie der persönliche Haltung und der Glauben der handelnden Personen (hier ist nicht der Glaube im religiösen Sinn gemeint). Letztendlich sind es – bis heute noch weitgehend – immer die Menschen, die Entscheidungen treffen.

2.8 Motivation

„Neurobusiness" und die unter diesem Schlagwort bemühten Neurowissenschaften stellen dabei die Beeinflussung des Unterbewusstseins der handelnden Personen und die Rolle, die Motivation, Belohnungen und Bestrafungen dabei spielen, in den Mittelpunkt. Der richtige Ansatz dabei ist, dass davon auszugehen ist, dass unser Gehirn und insbesondere unser Unterbewusstsein in seiner „Programmierung" nicht unterscheidet zwischen geschäftlichen und privaten Entscheidungen. Dies sollte auch bei allen Personal-Auswahl-Entscheidungen bewusst sein. Niemand hat dieselbe „mindware" wie seine KollegIn. Jeder bildet sich seine Realität dementsprechend (vgl. Brown 2013). Aus der breiten Vielfalt an möglichen Realitäten wählen wir unsere Realität basierend darauf, was uns vertraut und geläufig ist, was uns bequem und einfach erscheint und was wir erwarten. Wir bilden uns unsere Realität in einem dreistufigen Prozess aus Verdrängung, Verzerrung und Verallgemeinerung.

Reinhard K. Sprenger (2013) beleuchtet Motivation ganz grundsätzlich und räumt mit vielen Mythen – vor allem um den Wert der extrinsischen Motivation – auf. Er widerspricht dem weitverbreiteten Credo, dass die Motivierung der Mitarbeiter eine maßgebliche Aufgabe des Managers ist. Motivation hat tatsächlich einen hohen Einfluss auf den Erfolg. Motivation von Menschen hängt auch in hohem Maße von Kommunikation ab. Die extrinsische Motivation durch Incentives und – „falsche", im Zusammenhang mit Motivation oft „verführerische" – Kommunikation kann und darf aber die intrinsische

Motivation nicht ersetzen oder auch nur versuchen, sie zu ersetzen. Sprenger bringt das folgendermaßen auf den Punkt: „Anstatt Mitarbeiter in einer Endlosschleife von Anreizen zu dem gewünschten Verhalten zu bewegen, käme es darauf an, ihn ernst zu nehmen; ihn in seinem So-Sein wahrzunehmen und die eigenen Erwartungen zu kommunizieren". „Fordern statt Verführen" sollte das Motto lauten. Leistungswille steckt in allen Menschen. Anerkennung für Leistung in Familie und gesellschaftlichem und damit auch organisatorischem Umfeld sind wesentliche Motivatoren. Die Dimensionen der Leistung sind Leistungsbereitschaft, Leistungsfähigkeit und Leistungsmöglichkeit. Leistungsbereitschaft ist Sache des Mitarbeiters und nicht der Führungskraft. Leistungsfähigkeit kann in Ausbildung, Training und dem Einräumen von Möglichkeiten, ausreichend Erfahrung zu sammeln, von Führungskräften teilweise gefördert werden. Die richtige Personalauswahl hat hier großen Einfluss. Entscheidende Führungsaufgabe ist es, eine Leistungsmöglichkeit zu bieten und das bedeutet auch, Leistung zu fordern und zu vereinbaren. Zielvereinbarungen und nicht „Zielvorgaben" und der dazugehörige Prozess der Konsensfindung sind wesentlich. Sie sind eine Grundlage dafür, dass aus Leistungsbereitschaft, Leistungsfähigkeit und Leistungsmöglichkeit die entscheidende Motivation – die Selbstmotivation – entsteht. Fehlende Leistungsmöglichkeit über einen längeren Zeitraum zerstört auch die Leistungsbereitschaft und die Selbstmotivation. Leistung ist nichts Absolutes, sondern auch eine Frage der Erwartung. Wie mit diesen Aspekten der Führung, wie mit Motivation in einer Organisation umgegangen wird, welche Methoden, Traditionen, „Haltungen" es dazu gibt, ist im Zusammenspiel mit dem Zweck, den Visionen und den Zielsetzungen der Organisation ein wesentlicher Teil des Unterbewusstseins von Organisationen und wird im Folgenden noch beleuchtet.

2.9 Intuition

Kaum ein Begriff in der Psychologie, den Kognitionswissenschaften und auch den Überlegungen zur Entscheidungsfindung generell und der Entscheidungsfindung unter Druck im Speziellen liegt so nahe am Unterbewusstsein und ist so eng mit dem Unterbewusstsein assoziiert wie die Intuition. Dieser Begriff und dieses Phänomen sind auch bei der Analogiebetrachtung hin zum „Unterbewusstsein von Organisationen" von hoher Relevanz. Aus der speziellen verhaltenspsychologischen Sicht wurde es auch in den Betrachtungen „Das schnelle Denken und das langsame Denken" gemäß Daniel Kahneman (2011) in Form des Systems 1 und des Systems 2 betrachtet.

In der Psychologie des Carl Gustav Jung ist die Intuition eine psychologische Grundfunktion, die eine Wahrnehmung zukünftiger Entwicklungen mit all ihren Optionen und Potenzialen ermöglicht. Sie wird meist als instinktives Erfassen oder als gefühlsmäßige Ahnung wahrgenommen. Die konkrete Intuition vermittelt Wahrnehmungen, welche die Tatsächlichkeit der Dinge betreffen, die abstrakte Intuition vermittelt dagegen die Wahrnehmung idealer Zusammenhänge. Beim intuitiven Charakter-Typus nach Jung kommt es häufig zu einer Verschmelzung mit dem kollektiven Unbewussten (vgl. Jung 1995).

Als grundlegende menschliche Kompetenz verstanden, ist Intuition die zentrale Fähigkeit zur Informationsverarbeitung und zur angemessenen Reaktion bei großer Komplexität der zu verarbeitenden Daten. Sie führt sehr oft zu richtigen bzw. optimalen Ergebnissen. Es gibt zwei verschiedene Stufen der Intuition: Die Gefühlsentscheidung und die auf Verstand beruhende Intuition (Inkubation). Dabei werden die Informationen unbewusst verarbeitet und das Bewusstsein wird „eingeschaltet", wenn das Unterbewusstsein auf eine Lösung stößt. Intuition bedeutet nicht unbedingt eine sofortige Lösung; oft hilft es, „eine Nacht darüber zu schlafen" (vgl. Kast 2007).

Kirsten Volz vom Max-Planck-Institut für Kognitionswissenschaften in Leipzig suchte die Intuition mithilfe eines Kernspingeräts (vgl. Spiegel 2007). In Volz' Experiment. projizierte sie für jeweils 400 ms unvollständige Bilder von Alltagsgegenständen auf die Brillen, die ihre 15 Probanden in der Kernspinröhre trugen. An einigen Stellen waren die Umrisslinien der Gegenstände herausgefiltert, sodass die Objekte wie mit einem Tintenkiller bearbeitet aussahen. Wenn die Probanden ein Objekt erkannten, meldeten sie das per Tastendruck. Daraus ergab sich der mediale orbitofrontale Kortex als „so etwas wie eine Schaltstelle, die ankommende Informationen daraufhin bewertet, ob das Gehirn etwas Ähnliches bereits kennt." Diese Hirnregion war umso aktiver, je weniger von der ursprünglichen Zeichnung noch zu erkennen war, denn das bedeutete mehr Arbeit für den orbitofrontalen Kortex. Hatte diese Region signalisiert, dass es sich wirklich um einen Gegenstand handelte, wurde eine andere Hirnstruktur aktiv, der Gyrus fusiformis, der für Objekterkennung zuständig ist, aktiv. Erst danach drückten die Probanden die Taste. Diese Arbeitsteilung zwischen unbewusster und „zu Bewusstsein" kommender Aktivität beschleunigt die Entscheidungsfindung, weil der Gyrus fusiformis auf das abgesunkene Wissen im orbitofrontalen Kortex zurückgreifen kann.

Diese schnelle, musterinterpretierende und konstruierende Hirnaktivität wird umso wichtiger, je komplexer die Umgebung ist und je mehr unzusammenhängende Informationen auf den Menschen einstürmen. Ohne sein verborgenes Wissen wäre er heillos überfordert.

„Der Verstand, den Menschen einsetzen, um vermeintlich kluge Entscheidungen zu treffen, ist begrenzt und macht nur einen kleinen Teil unseres tatsächlichen Wissens aus", sagt der amerikanische Intuitionsforscher Milton Fisher. „Dennoch handelt es sich, wenn wir eine Intuition haben, um den Abruf von Informationen, die wir irgendwann über unsere fünf Sinne wahrgenommen und gespeichert haben" (Spiegel 2007).

Nach etwa 40 Sinneseindrücken, die gleichzeitig das Gehirn erreichen, wird der stete Input daher in einen anderen Speicher umgeleitet: ins Unterbewusstsein. „Und manchmal dringt aus diesem Wissensschatz ein kleiner Fetzen ins Bewusstsein. "Dann haben wir eine Intuition", sagt der Psychologe Fisher (Spiegel 2007).

„Die Intelligenz des Unbewussten besteht darin, in jeder Situation auf die passende Faustregel zurückzugreifen", sagt der Psychologe Gerd Gigerenzer (2007), Direktor am Max-Planck-Institut für Bildungsforschung in Berlin. Gemeinhin vertrauen Menschen gerade bei schwierigen Entscheidungen ihrem analytischen Verstand wesentlich mehr als ihrem Bauchgefühl. „Zwar akzeptieren die meisten von uns, dass es unrealistisch ist, von grenzenlosem Wissen und unbeschränkter Zeit auszugehen, wenn man aus vielen Optionen eine auswählen muss. Andererseits sind wir überzeugt, dass wir ohne diese Einschränkungen und mit mehr Logik bessere Entscheidungen treffen würden", sagt Gigerenzer. „Gute Intuition ignoriert Informationen", erklärt Gigerenzer. Wer intuitiv sein will, darf sich also keine Gelegenheit geben, über sein Handeln nachzudenken. Oft fehlt die Gelegenheit ohnehin – etwa wenn Notärzte Unfallopfer versorgen müssen und jede Minute zählt (vgl. Gigerenzer 2007).

Doch im Ernst des Lebens sollten „Neulinge auf einem Gebiet lieber in Ruhe überlegen und alle möglichen Konsequenzen ihres Handelns gründlich analysieren", empfiehlt Sportpsychologe Markus Raab von der Universität Flensburg. „Nur wer auf einem Gebiet schon Erfahrung gesammelt hat, darf und soll seiner Intuition ruhig häufiger vertrauen." Ein Theorietraining, bei dem sich die Spieler viele Handlungsalternativen überlegen sollen, „bringt nichts", folgert Raab aus seinen Versuchen. Sein Rat an Sportler lautet: „Sammle so viel Erfahrung wie möglich" (vgl. Spiegel 2007). Dies gilt aus meiner Erfahrung auch im beruflichen Kontext und wird im Kapitel zur Gestaltung des Unterbewusstseins von Organisationen noch behandelt.

Das Problem mit dem Unbewussten ist, dass je nach persönlichen Erfahrungen die Faustregeln der Intuition auch zu handfesten Vorurteilen werden können. Einen intuitiven Sensor dafür, ob unsere Wahrnehmung verzerrt ist, gibt es nicht. Das ist der Punkt, an dem Intuition zur Falle werden kann. Und das ist auch der Grund, warum der Mensch besonders leicht in diese Falle tappt, wenn es um ihn selbst geht und nicht „nur" um einen äußeren Sachverhalt.

Der deutsche Schachgroßmeister Stefan Kindermann hat seine Erfahrungen in der Nutzung der Intuition im Schachspiel auch für Entscheidungen in komplexen Situationen in Organisationen in Form eines 7stufigen Entscheidungsmodells „Der Königsweg" aufbereitet (vgl. Kindermann und von Weizsäcker 2010).

Hofstädter et al. haben im Buch „Die Analogie – das Herz des Denkens" (2014) Assoziationen und Analogien als wesentliches Merkmal der Intelligenz erläutert: „Jeder Begriff in unserem Denken verdankt seine Existenz einer langen Abfolge von Analogien, die im Lauf der Jahre unbewusst entstanden sind, die bereits dazu geführt haben, dass der Begriff entstanden ist, und die ihn im Lauf unseres Lebens fortwährend bereichern. Außerdem erhalten in jedem Augenblick unseres Lebens unsere Begriffe Anstöße von Analogien, die das Gehirn – indem es sich bemüht, sich mithilfe des Alten und Bekannten das Neue und Unbekannte zu erschließen – pausenlos herstellt."

Analogien sind aus dieser Sicht auch Grundlage und Bausteine für Intuition.

Intelligenz ist die Fähigkeit, sehr schnell tiefe Analogien zu erkennen, die Fähigkeit innerhalb kurzer Zeit den Finger auf das Wesentliche einer Situation zu legen. Beispielsweise lassen sich auch Mathematiker von vagen Intuitionen und Einsichten leiten, bevor sie hinterher ihr Tun rechtfertigen und die Lücken u. a. mit Logik füllen (vgl. Hofstadter et al. 2014).

2.10 Gibt es ein Unterbewusstsein von Organisationen?

Unsere Wahrnehmung und unsere Wahrnehmungsfilter sind im Lichte der neuen Technologien dabei, sich zu verändern und formen damit im immer schneller werdenden Ge-
schäftsleben ein Unterbewusstsein von Organisationen, das mehr ist als das (bewusste und
unterbewusste) Verhalten der in der Organisation miteinander verbundenen Menschen.
Die Infrastrukturen der Organisation in Form der formellen und informellen Regelwerke,
der Kommunikationskanäle und Netzwerke, der Informationssysteme etc. bekommen eine
neue und mächtigere Bedeutung. Umso wichtiger ist es daher, die bewussten und – auch
im Sinne des in diesem Buch behandelten organisatorischen Unterbewusstseins themati-
sierten – unterbewussten Entscheidungsvorgänge zu konditionieren und dieses organisatorische Unterbewusstsein proaktiv zu gestalten.

Wie diese verhaltenspsychologischen und kognitionswissenschaftlichen Aspekte auf
personeller Ebene für gute Entscheidungsfindungen genutzt werden können und wie das
im Kontext der jeweiligen Organisation – auch im Lichte der Analogiebetrachtung zum
Unterbewusstsein von Organisationen – positiv genutzt werden kann, wird im Modell des
Unterbewusstseins von Organisationen und vor allem in der Gestaltung des Unterbewusstseins von Organisationen behandelt werden.

Davor werden aber noch die Bestandteile der Infrastruktur von Organisationen und die
sich zur Gestaltung des Unterbewusstseins von Organisationen anbietenden relevanten
neuen Technologien insbesondere die entsprechenden Informations- und Kommunikationstechnologien beleuchtet.

Literatur

Adams F, Kenneth A (2008) The bounds of cognition. Blackwell, Oxford
Bracken BA (Hrsg) (1996) Handbook of self-concept: developmental, social, and clinical conside-
    rations. Wiley, New York
Brown R (2013) Human wherever we go, Huffington Post. http://www.huffingtonpost.com/rebel-
    brown/human-wherever-we-go_b_4365274.html. Zugegriffen: 12. März 2013
Clark A (2008) Supersizing the mind: embodiment, action, and cognitive extension. Oxford Uni-
    versity Press, Oxford
Clark A, Chalmers DJ (1998) The extended mind. Analysis 58:7–19
Damasio A (2012) Self comes to mind: constructing the conscious brain. Vintage Books Edition,
    New York
Dijsterhuis Ap (2006) On making the right choice: the deliberation-without-attention effect. Science
    311:1005–1007
Eric A et al (2014) The extended cognition thesis: It's significance for the philosophy of cognitive
    science. Philos Psychol 27(1)
Gigerenzer G (2007) Bauchentscheidungen. Die Intelligenz des Unbewussten und die Macht der
    Intuition. Bertelsmann, München
Hofstadter D, Sander E, Held S (2014) Die Analogie: Das Herz des Denkens, 1. Aufl. Tropen-Verlag
    (Verlag C.H. Beck im Internet), Gütersloh. ISBN 978 3 608 94619 2

Jung CG (1995) Definitionen. In: Gesammelte Werke. Walter-Verlag. Düsseldorf, Paperback. Sonderausgabe, B and 6, Psychologische Typen. ISBN 3-530-40081-5, S 474 f., § 754–757

KAST, Verena 7. Gesamtauflage 2007: Vom Sinn der Angst. Freiburg im Breisgau: Verlag Herder

Kahneman D (2011) Thinking fast and slow. Farrar, Straus and Giroux

Kindermann S, von Weizsäcker RK (2010) Der Königsplan – Strategien für ihren Erfolg. Rowohlt Verlag, Berlin

Minsky M (1988) The society of mind. Simon and Schuster. New York

Spiegel Online Intuition (2013) Die Macht des Unbewussten. http://www.spiegel.de/wissenschaft/mensch/intuition-die-macht-des-unbewussten-a-479900.html. Zugegriffen: 28. April 2007

Sprenger RK (2013) An der Freiheit des anderen kommt keiner vorbei. Campus Verlag Frankfurt a. M.

Suhler C, Churchland P (2009) Control: conscious and otherwise. Trends Cogn Sci 13:341–347

Turing AM (1950) Mind. New Ser 59(236):433–460

Elemente der Infrastruktur einer Organisation – Relevante existierende und erwartbare Technologien

3

Zusammenfassung

Die Fundamente von Organisationen wie der organisatorische Aufbau, Mission Statements, Visionen und daraus abgeleitete Unternehmensstrategien und strategische Zielsetzungen tragen das Kerngeschäft der jeweiligen Organisation und sind Teil der Infrastruktur der Organisation. Diese Strukturen beeinflussen das Verhalten der Organisation und sind Teil des Unterbewusstseins der Organisation. Die neuen Technologien und Werkzeuge wie Sensorik, Internet der Dinge, augmented reality, social media, Big Data etc. lagern sich in dieser Infrastruktur an und verändern die Wahrnehmung der Organisation – aber auch die Interaktionsmöglichkeiten nach innen und außen. Sie verändern so das Unterbewusstsein der Organisation. Neue Konzepte wie Social collaboration und real time enterprise beschleunigen die Interaktions- und Geschäftsprozesse und öffnen neue Paradigmen wie das Paradigma des Teilens – die „shareconomy". Entscheidungen erfolgen zunehmend IT-unterstützt (Decision support) oder gar automatisiert. Systeme und Algorithmen mit Lernfähigkeit und künstlicher Intelligenz halten Einzug. Wie kann die organisatorische und unternehmerische Governance in solchen Umbruchsphasen gesichert werden? Wie können die Fundamente und das Gerüst der Organisation zweckmäßig und stabil gehalten werden? Wie kann das Unterbewusstsein der Organisation als Grundlage für das schnelle und effiziente Handeln zielgerichtet und sicher – „resilient" – gestaltet werden? Dies erfordert neben der Kommunikation auch die richtigen Algorithmen zur Selbststeuerung solcher komplexer Systeme. Es gilt, Organisationen so zu gestalten, dass sie mit Unsicherheiten und Umbrüchen bestmöglich umgehen können.

Nach der Darlegung der verhaltens- und kognitionspsychologischen und neurowissenschaftlichen Grundlagen für Entscheidungsfindung beleuchten wir nunmehr die infrastrukturellen und technischen Aspekte sowie die sich abzeichnenden neuen Technologien,

© Springer-Verlag Berlin Heidelberg 2015
W. Leodolter, *Das Unterbewusstsein von Organisationen*,
DOI 10.1007/978-3-662-44459-7_3

die das Unterbewusstsein von Organisationen und die Schnittstelle zu deren Bewusstsein prägen bzw. das Potential dazu haben, diese zu prägen.

Danach werde ich ein Modell des Unterbewusstseins von Organisationen darlegen und an Beispielen erläutern, um danach aufbauend auf diesen Grundlagen „Organisationen neu zu denken", in der Form, dass die Gestaltungsmöglichkeiten des „Unterbewusstseins von Organisationen" unter Einbeziehung der infrastrukturellen Gesichtspunkte und der technologischen Möglichkeiten dargelegt werden.

3.1   Infrastrukturen von Organisationen

3.1.1   „Soft"-Infrastruktur

Zahlreiche Organisationen verfügen schon darüber, andere, vor allem so manche Non-Profit-Organisationen leben ihre Grundsätze und Visionen einfach. Im Kampf um Sponsorgelder und Spenden haben häufig auch sie sich schon welche zugelegt. Die Rede ist von Leitsätzen und Mission Statements. Darauf aufbauend werden in „gut geführten" Unternehmen Visionen und strategische Zielsetzungen formuliert sowie darauf die strategische Unternehmensführung aufgebaut. In Großunternehmen ist das weithin geübte Praxis; in Non-Profit-Organisationen schon weniger und in Klein- und mittleren Unternehmen sind diese Elemente der strategischen Unternehmensführung oft nicht explizit formuliert, sondern sie werden vom Unternehmer vorgegeben und oft auch authentisch gelebt.

Ist das bereits eine Infrastruktur? Ich meine: Ja. Definitionsgemäß wird Infrastruktur zwar immer mit technischen Hilfsmitteln assoziiert, aber auch methodische Werkzeuge und der organisatorische Aufbau gehören zu den Fundamenten, die es ermöglichen, das Kerngeschäft des Unternehmens und die Kernaufgaben der Organisation ganz allgemein wahrzunehmen – bzw. auf diesem Geflecht bzw. Netzwerk aus vorwiegend methodischen Infrastrukturelementen gedeihen zu lassen. Lassen sie uns dies an dieser Stelle als „Soft"-Infrastruktur umschreiben.

Mission Statements, Visionen und daraus abgeleitete Unternehmensstrategien und strategische Zielsetzungen sind wesentliche Elemente einer guten Ausrichtung, Fokussierung und Steuerung eines Unternehmens bzw. einer Organisation. Gute Planungs- und Controllingsysteme bzw. Prozesse sind ebenfalls unabdingbarer Bestandteil eines Managementsystems. Auch Teilstrategien und -systeme, wie Informationsmanagementstrategien, Umweltstrategien, Qualitätsmanagement sind für eine gesamthafte Ausrichtung der Organisation von großer Bedeutung. Auch heute noch sind zahlreiche Unternehmen sehr hierarchisch strukturiert und organisiert. Projektmanagement und Prozessmanagement kämpfen oft damit, die Silostruktur mancher Organisationen aufzubrechen, sodass die Kraft für die inhaltlichen Ziele und angestrebten Innovationen manchmal fehlt. Vielfach ist dieses Aufbrechen der Silostruktur unter Druck des Marktes schon gelungen. Solange aber die Entlohnungs- und Incentivesysteme die hierarchische Komponente und die hierarchische Verantwortung übermäßig betonen – sprich auch sehr hoch, manchmal übermäßig entlohnen – sind Spannungen und Spannungsbrüche in Form des Exodus oder der inneren Emigration guter und wertvoller Mitarbeiter vorprogrammiert.

Oft wird versucht, die ethische Ausrichtung der Organisation und der Mitarbeiter mit einem Kodex für die Organisation zu unterstützen. Häufig wird auch versucht, die Einbettung der jeweiligen Organisation in die Gesellschaft als Ganzes – über die Zielgruppe und den Markt der Organisation hinausgehend – in einem CSR-Programm (Corporate social responsibility) zu manifestieren. Die Aufsichtsgremien und – wenn vorhanden – die Eigentümer einer Organisation sind auch zunehmend darauf bedacht, dass interne Kontrollsysteme und Kontrollsysteme der Eigentümer (z. B. Rechnungshöfe bei öffentlichen Organisationen und Unternehmen, Wirtschaftsprüfer bei privatwirtschaftlich organisierten Organisationen) sowie Risikomanagementsysteme in den Unternehmen und Organisationen implementiert werden und wirksam sind. All diese Teilsysteme eines Managementsystems sind im weitesten Sinne als Teil der Infrastruktur einer Organisation zu sehen, weil sie versuchen, das Geschäft des Unternehmens bzw. die Aufgabenerfüllung einer Organisation in geordneter Weise zu ermöglichen, zu erleichtern, nachhaltig zu gestalten sowie zukunftsfähig und zukunftssicher zu machen.

Manchmal führt das – zu Recht – zu bürokratisch anmutenden Notwendigkeiten für die Mitarbeiter des Kerngeschäftes und sie sind nicht zuletzt oft Ausdruck mangelnden Vertrauens in die Mitarbeiter. Dieses Misstrauen ist natürlich auch manchmal gerechtfertigt. Ob in Abwägung des Risikos nicht das eine oder andere Element der „Misstrauensorganisation" reduziert und zurückgefahren werden könnte, ist in jeder Organisation entsprechend zu diskutieren und die Entscheidungen sind zu treffen. Die künftigen wirtschaftlichen und gesellschaftlichen Entwicklungen fordern zunehmend agile, flexible und adaptive Organisationen. Es scheint, dass es in diesem Lichte für zahlreiche Organisationen angebracht wäre, „sich neu zu denken" und entsprechend die Organisation und die Kontrollsysteme anzupassen.

Das theoretisch schlüssige Zusammenwirken der Visionen und Ziele mit den Managementsystemen und die gelebte Praxis haben oft wenig miteinander zu tun. Die Motivations- und Zusammenarbeitsstrukturen der Mitarbeiter, die Führungspraxis etc. machen die gelebte Unternehmenskultur aus. Will man „Organisationen neu denken", ist es notwendig, auch die informellen Strukturen und Prozesse und die tatsächlich gelebte Unternehmenskultur möglichst gut zu verstehen.

Eine wesentliche Eigenschaft einer Organisation – die wiederum durch ihre Infrastruktur und ihre Organisation determiniert ist – ist die Lernfähigkeit einer Organisation.

Peter Senge hat in „The fifth discipline" (1990) die Unfähigkeit der Unternehmen zu lernen als Ursache dafür identifiziert, dass Unternehmen eine wesentlich geringere Lebensdauer haben als Menschen und viele schon vor dem vierzigsten Jahr ihres Bestehens wieder verschwinden. Die primären Bedrohungen für das Überleben von Unternehmen kommen nicht von Ereignissen, die leicht unsere Aufmerksamkeit finden, sondern von schleichenden Veränderungen im „Untergrund", für die wir zu 90 % blind sind. Dies deckt sich nicht überraschend mit der oft gemachten Behauptung , dass das Unbewusste 90 % unserer mentalen Ressourcen ausmacht – der Vergleich zum Eisberg, dessen Masse zu 90 % unter Wasser ist, wird ja auch entsprechend oft angestellt.

Peter Senge identifiziert System-Archetypen (vgl. Abschn. 5.2.2.7), die es uns wesentlich erleichtern, unsere Organisationen in ihrem nichtlinearen Verhalten zu verstehen und zu modellieren. Dieses darauf aufbauende Systemdenken hilft uns, die Entwicklungen, Chancen und Gefahren zu erkennen, wenn es darum geht, die Infrastruktur und das Unterbewusstsein von Organisationen zu verstehen und gezielt zu gestalten. Die technologischen Möglichkeiten wie Systeme zur Entscheidungsunterstützung (Decision-Support-Systeme) – manche entwickeln sich in der täglichen Praxis dann zu Entscheidungsautomatismen – verändern das Zeitverhalten dieser Systemarchetypen zum Teil beträchtlich, sodass es wert erscheint, zu versuchen, Organisationen im Lichte der neuen Technologien zur Wahrnehmung, Entscheidungsunterstützung und Aktion in einem Analogiemodell zum Unterbewusstsein neu zu denken. Peter Senge geht von der Grundhaltung der gesamthaften Betrachtung („holism") und der multimodalen Vernetzung („Interconnectedness") aus. Er sagt, dass die Grundlagen des Systemdenkens auf der Ebene der Prinzipien (Leitideen und Einsicht in Grundsätzliches) gelegt werden. Diese Prinzipien beeinflussen über die Struktur das Verhalten („structure influences behaviour"). Komplexe Systeme tendieren dazu, allen Versuchen, ihr Verhalten zu ändern, zu widerstehen („policy resistance"). Daher ist es wichtig, die richtigen Ansatzpunkte für Hebel sowie die richtigen Hebel dazu zu finden („leverage"). Auf der Ebene der gelebten Praxis (Was geschieht gerade?, Was ist zu tun?) sind die Systemarchetypen und die Simulation des Systemverhaltens in der konkreten Konstellation des wirkenden Systems wesentlich (siehe dazu auch Abschn. 5.2.2.7)

3.1.2   Technische Infrastruktur

Die technischen Hilfsmittel der Infrastrukturen von Organisationen umfassen z. B. den Bereich des Facility Management. Dies hat neben der grundsätzlichen Bedeutung für das alltägliche Funktionieren der Organisation in Form der Bereitstellung angemessener Arbeitsbedingungen besondere Bedeutung bei der Veränderungsfähigkeit von Organisationen durch ausreichende Flexibilität in der Bereitstellung von zweckmäßigen Arbeitsräumen für die Mitarbeiter. Die direkte Zusammenarbeit mit der verbalen und nonverbalen Kommunikation zwischen Menschen, der Ermöglichung von Vertrautheit etc. wird – bei allen Möglichkeiten der Telepräsenz (von Videoconferencing bis zu Telepräsenzrobotern) – auch zukünftig wesentlich sein. Besondere Bedeutung erlangen diese Infrastrukturen aber in Zeiten von Krisen, z. B. wenn öffentliche Infrastrukturen ausfallen, beispielsweise bei Blackouts der Energieversorgungsnetze oder massiven und anhaltenden Störungen der Kommunikationsinfrastrukturen. Die technischen Infrastrukturen sind in diesen Phasen ein wesentlicher Faktor für die Resilienz von Organisationen (vgl. Ungericht und Wiesner 2011).

3.1.3   IKT-Infrastrukturen

In der heutigen und zukünftig noch viel stärker vernetzten Welt spielen die IKT-Infrastrukturen (IKT = Informations- und Kommunikationstechnologien) als eine besondere

Ausprägung von technischen Infrastrukturen eine besondere Rolle – nicht nur, aber auch hinsichtlich der Resilienz. Die IKT-Infrastrukturen inkl. der Anwendungsprogramme, wie ERP-Programme (Enterprise Ressource Planning), Computer aided design und engineering (CAD, CAE), Manufacturing execution systems (MES), Costumer-Relationship-Management-Systeme (CRM), Supply-Chain-Management-Systeme (SCM), Human-Resource-Management-Systeme (HR), Business-Intelligence-Systeme (BI) etc. aber auch die Büroautomations- und Workflowmanagementsysteme sind besonderen Veränderungsanforderungen unterworfen.

Während die Netzwerke inkl. der Telefonie und die Speicher- und Serversysteme immer mehr zur Commodity werden und zunehmend in der Cloud – in der Wolke – verschwinden, werden die Endgeräte, insbesonders die mobilen wie Smartphones, Tablets und Laptops mit den aus dem Consumermarkt gewohnten Benutzeroberflächen – „user experience" – und der App-Architektur zum Innovationstreiber für die oben genannten Anwendungssysteme wie ERP etc.

Dazu kommt noch der Einzug der Social Media in die Organisationen und Unternehmen. Sie sind oft meinungsbildend über die Organisationen einerseits und Kommunikations- und Vertriebskanal zu den Endkunden – zum Markt (Business to Costumer – B2C) andererseits. Auch die Business-to-Business-Kommunikation (B2B) erfolgt über Portale bis hin zu Kollaborationsplattformen in Form von – oft zeitlich oder projektmäßig begrenzten – virtuellen Unternehmen, z. B. im Engineering und der Projektierung. Eine frühe Form virtueller Unternehmen waren die in der Filmbranche von einem Produzenten gebildeten Konsortien und Kooperationen („Modell Hollywood").

Die Big-Data-Technologien, die derzeit von zahlreichen Unternehmen erprobt werden und gerade in einer Hype-Phase sind, in der der Phantasie kaum Grenzen gesetzt sind, haben das Potential, zusammen mit dem Internet der Dinge (Web 3.0) und den Möglichkeiten der Maschine-zu-Maschine-Kommunikation (M2M) eine disruptive Welle der Innovation in zahlreichen Bereichen auszulösen – in Service-Industrien, im Facility Management, in der Produktion (Industrie 4.0), im Gesundheitswesen etc. bis hin zu neuen Produkten mit Embedded Systems und Anschluss an das Internet. Entscheidungsprozesse werden durch die Möglichkeiten der Predictive Analysis auf Basis von Big Data verändert. Dabei werden auf Basis von Algorithmen und ihnen zugrunde gelegten Modellen Projektionen in die – meist nähere oder bei Steuerungen unmittelbare Zukunft – gebildet. Diese Modelle ihrerseits können sich durch entsprechende Algorithmen aus der „erweiterten Wahrnehmung" (mittels der umfassenden und vernetzten Sensorik) selbst laufend verbessern (machine learning algorithms). Klausnitzer (2013) spricht sogar plakativ vom „Ende des Zufalls".

All dies wird neue Produkte und Dienstleistungen hervorbringen, Geschäftsprozesse verändern, ganz neue Geschäftsmodelle entstehen lassen, andere Geschäftsmodelle vom Markt verdrängen, neue Unternehmen entstehen lassen und andere Unternehmen und Organisationen zum Verschwinden bringen. Experten sprechen vom entstehenden „realtime enterprise" im Zusammenhang mit der zukünftig allgegenwärtigen Sensorik, den Big-Data-Technologien und den zahlreichen mobilen Geräten bis hin zum „Wearable Computer" (im Armband, der Uhr, der Kleidung integrierte Sensorik), und den Möglichkeiten der erweiterten Wahrnehmung (Augmented Reality mit der Google-Brille als prominentem Aushängeschild, aber auch anderen viel tiefer gehenden Anwendungen in Chirurgie, Instandhaltung, Cyberwar mit ferngesteuerten Waffensystemen etc. – bis hin zu selbstregelnden autonomen Systemen wie Robotern etc.).

Der Veränderungs- und Anpassungsdruck auf Organisationen wird gewaltig sein, wenn diese Technologien und das „realtime enterprise" nach und nach Platz greifen. Die Reaktionsgeschwindigkeit der Organisationen ist gefordert. Konzerne mit der Wendigkeit und Steuerungsfähigkeit des vielzitierten Tankers werden sich anders organisieren müssen. Proaktive Gestaltung ist gefordert.

Die Gestaltungsprinzipien sollten sich dabei Anleihen bei erfolgreichen lebenden Systemen nehmen – vornehmlich bei der „Krone der Schöpfung", dem Menschen und dessen entscheidenden Organ, dem Gehirn. In der Technologie ist diese Anleihe bei der Natur schon durchaus verbreitet, wenn man sich erfolgreiche Beispiele in der Bionik ansieht:

Ray Kurzweil, ein Pionier der künstlichen Intelligenz und Vater der Spracherkennung hat in seinem Buch „How to create a mind" (2012) seinen Ansatz des Reengineering des Gehirns sehr weit gedacht. In seinem Buch „the singularity is near" (2005) beschreibt er die Singularität, in der Maschinen mit ihrer künstlichen Intelligenz in der Lage sind, sich selbst zu reproduzieren, sich weiterzuentwickeln und sich entsprechend zu organisieren. Ich bin zuversichtlich, dass dies nicht erfolgen wird und die Governance der menschlichen Intelligenz erhalten bleibt, ebenso wie die Organisationsfähigkeit des Menschen – geleitet durch hoffentlich intakte Wertesysteme.

Es erscheint daher sinnvoll, bei der zukünftigen Gestaltung der Infrastrukturen von Organisationen Analogien zur Struktur des Gehirns zu bemühen – insbesondere bei der Gestaltung des Unterbewusstseins und dessen Schnittstellen zum Bewusstsein von Organisationen. Analogien sind ja nach Hofstaedter et al. (2014) das „Herz des Denkens". Es liegt ja eigentlich auf der Hand, Erkenntnisse der Kognitionswissenschaft und -psychologie sowie Verhaltenspsychologie nicht nur auf die in Unternehmen tätigen Personen und ihre Zusammenarbeit, Konfliktaufarbeitung etc. anzuwenden, sondern auf die Organisation als Ganzes: Versuchen wir die proaktive Gestaltung des Bewusstseins und vor allem des Unterbewusstseins der Organisationen. Für ein erfolgreiches „Realtime Enterprise" wird ein klug gestaltetes und gut trainiertes Unterbewusstsein (System 1) bei guter Governance (System 2) zukünftig unabdingbar sein. Die Infrastruktur der Organisation muss dafür gerüstet sein. Denken wir die Organisationen neu – gestalten wir ihr Unterbewusstsein zweckmäßig und richtig, gestalten wir unsere Organisationen zukunftsfähig. Wir werden das brauchen in Anbetracht des von manchen prognostizierten Zeitalters der künstlichen Intelligenz.

Wie wir sehen, sind Infrastrukturen in dieser weit gefassten Betrachtung ein wesentlicher Teil dessen, was in diesem Buch als „Unterbewusstsein einer Organisation" entwickelt wird.

Betrachten wir aber zunächst noch einige der relevanten Technologien in einer Tiefe, die der Aufgabenstellung dieses Buches angemessen ist und die relevant ist hinsichtlich der organisatorischen Gestaltung von Organisationen und der Gestaltung ihres Unterbewusstseins und der Schnittstelle zum Bewusstsein der Organisationen.

3.2 Relevante Technologien und Megatrends

Nun zur Erläuterung einiger besonders interessanter Technologien mit Relevanz zur Gestaltung des „Unterbewusstseins von Organisationen". Die Erläuterung erfolgt, ohne tief in die Technologien einzutauchen, im Versuch die Entwicklungen für den technisch weniger versierten Leser in der für das Thema dieses Buches relevanten Form darzulegen.

Zunächst eine kurze Skizze der Entwicklung dieser Technologien:

3.2.1 Entwicklungen der Informations- und Kommunikationstechnologien und ihrer Anwendung

Nachdem die ersten Computer noch mit Röhren arbeiteten, setzte nach Entwicklung des Transistors eine rasante Entwicklung ein. In den 1960er- und 1970er-Jahren dominierte die Großrechnerarchitektur (Mainframes mit Daten und Programmcode auf einem Rechner) – zunächst mit Lochkarten gesteuert und dann mit einfachen Terminals ohne Grafikfähigkeiten etc. gesteuert. Der Dominator am Markt war in dieser Zeit IBM.

Ab Mitte der 1970er-Jahre entwickelten sich mit der zunehmenden Miniaturisierung der Elektronik insbesonders mit der Entwicklung von integrierten Schaltkreisen intelligente Workstations vor allem für Engineeringaufgaben sowie erste Minicomputer in Verbund mit diesen Workstations – in lokalen Netzwerken.

Nunmehr waren Daten und Programmcode teilweise schon auf getrennten Rechnern. Die Möglichkeit zur Verteilung der „Intelligenz" schaffte neue Möglichkeiten. In dieser Ära der „Minicomputer" koexistierten diese mit den Mainframes und konzentrierten sich zunächst auf Nischen (z. B. Engineering). Dann traten sie auch in Konkurrenz zu den Mainframes, nachdem zunehmend auch kommerzielle Anwendungen auf diesen neuen Rechnerarchitekturen der „Minicomputer" verfügbar waren.

In den 1980er-Jahren trat dann der Personal Computer, der PC, seinen Siegeszug an mit dem Pionier Apple und dem „Nachläufer" Microsoft, der alsbald die dominierende Rolle übernahm. Mit dieser nun verfügbaren PC-Technologie, die zunehmend Aufgaben übernehmen konnte, die zuvor nur teuren Workstations vorbehalten war, etablierte sich die Architektur des „client server computing". Die Anwendungen mit einem Großteil des Programmcodes liefen auf den Clients oder auf „application servern". Die Daten wurden aufgrund der Integrationserfordernisse, die sich aus der Notwendigkeit durchgehender Geschäftsprozesse ableiteten, wieder eher zentral gehalten – auf sogenannten Datenbankservern.

Parallel entwickelte sich in den 1980er- – mit dem Durchbruch in den 1990er-Jahren – das Internet, das sich mit den wachsenden Bandbreiten zum „Nervensystem" der Unternehmen – und mittlerweile der Gesellschaft – entwickeln sollte. Die Mainframe-Architektur hatte sich parallel auch weiterentwickelt – sie hat sich vor allem in Großunternehmen insbes. der Finanzindustrie und großen Forschungseinrichtungen behauptet, sodass sich ab Mitte der 1990er-Jahre ein allgegenwärtiges Netz aus dem Netzwerk selbst und aus vernetzten Systemen aus intelligenten Endgeräten, PCs und Großrechnern entwickelte.

Neue Kommunikationstechnologien wie Bluetooth, WiFi, RFID und NFC erlauben inzwischen lokale Vernetzung in einer Qualität, dass der Anwender sie kaum noch aufwendig bedienen muss. Die Informations- und Kommunikationstechnologien werden in immer mehr Geräten, Systemen und Produkten eingebettet – sogenannten „embedded systems" – eine Tatsache, die für die Menschen zunehmend selbstverständlich ist und kaum mehr bewusst wahrgenommen wird.

Die Sensorik und Aktorik – kombiniert in Systemen auch Mechatronik genannt – kamen zunächst in speziellen Anwendungsfällen isoliert zum Einsatz, z. B. in Form von Thermostaten, bis hin zu Herzschrittmachern. Neben dem fixen Anschluss an das Internet sind diese Systeme mit den neuen Kommunikationstechnologien wie NFC (Near field communication) auch mobil ins Internet einbindbar und ansteuerbar. Das Internet der Dinge (oft auch Web 3.0 genannt) entsteht. Damit, mit den Möglichkeiten der Biometrie und mit den sich zunehmend durchsetzenden Standards werden Interaktionen von Maschine zu Maschine (M2M) und Mensch zu Maschine immer effizienter. Prozessintegration über Organisationsgrenzen hinweg wird hochautomatisierbar und in hoher Qualität und Zuverlässigkeit möglich. So entstehen hoch vernetzte Systeme, die mit kaum ins deutsche übersetzbaren Stichwörtern beschrieben werden: ubiquitous, pervasive, ambient computing (allgegenwärtig, eindringend, an die Umgebung angepasst).

Im privaten Bereich wurde das Netz neben der E-Mail-Kommunikation zunächst primär als Suchmaschine zum Finden von Informationen verwendet (Web 1.0). Der Anwender war sozusagen traditioneller Konsument.

Die Generation der „Digital Natives" hat dieses Netz im ersten Jahrzehnt dieses Jahrhunderts als neue Form der interaktiven Kommunikation mit allen Möglichkeiten der Selbstdarstellung aber auch der Interaktion mit anderen Interessierten oder relevanten Teilnehmern entdeckt (Web 2.0). Facebook hat sich in diesem Bereich ja nahezu als Monopolist entwickelt.

Mit Zunahme der mobilen Endgeräte, der Konvergenz der Telefonie mit der Informationstechnologie in Form von Smartphones und Benutzeroberflächen, wie wir sie heute von Smartphones und Tablet Computern kennen – wo wiederum Apple die Pionierarbeit leistete, wurden nunmehr nahezu alle Organisationen, Unternehmen und private Nutzer aller Generationen im Netz zusammengeführt.

Waren in Zeiten des Mainframe die Daten und die Programme auf einem Rechner lokalisiert, – die Daten auf Laufwerken und daher nicht unmittelbar für die in den Prozessoren (und den ihnen zugeordneten schnellen Arbeitsspeichern) abgearbeiteten Programme verfügbar -, so werden die notwendigen IT-Ressourcen am aktuellen Stand der Technik aus der „Wolke", der „Cloud" bezogen – ähnlich wie „der Strom aus der Steckdose kommt". Cloud Computing findet in der private cloud – im abgeschlossenen Bereich (z. B. im abgesicherten Firmennetzwerk) –, in der public cloud (z. B. Dropbox, von überall öffentlich zugänglich, aber passwortgeschützt) oder in Mischkonfigurationen (hybride cloud) statt. Mittlerweile gibt es leistungsstarke Rechner mit der Fähigkeit des massiv parallelen Abarbeitens des Programmcodes auf parallelen Prozessoren – sei es auf ein und demselben Rechner oder verteilt im mittlerweile sehr schnellen Internet.

Die Datenzugriffe erfolgen nicht mehr über die „langsamen" rotierenden Festplatten, sondern direkt auf riesige Arbeitsspeicher mit Terabyte an Daten – das sogenannte „in-memory-computing". Dadurch lassen sich riesige Datenmengen in neuartiger Weise (mit neuen Algorithmen) blitzschnell verarbeiten, analysieren und visualisieren. Es ist somit möglich, mit riesigen Datenmengen „in Dialog" zu treten und so – in Verbindung mit geeigneter Visualisierung – zu neuen und unerwarteten Einsichten und Erkenntnissen zu kommen und sogar Vorhersagen in hoher Qualität zu treffen – auf Basis im Hintergrund automatisch algorithmisch gebildeter und optimierter selbstlernender Modelle. Schlagworte in diesem Zusammenhang sind – wieder nur in Englisch – Big Data, Visual Analytics, Predictive Analysis, Knowledge Discovery etc. Es ist leicht nachvollziehbar, dass diese Entwicklungen völlig neue Perspektiven in Richtung künstlicher Intelligenz eröffnen (Artificial Intelligence – AI). IBM hat in diesem Bereich mit dem System „Watson" wieder Pionierarbeit geleistet. Watson hat die populäre Quizshow Jeopardy gewonnen, trifft Vorhersagen und gibt Ratschläge für Mediziner im Bereich der Onkologie und „schöpft Wissen" aus der Lektüre zahlreicher medizinischer Fachzeitschriften. Ein Vorläufer von Watson war der Schachcomputer BigBlue von IBM, der sogar den Schachweltmeister geschlagen hat.

Ein anderes Feld, in dem die immer besser werdenden Werkzeuge der künstlichen Intelligenz in Kombination mit fortgeschrittenen Möglichkeiten der Sensorik und Mechanik sowie den Informations- und Kommunikationstechnologien zur Wirkung kommen, ist die Robotik. Waren früher Industrieroboter wie z. B. Schweißroboter oder Montageroboter für durchaus komplexe aber immer wiederkehrende Automationsaufgaben in der Produktion die Avantgarde der technologischen Entwicklung an sich, so sind heute selbstfahrende Roboter (AGV= automatic guided vehicles) in Lagerhallen, Minensuchroboter und Drohnen im militärischen Bereich, und Haushaltsroboter Stand der Technik. Telepräsenzroboter, Telemedizinroboter, Chirurgieroboter und Pflegeroboter stehen vor dem Durchbruch.

Eng verbunden mit dem Feld der Robotics in Entwicklung, Programmierung und Steuerung sind die Themen Virtual Reality und Augmented Reality. In Zusammenhang mit der weiter entwickelten Sensorik ermöglichen sie dem Menschen, seine Werkzeuge und sogar manuell ausgeführte Handlungen auf große Entfernungen zu erweitern. Treiber in diesen Entwicklungen waren die (Computer)Spieleindustrie und die Filmindustrie mit ihren Animationsfilmen und den Science-Fiction-Filmen.

Damit entwickeln sich auch neue Möglichkeiten der Zusammenarbeit über Organisationsgrenzen hinweg – innerhalb von Organisationen, zwischen Organisationen, von Organisationen zu Kunden, Klienten, Patienten, Interessierten und anderen Stakeholdern. Schlagworte in diesem Zusammenhang sind: „shareconomy", „social collaboration" etc. Google mit seinem „Nahezu-Informationsmonopol" in Form seiner Suchmaschine, Amazon im Bereich des Buchhandels und zunehmend auch anderen Branchen, eBay etc. nutzen diese Entwicklungen, um – ohne Inhalte zu liefern – die Aufmerksamkeit der Menschen über ihre Services an sich zu ziehen und so auch den Werbemarkt zu erobern. Mit Inhalt (content) wird es zunehmend schwieriger, Geld zu verdienen. Die Ökonomie der Aufmerksamkeit droht hier einiges an Vielfalt und Diversität auszulöschen. Die Digitale

Ökonomie – als Oberbegriff – belässt keinen Stein auf dem anderen. Sie birgt Gefahrenpotentiale für bislang erfolgreiche Geschäftsmodelle und ganze Branchen, aber auch Gefahrenpotentiale gesellschaftlicher Natur. Man denke nur an Datenschutz, Vertraulichkeit, Datensicherheit und Katastrophensicherheit und die Resilienz unserer zunehmend „digitalen Zivilisation".

Die Möglichkeiten der Digitalisierung bieten somit neue Werkzeuge für die Menschen und die Organisationen, die wie andere Werkzeuge vom Menschen zum Teil unterbewusst gehandhabt werden – denken wir daran, wie viel bewusstes Handeln und wie viel unbewusstes Handeln beim Autofahren stattfindet. Durch die Vernetzung der Menschen innerhalb der Organisationen und der Organisationen nach außen, die in der bisherigen Evolution und der Entwicklung der Menschheit einzigartig ist und nun nicht nur den Menschen, sondern auch den Organisationen neue Werkzeuge in die Hand gibt, macht es sinnvoll und zweckmäßig, vom Unterbewusstsein der Organisationen zu sprechen und dieses Unterbewusstsein und seine Schnittstelle zum Bewusstsein der jeweiligen Organisation in seiner Wirkung und in seinen Gestaltungsmöglichkeiten zu analysieren. Das ist die Aufgabe und Idee dieses Buches.

Nun zur kurzen Erläuterung einzelner für das Thema dieses Buches relevanter technologischen Entwicklungen und Themen.

3.2.2 Netzwerktechnologien

Wenn wir die Analogien des Gehirns und der Nervenbahnen bemühen und diese auf die Netzwerktechnologien und deren Entwicklung umlegen, so wird deutlich, dass die verbindenden Nervenstränge im Gehirn und die zentralen Nervenstränge im Körper enorme Kapazitäten benötigen um die in unserem Gehirn stattfindende massive Parallelverarbeitung von Informationen bewerkstelligen zu können.

Nicht zuletzt die massiven Fortschritte in den Technologien zur Bereitstellung von Bandbreite in einer vernünftigen Aufwand-Nutzen-Relation haben die rasante Technologieentwicklung in den Informations- und Kommunikationstechnologien ermöglicht.

Dies gilt für den fest verdrahteten Festnetzbereich, in dem die glasfaserbasierten Technologien einen Quantensprung erlaubt haben – verbunden mit enormen Fortschritten in den Algorithmen und der Software in der „Paketvermittlung". Parallel dazu – und aufbauend darauf – haben sich auch der Mobilfunkbereich und seine Bandbreiten dynamisch entwickelt. Das hat ganz anderen Bevölkerungsschichten den Zugang zum Netz ermöglicht. So sind es z. B. im Gesundheitsbereich nach Aussage US-amerikanischer Experten (Medical informatics world conference 2014) vor allem die ärmeren Bevölkerungsschichten, denen die Smartphones und die mobilen Netze Zugang zu Gesundheitsinformation, -prävention und strukturierte Interaktion mit Gesundheitsdiensteanbietern ermöglichen.

Telefonie und Internet laufen zunehmend über dieselben Infrastrukturen – nicht nur in den öffentlichen Netzen sondern auch im Firmenbereich, was zu weiteren Abhängigkeiten führt und zu weiteren Risiken bei Störungen.

Glaubt man dem LOAR (Law of accelerated return) von Ray Kurzweil (2012), so wird es im Zusammenspiel der Technologien im Übertragungs- Verarbeitungs- und Speicherbereich eine weitere dynamische Entwicklung der technologischen Fortschritte ergeben. Kurzweil versucht im Wege des Reenginieering des menschlichen Gehirns künstliche Intelligenz zu entwickeln, wo ihm im Bereich der Spracherkennung auch schon einiges gelungen ist.

Während Netzwerke, wie wir sie heute kennen, stark auf Business-to-Business-Nutzung (B2B) abzielen, werden wir neue Netzwerke entstehen sehen, die Beziehungsnetzwerke für und zu Kunden darstellen, oder spezielle Netzwerke für Finanzdienstleistungen mit eigenen Sicherheitsstrukturen. Der Netzwerk-Effekt – mehr Teilnehmer machen das Netzwerk attraktiver und verstärken den Nutzen für alle – wird nur wirksam, wenn die Netzwerke offen sind und rasch wachsen können.

Wenn man die Netzwerktopologien des Gehirns mit den sich entwickelnden Netzwerktopologien des Internets und der Firmennetze in einer Analogiebetrachtung vergleicht, so wird bewusst, dass das Internet evolutionär sehr verteilte Strukturen erlaubt, allerdings auch die Konzentration auf wenige „Weltgehirnregionen" zulässt. An dieser Stelle sei die Informationskonzentration bei Google, die Konzentration der Social Media bei facebook und die Konzentration des E-Commmerce bei Amazon und eBay verwiesen, die zwar in sich wieder verteilt aufgebaut sind, die aber eine enorme Machtaggregation in Form einer Monopolisierung begünstigen.

Das menschliche Nervensystem und Gehirn enden mit dem Tod des jeweiligen Menschen. Vom Internet und den Kommunikationsinfrastrukturen erwarten wir mehr. Sie haben sich zu einer kritischen Ressource hinsichtlich des Weiterbestehens unserer Zivilisation entwickelt und sind wesentlicher Teil der Infrastruktur und damit des Unterbewusstseins von Organisationen. Die Resilienz und Nachhaltigkeit unserer Organisationen sind massiv vom Funktionieren dieser Netzwerktechnologien abhängig.

Nachdem Wissen und Erfahrung in diesen Infrastrukturen nicht – wie bei der Verteilung des Wissens auf eine Vielzahl von Menschen – hochgradig redundant verfügbar ist, gilt es hier auch zur Vorsicht zu mahnen. Wenn – wie zunehmend absehbar – die Energieversorgungsnetze in Anbetracht der Entwicklung von smart grids auf das Internet angewiesen sind und das Internet ohne sichere Stromversorgung nicht funktioniert, so ist Anlass zur Sorge gegeben. Das Buch Offline! (Grüter 2013) und der Roman Blackout (Elsberg 2012) geben diesbezüglich einen guten Einblick. Organisationen können sich zwar mit Notstromversorgung etc. eine Zeitlang (einige Tage) vor Ausfällen schützen. Bei längeren Blackouts, wenn die Energieversorgungsnetze mangels vollständig verfügbaren Internets nicht mehr hochgefahren werden können, drohen aber schwerwiegende Schäden an unserer Zivilisation.

Technologische IKT-Plattformen wachsen immer mehr zusammen (Festnetz-, Mobilnetz-, Kabelnetzbetreiber, TV-Angebot, Video-Angebot). Das Internet wird aber noch mit weiteren Anschlusspunkten und Kommunikationspartnern überschwemmt werden, wenn man die Entwicklungen hin zum Internet of Things und des Internet of Everything betrachtet. Aber wer überlegt und reguliert dafür passende resiliente Topologien mit den notwendigen Entkopplungen? Wird das der Markt selbst regeln? Wie wird sich der Markt bei ersten größeren Blackouts verhalten? Werden das die – im Vergleich zum Markt immer schwächer werdenden – staatlichen Autoritäten sein? Wer reguliert dies länderübergreifend?

3.2.3   Internet of Things, internet of Everything, Embedded Systems, Sensornetze, Mechatronik

Auch wenn das Internet of Things gemäß dem Gartner Hypecycle 2014 am Höhepunkt des Hypes ist und ein Abstieg in das „Tal der Tränen" bevorsteht, bevor es dann kontinuierlich das Plateau der breiten Nutzung erreichen wird, so besteht kein Zweifel daran, dass die Vernetzung unterschiedlichster Geräte, wie Sensoren, mechatronische Komponenten etc. einzeln oder in Form von embedded Systems und wireless embedded systems rasant steigen wird. Da die Standardisierungsprozesse in diesem Bereich noch im Gange sind, deren Fortschritt für die breite und effiziente Nutzung und entsprechend leistbare Preise aber notwendig ist, werden sich die optimistischen Prognosen vermutlich nicht so kurzfristig bewahrheiten.

Die Standardisierung wird insbesonders durch den technologischen Trend zum „software-defined anything" rasant voranschreiten (Gartner 2013). Das bedeutet, dass die Infrastruktur zunehmend programmierbar wird und verschiedene Devices über Standards relativ leicht eingebunden werden können (ähnlich – wenn auch wesentlich vielseitiger und mächtiger – den speicherprogrammierbaren Steuerungen in der Automationswelle in den 1980er- und 1990er-Jahren des vorigen Jahrhunderts). Die Interoperabilität hin zu Datenbanken und damit die Einbindbarkeit in größere Systeme und innovative Nutzung der Daten (Big Data) erfolgt im Wege der Cloud-Technologien und der diesen innewohnenden Virtualisierung.

Dies kann massive Auswirkungen auf Produkte und Geschäftsprozesse haben (wie das in den folgenden Kapiteln zur Veranschaulichung erzählte Beispiel der Walzwerkinstandhaltung im Edelstahlkonzern anschaulich zeigt).

Wenn man sich vorstellt, dass z. B. das Energiemanagement von Gebäuden inkl. der Beschattungsanlagen von Glasfassaden oder die Steuerung einer sensiblen Produktionsanlage oder die Heizungsregelungsfunktionen in Eigenheimen in den Weiten des Internet zugänglich ist und wenn man sich die Potentiale der Cyberkriminalität oder auch nur die Verbreitung von Computerviren vorstellt, dann werden sich in diesem Bereich entkoppelte Strukturen mit hohem Sicherheitsniveau unter Beachtung redundanter Steuerungsfunktionen etablieren müssen, um großflächige Störungsfälle zu vermeiden bzw. im Störungsfall damit umgehen zu können. Ob es im Störungsfall dann das qualifizierte und trainierte Personal für einen Offline- oder Handbetrieb geben wird, ist in Anbetracht des ständig steigenden Produktivitäts- und Effizienzdruckes abzuwarten.

Netze aus Sensoren, Aktoren, jeweils für bestimmte Zwecke konfigurierte „embedded systems" können im Sammelbegriff als Internet of Things charakterisiert werden. Sie sind somit Teil der Infrastruktur und des Unterbewusstseins von Unternehmen: Sie funktionieren im Hintergrund schnell, effizient und zuverlässig wie das System 1, sodass wir es gar nicht bewusst wahrnehmen. Ob wir dann effizient regulierend eingreifen können, wenn z. B. im Störungsfall das System 2 angesprochen wird, das dann womöglich outgesourct ist und das bei umfassenden Störungen im Internet von allen Kunden gleichzeitig zu Hilfe gerufen wird und entsprechend überfordert sein wird, sei dahingestellt. Wir sollten uns in jedem Fall verantwortungsbewusst darauf vorbereiten.

Stellen wir uns vor: alle mobilen und fest angeschlossenen Endgeräte, Produkte und Services sind digitalisiert, auch Produkte, wie Autos, TV-Geräte, Kühlschränke etc. Die Kombination aus Datenströmen und Services ist schier unüberschaubar. Daraus Modelle zu generieren, das alles zu managen, zu betreiben, ständig zu erweitern und letztendlich mit validen Geschäftsmodellen Geld zu verdienen, ist eine ungeheure Herausforderung für die nächsten Jahre und Jahrzehnte. Die Organisationsmodelle zur Nutzung dieser vernetzten Menschen, Dinge, Informationen und Lokationen sind von jeder Organisation unter Berücksichtigung der sich daraus ergebenden Chancen und Gefahren noch zu entwickeln – je nach Grad der Betroffenheit von diesen Entwicklungen.

All dies ist bei der Gestaltung des Unterbewusstseins der jeweiligen Organisation entsprechend zu bedenken.

3.2.4 Mobile Endgeräte

Eine besondere Klasse dieser Infrastrukturen und Systeme sind die Endgeräte und dabei insbesonders die mobilen Endgeräte, die zahlenmäßig als auch von der Bedeutung her wohl die wichtigste Klasse an Systemkomponenten sind. Über sie erfolgen ja großteils die Interaktionen der Menschen mit den Systemen und Infrastrukturen. Es lohnt sich, diese Entwicklungen näher zu betrachten:

Für die Möglichkeiten der erweiterten Wahrnehmung, der persönlichen Vernetztheit und neue Möglichkeiten der Interaktion über große Entfernungen für unterschiedliche Anforderungen gibt es immer mehr zweckgerichtete unterschiedliche intelligente Endgeräte, die eigentlich nur eines gemeinsam haben: die SIM-Karte zur Verbindung ins Netz. Die Benutzeroberflächen sind je nach Formfaktor bzw. Größe der Geräte unterschiedlich – aber in ihrer intuitiven Handhabbarkeit ähnlich. Bei den Betriebssystemen bilden sich drei Plattformen (Apple mit iOS, Google mit Android und Microsoft mit Windows) heraus, die den Anspruch haben, die unterschiedlichen Geräte in ihrer Nutzung aufeinander abzustimmen. Sie tun dies meist über Cloudservices zur Datenverwaltung und entsprechend abgestimmte Apps, – die kleinen „Software-Helferlein", die aber hinsichtlich der Interoperabilität untereinander derzeit noch deutlichen Verbesserungsbedarf haben.

Nicht nur der klassische PC oder Laptop und die in den letzten Jahren massiv verbreiteten Smartphones und Tablet-PCs werden das Nutzerverhalten prägen und verändern, sondern intelligente Armbänder, Sensorik in Kleidungsstücken, Datenbrillen, Augmented Reality – Ausrüstungen mit speziellen Helmen und „Datenhandschuhen", Sensorik zur

Erfassung und Interpretation von unseren Gehirnaktivitäten bis hin zur Steuerung mittels Gehirnaktivitäten etc. werden unsere Interaktionsmöglichkeiten mit der Umwelt verändern. Diese Vielzahl an Geräten zur persönlichen Interaktion werden zum Teil von den Benutzern selbst in die Systeme und Organisationen eingebracht (ByoD = „Bring your own device") und stellen eine enorme Herausforderung für das Sicherheitsmanagement der Systeme und Organisationen dar. Es ist eine große Herausforderung, dabei die Balance zwischen Flexibilität und Vertraulichkeit zu finden,

Organisationen kämpfen derzeit darum, die Erstellung von Inhalten, die Zusammenarbeit und die zentralen Geschäftsanwendungen unter einen Hut zu bringen – und das vor dem Hintergrund einer hohen Gerätevielfalt. Das werden die Organisationen noch einige Zeit intensiv beschäftigen.

Welche Endgeräte werden sich durchsetzen? Die Vielzahl der Endgeräte wird bleiben bzw. möglicherweise noch stärker wachsen. Der PC, Laptop oder Tablet-Computer oder das Smartphone werden die Steuerungszentrale des ganz persönlichen Netzes sein, das auch Armbänder oder andere „Wearables" mit Vitalparameterfunktionen oder ähnliches umfasst. Für spezielle Aufgaben werden Datenbrillen und andere Augmented- oder Virtual-Reality-Geräte einzubinden sein. Diese Endgeräte haben auch für die sichere Authentifikation ihrer Benutzer zu sorgen.

Die Vielfalt der Angebote ist groß und wird noch größer. Langfristig werden sich aber die Kombinationen aus Endgerät und Anwendungssoftware durchsetzen, welche die beste „user experience" – das beste „Kundenerlebnis" bieten.

3.2.5 HCI Human Computer Interface, User Experience, Biofeedback

Die Zahl der möglichen Schnittstellen des Menschen zum Computer nimmt stetig zu, findet sich aber noch vielfach im Experimentierstadium. Beispiele für über „state of the art" Schnittstellen (wie sie Windows und Apple sowie die Smartphone-Hersteller bieten) hinausgehende unkonventionelle Schnittstellen sind:

- Die Erkennung von Absichten aus dem Userverhalten zum entsprechenden Zoomen von Bildbereichen (vgl. Biswas et al. 2013)
- Willenssteuerung (Brain-Computer Interfacing, BCI) durch Mustererkennung in Elektroencyphalogrammen (EEG) der Gehirnaktivität, Entwicklungen die zunächst für schwerst behinderte Menschen entwickelt wurden, die aber auch in „hands-free operation environments" zum Einsatz kommen können (vgl. Steyrl, Scherer und Müller-Putz 2013)
- Spracheingabe ist schon weitgehend verfügbar, wird aber von vielen Menschen trotz Verfügbarkeit kaum genutzt (z. B. die Assistenz Siri auf den iPhones von Apple)
- „Datenhandschuhe" zur Steuerung im dreidimensionalen Raum z. B. in der Roboterprogrammierung oder bei Chirurgierobotern

Das Wesentliche in der Interaktion zwischen Menschen und der „virtuellen Welt" im weitesten Sinn, von der Buchhaltungsapplikation über die Einstellung von Thermostaten, Heizungsregelungen oder ganzen „Smart Homes" bis hin zum Computerspiel ist die User Experience.

Sinnvoll und von gesellschaftlichem und wirtschaftlichem Nutzen sind nur Systeme und Arbeitsumgebungen, auf die sich der Benutzer einlässt, von denen er einen Nutzen in der Arbeit oder Freizeitbeschäftigung hat. Solche „systems of engagement", die so etwas wie Kundeneinbindung und -beteiligung und Patienteneinbindung und -beteiligung schaffen, benötigen eine gleichartiges „Anwendererlebnis" – Common User Experience – über mehrere Plattformen hinweg mit der „Cloud" als Rahmen.

Ein Weg, User Experience auch zu messen sind Biofeedbackverfahren, wie z. B. Eye-Tracking, wo die Augenbewegungen gefilmt werden und so der Fluss der Aufmerksamkeit beobachtet werden kann und Benutzeroberflächen etc. darauf aufbauend optimiert werden können. Ein Fachbegriff dafür lautet „usability engineering".

Wir leben in einer Wirtschaft, in der der Wert von Erlebnissen und Erfahrungen mehr Bedeutung hat als die Differenzierung über besondere Produkteigenschaften. Vereinfachte und „begradigte" Anwendungserfahrungen – wie beispielsweise Einkaufserlebnisse beim Teleshopping – sind aufgrund der dem Menschen eigenen internen Wahrnehmungs- und Entscheidungsprozesse oberstes Kriterium bei Entscheidungen. Man spricht von der „consumerization" der Informationstechnologien. Auch bessere Zusammenarbeitsprozesse entlang der Wertschöpfungskette werden erst durch entsprechende User Experience in der Nutzung der Systeme ermöglicht und führen so zu Prozess- und oft auch Produktinnovation.

Die kognitive Belastung der Anwender ist ein zunehmendes Problem. Oberste Prämisse bei der Gestaltung der „User Experience" muss daher die unmittelbare Unterstützung des Handelns und Entscheidens im jeweiligen situativen Kontext sein.

Man kann sich leicht vorstellen, wie solche „User Experiences" – wenn die Anwendungen häufig benutzt werden – auch die kognitiven Vorgänge (System 1 und System 2) im unterbewussten Bereich mittelfristig beeinflussen. Die Erfahrungen mit Jugendlichen, die stundenlang Computerspiele spielen oder sich in den sozialen Netzen bewegen, sind ein schlagendes Beispiel dafür.

Es ist leicht nachzuvollziehen, dass derartige User experiences aber auch zu Änderungen in den Zusammenarbeitsstrukturen und Zusammenarbeitsmechanismen innerhalb der Organisationen, aber auch nach außen führen und damit im Entscheidungsverhalten zu Veränderungen führen werden. Die verändernden Einflüsse von „user experiences" sind daher als Teil des Unterbewusstseins von Organisationen nahe an der Schnittstelle zum Bewusstsein der Organisation zu sehen.

Ein wesentlicher Teil der „user experience" ist die Visualisierung von Sachverhalten, Umgebungen etc. Die Realität wird digital repräsentiert. Wir sprechen dann von erweiterter und virtueller Realität (augmented und virtual reality).

3.2.6 Virtual Reality und Augmented Reality

Virtual Reality und Augmented Reality sind laut Gartner (2013) Hype Cycle gerade am Abstieg in das „Tal der Tränen". Der Höhepunkte des „Hypes" ist offenbar überschritten.

Virtual Reality gibt es spezialisiert in der Film- und Spieleindustrie schon seit langem. Auch im Maschinenbau werden schon seit langem beispielsweise Bewegungen von Robotern in der virtuellen Realität simuliert, um im echten Betrieb Kollisionen zu vermeiden. Auch in der Architektur werden auf diese Weise noch nicht existierende Räume erlebbar gemacht. IBM hat in den 90er-Jahren des vorigen Jahrhunderts die Rekonstruktion der Frauenkirche in Dresden im Rahmen eines Sponsoring massiv vorangetrieben: Die damals noch nicht wiederaufgebaute Frauenkirche wurde virtuell begehbar gemacht. Sogar die Verwendung der noch vorhandenen Steine der eingestürzten Kirche wurde dabei simuliert. Die Frauenkirche, die heute eine der wesentlichen Sehenswürdigkeiten von Dresden darstellt, ist ein gutes Beispiel dafür, wie aus der virtuellen eine wirkliche Realität wird. IBM hat inzwischen mit BigBlue, dem Schachcomputer, der Weltmeister Kasparov bezwang, und dem System Watson, das die Quizshow Jeopardy gewann, weitere anschauliche „Leuchttürme" in der Entwicklung der künstlichen Intelligenz gesetzt, die halfen, die laufenden technologischen Entwicklungen auch der breiten Öffentlichkeit anschaulich begreifbar und damit bewusst zu machen. Die virtuelle Realität der Frauenkirche war ein erster solcher „Leuchtturm".

Nun zur erweiterten Realität (Augmented Reality). Google Glass als bekanntestes Beispiel ist seit Jahren in den Medien, es gibt schon seit längerer Zeit Testgeräte. Der große Marktauftritt steht (aus der Sicht November 2014) noch bevor. Google Glass ist ein Beispiel für Augmented Reality, wo z. B. dem Chirurgen Vitalparameterdaten eines Patienten ins Gesichtsfeld eingespielt werden oder die Gesichtserkennung des Gesprächspartners oder die Einspielung von orts- und raumbezogenen Informationen und Services („location based services") möglich sind.

Es gibt heute schon Anwendungen – es gibt auch andere spezialisierte Hersteller, nicht nur Google – in denen beispielsweise die Kommissioniertätigkeit in Lagern durch Einspielen der Informationen in die Brille effizienter gestaltet wird oder Instandhalter mit Bauplaninformationen über die Datenbrille versorgt werden, wenn sie eine Maschine reparieren sollen. Die Steuerung solcher „hands free"-Szenarien erfolgt mittels Sprachsteuerung.

3.2.7 „Social Media" und „Social Business Collaboration"

Die sozialen Medien entstanden zunächst aus den neuen technischen Möglichkeiten und aus dem Bedürfnis von – vor allem Jugendlichen, zusätzlich zu den etablierten Kommunikationsformen und -medien neu und anders als die Elterngeneration miteinander zu kommunizieren und sich zu Themen von gemeinsamem Interesse auszutauschen. Mit dem Siegeszug der kostengünstigen Mobiltelefonie und der Möglichkeit, SMS zu versenden, wurden neue Kommunikationskanäle geschaffen, die für Kommunikation – mit zunächst wenig Inhalt – genutzt wurden. Wer Anfang dieses Jahrhunderts Kinder in der Phase der Pubertät erlebt hat, weiß wovon ich spreche. Vorlieben wurden mitgeteilt, Bilder gepostet. SchülerVZ und StudiVZ waren erste Plattformen. Musik wurde „illegal" über Napster ausgetauscht und trieb die Musikindustrie zur Verzweiflung.

Der Bedarf nach neuen Formen der Kommunikation und auch des wechselseitigen Teilhabens, des Gebens von Empfehlungen etc. war von der neuen Generation damit klar manifestiert. Jungen Unternehmen und Start-ups gelang es, diese Bedürfnisse in Geschäftsmodelle zu gießen – sehr profitable Geschäftsmodelle, wie wir heute wissen. Larry Page und Sergej Brin mit Google, Mark Zuckerberg mit facebook sind die bekanntesten Beispiele. Twitter, LinkedIn und weitere entstanden, manche verschwanden wieder. So entstand eine zum Teil neue Form der Kommunikation und der Wirtschaft. Apple war einer der wenigen „Klassiker" der IT-Welt, dem es gelang, auch in dieser neuen Wirtschaft zunächst mit dem iPod und iTunes tragfähige neue Geschäftsmodelle zu generieren, nachdem die aus dem sozialen Bedürfnis des Teilens unter Gleichgesinnten ohne Rücksicht auf Urheberrechte entstandenen Pioniere wie Napster auch unter dem legistischem Druck der geschädigten Musikindustrie vom Markt vertrieben wurden. Veteranen der IT-Industrie wie Microsoft konnten diese Entwicklungen nicht so rasch mitvollziehen, verdienten aber im Markt für Firmenkunden weiterhin gut.

Es entstanden immer neue Modelle der „shareconomy" oder „sharing economy", in denen die Mitnutzung von Ressourcen und das Teilen im Vordergrund stand – nicht zur Freude etablierter Branchen im Hotelgewerbe, Autovermietung etc. Beispiele dafür sind Checkfelix, AirBnB etc.

Getragen wurde das zum Großteil von dem Geschäft mit der Aufmerksamkeit und der Zeit der potentiellen Kunden. Das Internet hatte den Markt dabei so offen und transparent gemacht, dass sozusagen „aus dem Stand" global tätige Unternehmen entstanden, wofür man früher in der Wirtschaftsgeschichte Jahrzehnte gebraucht hatte. Es ging ja nicht mehr um Güter, sondern um Aufmerksamkeit der Bürger und damit die Möglichkeit, Information – meist in raffinierter Form als Werbung – zu geben und damit von den Produzenten von Inhalten und Produkten Geld verlangen zu können. Dass es diesen Unternehmen dabei auch gelungen ist, sich in der Welt so einzurichten, dass nur ein Minimum an Steuern gezahlt wird und die Ordnungspolitik es nicht schafft, mit ihrer Legistik – und deren meist nationalstaatlichen Fokussierung – hier gegenzusteuern, sei nur am Rande angemerkt.

Natürlich fallen bei der Tätigkeit der Anwender im Netz viele scheinbar wertlose Daten an. Der Wert der Benutzerprofile und der Vorlieben der Benutzer wurde bald erkannt und von facebook, Google etc. dahingehend genutzt, die „gerichtete Aufmerksamkeit" der Benutzer „gezielt" für das Platzieren von Angeboten und Incentives zu vermarkten. Dass dabei massive Konflikte mit dem Thema Datenschutz (siehe Abschn. 3.2.10) entstehen, ist evident und weit weg davon, befriedigend gelöst zu sein.

Diese riesigen Datenmengen und der scheinbare Datenmüll waren aber auch Ausgangspunkt für einen neuen Hype, der gerade dabei ist sich in nützliche Geschäftsfelder und Anwendungen auszudifferenzieren – Big Data (siehe Abschn. 3.2.8). Ich bevorzuge eigentlich den Begriff der innovativen Datennutzung

Mit den sozialen Netzwerken und den sich darin herausgebildeten Kommunikations- und Zusammenarbeitsplattformen ergeben sich auch völlig neue Geschäftsmodelle und Zusammenarbeitsmöglichkeiten quer über alle Formen von Organisationen hinweg. Einige Ausprägungen dieser Möglichkeiten sind z. B. Crowdsourcing.

Crowdsourcing reicht von der gemeinsamen Arbeit an Inhalten wie in Wikipedia bis hin zu Crowdfinancing – zur Finanzierung von wirtschaftlichen Aktivitäten vorbei an den etablierten Finanzmärkten. Es gibt neue Möglichkeiten zur Partizipation und Publikation von Inhalten und Meinungen in Form von „Lesereportern", Bloggern etc. Viele Online-Medien betreiben eigene Blogs, um ihren Leserkreis zu erweitern. Das Web 2.0 etabliert sich so als Medium mit Reichweite ohne Kapitalhürde und Lizenzhürde wie z. B. beim Rundfunk. Es kann so auch für Unternehmens-PR (Public Relations) und Marketing genutzt werden. Services, z. B. Hotels, Krankenhäuser, Ärzte etc. werden von Kunden bewertet, was natürlich auch Manipulationen, Verunglimpfungen etc. ermöglicht und zur einen oder anderen Vertrauenskrise, zu rechtlichen Streitigkeiten etc. führt. „Shitstorms" als dynamisch sich entwickelnde – manchmal ungesteuerte – Kampagnen sind neue Erscheinungen in der Landschaft der Meinungsbildung, die erst durch die Strukturlosigkeit und Offenheit des Web 2.0. ermöglicht werden und eine enorme unkontrollierbare Dynamik entfalten können.

Andererseits liegt darin ein enormes Kreativitäts- und Innovationspotential: „Co-creation" ist eine besondere Form von Crowdsourcing, wobei z. B. Unternehmensaufgaben an Freelancer in Form von Wettbewerben mit entsprechenden Preisgeldern und Prämien ausgelagert werden. So soll angeblich die Firma Goldcorp für ein Explorationsgebiet geologische Daten ins Netz gestellt haben, mit dem Ergebnis, dass im Rahmen eines solchen Wettbewerbes 50 neue Goldadern entdeckt wurden. Kollaborative Kreativ-Wettbewerbe sind ein anderes Beispiel dafür. Es stellt sich die Frage, ob die kollektive Intelligenz selbstorganisierter Talente in der Lage ist, schnellere und bessere Ergebnisse zu erzielen als spezialisierte Forschungs- und Entwicklungsabteilungen. Ein anderes Beispiel von Co-creation ist die gemeinsame Produktentwicklung mit Kunden. LEGO praktiziert dies im Bereich seiner Roboterserie (vgl. Lego 2014). Motivatoren für die Teilnehmer sind nicht nur Prämien und Preisgelder, sondern vor allem auch die Aufmerksamkeit und Anerkennung der jeweiligen „Fachcommunity".

Die Soziologie spricht von Schwarmintelligenz. Systematik, Struktur und Hierarchie drohen sich aufzulösen. Es entwickelt sich ein Meinungs- und Kontrollpluralismus. Jeder kann etwas hinzufügen, kommentieren etc. Herkömmliche Arbeitsverhältnisse und Sicherheiten verlieren an Bedeutung bzw. gehen verloren. Aber wie steht es um die Qualität? Hier gibt es wohl auch Selbstregelungsmechanismen in der Crowd. Prämiert wird in solchen „Co-creation"-Prozessen ja nur das Brauchbare in angemessener Qualität. JovotoCommunity zur Abwicklung von Ausschreibungen und Wettbewerben für Co-Creation und Crowd-Sourcing ist ein Beispiel dafür.

Aus der Sicht der jeweils betroffenen Organisation tun sich hier ungeheure Chancen aber auch Gefahren auf, die kaum im Einzelnen kontrolliert und gesteuert werden können. Wo sind die richtigen Anknüpfungspunkte an diese neue – noch dynamischere – Umwelt? Wie kann ich nutzbringende, zweckmäßige und sichere Kooperationen gewährleisten in diesem – aus der Sicht des Verantwortlichen für eine Organisationseinheit oder Gesamtverantwortlichen einer Organisation bzw. eines Unternehmens – etwas „amorphen" Gebilde bzw. Geflecht? Es scheint zweckmäßig, diese internen und externen Wissensquellen und die Anbindungen daran als „Unterbewusstsein der Organisation" zu begreifen. Es geht darum, dieses ungeheure Potential zu nutzen, indem man die Organisation selbst und das Unterbewusstsein der Organisation so gestaltet, dass man – aus der Sichtweise der jeweiligen Hierarchiestufe bzw. der jeweiligen Verantwortung – einerseits dem „System 1" nach Kahneman ausreichend „Platz einräumt", um effizient zu arbeiten und gute Lösungen zu finden und dass andererseits das „System 2" zum richtigen Zeitpunkt aufgerufen und aktiviert wird.

3.2.8 Big Data – Smart Data – Reality Mining – Analytics

Ein Begriff, der gerade einen Hype hinter sich hat bzw. teilweise noch mitten in diesem Hype steckt, ist Big Data. Was ist das? Viktor Mayer-Schönberger (2013), ein Autor eines Schlüsselwerkes zu diesem Thema beschreibt Big Data folgendermaßen: Big Data ist die Fähigkeit, Informationen so zu nutzen, dass neue Erkenntnisse, Güter oder Dienstleistungen von bedeutendem Wert gewonnen werden. Ich neige dazu, Big Data einfach als „innovative Datennutzung" zu bezeichnen.

Dabei dienen Daten als Rohmaterial für neue Geschäftsmodelle und neue geschäftliche Transaktionen. Daten stellen sozusagen einen neuen Wert dar. Warum Big? Die obige Definition gilt ja auch für viele andere Arten von Information. Big Data ist das, was man im großen, aber nicht in kleinem Maßstab tun kann, um neue Erkenntnisse zu gewinnen oder neue Werte zu schaffen. Die Aufbereitung und Analyse dieser großen Datenmengen erfolgt durch raffinierte Algorithmen, die in massiver Parallelverarbeitung auf verschiedenen Prozessoren mit schnellem Zugriff auf Datenmengen, die im Hauptspeicher gehalten werden („in-memory computing") laufen und blitzschnell diese großen Datemengen verarbeiten können. Dabei wird es möglich, Analysen in Sekundenschnelle – noch dazu mit „visual analytics" grafisch gut aufbereitet – darzustellen und Fragestellungen im Dialog zu erweitern oder einzugrenzen, sodass der Fachexperte in seiner analytischen Tätigkeit mit den Daten sozusagen „in Dialog tritt". Er muss nicht Fragestellungen optimieren und auf den nächsten Tag warten, bis der Rechner alles durchgearbeitet hat, um dann festzustellen, dass er eigentlich die Frage doch besser anders gestellt hätte. Es ist leicht vorstellbar, dass sich in einem solchen Dialog neue Möglichkeiten des Erkenntnisgewinns – knowledge discovery – ergeben. Dies ist nun bald auf eine Art möglich, die der Funktionsweise des Gehirns und seiner intuitiven Fähigkeiten unter Nutzung des Unterbewusstseins sehr nahe kommt (Siehe dazu auch den Abschn. 5.2.2.8 zur Künstlichen Intelligenz).

In ähnlicher Form können einlangende Datenströme („streaming") laufend verarbeitet werden und es kann „realtime" reagiert werden. So kann sozusagen vom „Unterbewusstsein dieser Organisation" (bzw. seinem System 1) das System 2 (nach Kahneman) in Form eines verantwortlichen Menschen beigezogen werden. Immer häufiger wird in diesem Zusammenhang auch von „Smart Data" gesprochen. Das ist auch ein Element eines sogenannten „realtime enterprise" (siehe Abschn. 3.2.14).

Eine besondere Anwendung von Big Data ist die Prognose – predictive analysis – , bei der aus einer großen Zahl von ermittelten vergleichbaren und ähnlichen Fällen in der Vergangenheit die Wahrscheinlichkeit der weiteren Entwicklung, z. B. von Krankheitsverläufen, statistisch vorhergesagt wird.

Bei Big Data erfolgen drei Umwälzungen gegenüber den alten Daten- und Informationsverarbeitungsparadigmen:

- Stichprobengröße: $N =$ alles
- Unschärfe in großen Datensammlungen ist zulässig
- Statt der Jahrtausende alten Suche nach Kausalität, bei der die Daten bereits für einen Zweck und entsprechend einer Hypothese ausgewählt bzw. erhoben wurden, tritt an ihre Stelle die Korrelation. Big Data „lässt die Daten sprechen".

Der „social graph" von facebook, anhand dessen Werbung gezielt platziert werden kann, ist ein Beispiel dafür.

Im Dialog mit großen Datenmengen können auch durch statistische Verfahren mit neuen leistungsfähigen Technologien wie dem in-memory-computing neue Zusammenhänge erkannt und Hypothesen formuliert werden, um diese dann wissenschaftlich zu untermauern bzw. allenfalls zu widerlegen, wobei die Nachweisführung dafür wiederum durch gezielte Auswahl von Informationen entsprechend traditioneller Methoden erfolgt. Die dabei nunmehr verfügbaren Techniken, mit den Daten in Dialog zu treten, sind aber wesentlich mächtiger und werden so die Art und Weise, wie in bestimmten Bereichen Forschung betrieben wird, verändern. Ein Begriff, der in diesem Kontext entstanden ist, ist „Knowledge discovery" – Wissensgewinnung. Ein weiteres Synonym, z. B. wenn große Mengen an Sensordaten und zum Teil scheinbar unzusammenhängenden Daten unterschiedlicher Herkunft nach statistischen Zusammenhängen untersucht werden, ist „Reality Mining" als Abwandlung des schon älteren Begriffes Data Mining. Thomas Davenport (2014) beschreibt in seinem Buch „Big Data @work" einige Anwendungsbeispiele in verschiedenen Industrien.

David Weinberger geht über die in den USA 2010 beginnende Big-Data-Euphorie hinaus einen Schritt weiter und setzt sich in seinem Buch „Too big to know" mit der Notwendigkeit neuer Infrastrukturen für Wissen auseinander und der Notwendigkeit, über bessere Metadaten bessere Anknüpfungspunkte zu Wissen zu schaffen und das Wissen besser zu verlinken (vgl. Weinberger 2011). Damit sind wir wieder beim Thema Wissensmanagement.

Big Data ändert auch die Art und Weise der Entscheidungsfindung: Die meisten Institutionen beruhen auf der Voraussetzung, dass menschliche Entscheidungen auf der Grundlage weniger, exakter und kausaler Informationen getroffen werden – in Zukunft werden aufgrund der Menge an Daten Entscheidungen oft nicht mehr von Menschen, sondern von Maschinen getroffen werden (vgl. Mayer-Schönberger und Cukier 2013).

Diese Vorhersage sollte aus meiner Sicht nur schrittweise umgesetzt werden und zunächst in Form von entscheidungsunterstützenden Systemen (DSS = Decision-Support-Systeme) implementiert werden, sodass das menschliche Korrektiv und die menschliche Intuition wirken kann und die Systeme daraus noch lernen können, bevor sie voll automatisiert werden. Diese Systeme werden sich zu Teilen des Unterbewusstseins der Organisation entwickeln. Ihre Einbindung in die Organisation und die Schnittstellen zum „Bewusstsein der Organisation" sind wohlüberlegt zu gestalten und sollten nicht einfach „passieren". In diesem Falle ist die Gefahr von Fehlentwicklungen groß. Mehr dazu findet sich im Kapitel zur Gestaltung des Unterbewusstseins Kap. 5.

3.2.9 Simulation

Ein neuer Weg, die Zukunft zu ergründen, ist somit die predictive analysis als Ergebnis der neuen Big-Data-Technologien. Ein traditioneller Weg, die Zukunft zu ergründen, ist das Gebiet der Modellbildung und Simulation. Die geläufigsten Methoden sind im Folgenden kurz charakterisiert (vgl. Niessner und Rachinger 2014):

DES (Discrete Event Simulation) – Ereignisorientierte Simulation
Der Status ändert sich bei dieser Methode nur an bestimmten Zeitpunkten. Die betrachteten Entitäten bewegen sich als Akteure durch einen vorgegebenen Prozess. Jede Entität lässt sich mit Variablen darstellen. Damit ist eine Vielzahl an möglichen Effekten und Verbindungen auf Ebene der individuellen Entität und auf Ebene der Gesamtpopulation darstellbar. Diese Methode eignet sich für die netzwerkbasierte Modellierung für kleine Populationen. Durch Simulation von Individuen ist sie leicht visualisierbar und verständlich (z. B. in Form von Animationen). DES ist ein Standard für Produktions-, Prozess- und Logistiksimulationen.

ABS (Agent Based Simulation) – Agentenbasierte Simulation
Ein Agent kann sein: Computerprogramm, Roboter, Mensch etc. mit der Fähigkeit, autonome Aktionen durchzuführen. Der Agent ist somit aktiver Bestandteil des Modells. Der Agent verändert sich selbst, wirkt auf seine Umwelt (er ist persistent), bezieht Informationen daraus, agiert in Relation zu ihr, besitzt beschränkten Wahrnehmungs- und Aktionsradius (Lokalität) und verfügt über ein nicht-triviales Verhaltensrepertoire.

Der Fokus der Simulation liegt auf dem einzelnen Agenten und dessen Verhalten und Steuerung (z. B. autonomous transport vehicles, zunehmend supply chains) oder das Verhalten der Masse (bei sozialwissenschaftlichen Fragestellungen). Spezielle Anwendung sind beispielsweise generelle Verkehrssimulationen oder Verkehrssimulationen bei Groß-veranstaltungen.

System Dynamics
System Dynamics dient zur ganzheitlichen Analyse und Simulation komplexer und dy-namischer Systeme. Es wird dabei für alle betrachteten Parameter lediglich ein Startwert definiert. Das zentrale Konstrukt sind Feedback Loops (geschlossene Regelkreise). Ein Simulation tritt in Aktion, wenn eine Entscheidung unter dem Einfluss der Informationen eines gewissen Systemzustandes getroffen wird, oder wenn eine Aktion die Simulation auslöst, oder wenn der Systemzustand sich ändert. Der Entscheidungsbegriff ist dabei sehr allgemein gefasst (bewusst, unbewusst, automatisiert (auch biologische Prozesse). Einsatzgebiet von System Dynamics sind schwer quantifizierbare Wirkungsbeziehungen, komplexe und nicht-lineare Abhängigkeiten, z. B. soziale, ökonomische, biologische und ökologische Systeme, die Ausbreitung ansteckender Krankheiten, Simulationen zur stra-tegischen Planung, Annahmenanalyse, Ableitung von Konsequenzen bei Wachstumsstra-tegien von Start-ups, Innovationswirkungen, Marktentwicklungen etc.

Kombination verschiedener Simulationstechniken (hybride Simulationsansätze)
Häufig werden diese Simulationstechniken kombiniert, z. B. Ereignisorientierte Simu-lation (DES) zur Simulation einer teilautomatisierten Produktionsanlage kombiniert mit agentenbasierter Simulation (ABS) für autonom agierende Transporteinheiten wie Kräne, autonome Fahrzeuge (AGVs) etc.

Modelle und Simulationen eignen sich damit hervorragend zum „Team Learning" und zur Kommunikation komplexer Sachverhalte. Herb Simon, der erste Wirtschaftsnobel-preisträger, hat 1980 gesagt, dass er bezüglich komplexer sozialer Probleme computer-basierte mathematische Modelle für die größte Erfindung aller Zeiten hält (vgl. Carnegie Mellon University 2001). Das Modell wird zum Medium der Kommunikation, um das ag-gregierte Wissen in seiner vollen Tiefe mit der Gruppe bzw. der gesamten Organisation zu teilen. Sämtliche Annahmen können als zusammenhängendes Modell und harmonisierte Sichtweise auf die wesentlichen Kennzahlen an Top Management, Sponsoren, Aufsichts-räte, Investoren etc. kommuniziert werden. Um die Erwartungen nicht zu groß werden zu lassen, sollte Herbert Simon nochmals zitiert werden: „Alle Modelle sind falsch, aber einige sind nützlich".

Diese klassischen Simulationsmethoden bauen auf Kausalitätsbeziehungen auf, die im Modell abgebildet sind und damit kausal nachvollziehbar sind. Modelltypen sind z. B.

- Vorhersagende (predictive) Modelle – Wettersimulationen
- Epische, erzählende (narrative) Modelle – Szenarien, Alternativen der Zukunft, Sensi-tivitätsanalysen

Als Kompass- und Navigationsinstrumente schärfen sie unsere Intuition. Modelle als Ge-schichten und Metaphern der realen Welt erklären Ereignisabfolgen, weisen auf Gefahren hin, lassen uns schneller lernen etc. Strategische Entscheidungsunterstützung bedarf eines wiederholbaren Prozesses, eines modell–zentrischen Prozesses (vgl. Ghasemipour-Yazdi 2014).

Ausgangsbasis für Simulationen im Wirtschaftsbereich ist der Cross-Industry-Standard für Data Mining (vgl. CRISP_DM 2013). Die kontinuierliche Verbesserung des Geschäftsmodells steht dabei im Vordergrund. Die Verbesserung der Entscheidungsfindung wird erreicht, indem die Modelle und die Simulationen damit als „Windkanal für Innovationen und Entscheidungen" genutzt werden.

Es gibt Meinungen, dass die Korrelationsanalyse mit Big-Data-Technologien die kausalitätsorientierten Ansätze der Simulationstechniken ablösen würden. Ich meine, dass eine gute Kombination beider Disziplinen bzw. eine problemorientierte Auswahl der richtigen Methode entscheidend ist. Bei den Big-Data-Technologien findet man im „Werkzeugkasten" der Methoden und Algorithmen Funktionen zur Modellgenerierung in Form von Entscheidungsbäumen (decision trees), die aus der statistischen Analyse von Rohdaten entstehen und sich mit zahlreichen Durchläufen selbstlernend verbessern, bis die Verbesserung von einem Durchlauf zum nächsten nur mehr marginal ist und das Entscheidungsbaummodell für neue Fälle als Voraussagewerkzeug genutzt werden kann. Durch Analyse des ermittelten Entscheidungsbaumes können Experten durchaus auch neue Kausalitäten erkennen (knowledge discovery) und Teams können ihr Wissen und ihr Gespür für die Realität und zu treffende Entscheidungen verbessern.

3.2.10 Datenschutz und Datensicherheit

Unsere Gesellschaft hat lange Erfahrungen mit der Einschätzung und Regulierung menschlichen Verhaltens. So ist der Rechtsstaat entstanden. Wie aber reguliert man einen Algorithmus? Wie soll man den Datenschutz sicherstellen vor dem Hintergrund, dass es ein Merkmal der Netzkultur ist, dass man freiwillig seine persönlichen Informationen ins Netz stellt. Unberechtigte Zugriffe sind konsequent strafrechtlich zu ahnden, wie dies in einigen europäischen Ländern ja bereits der Fall ist. Die Möglichkeiten zur Erkennung von unberechtigten Zugriffen wird sich in manchen Bereichen, in denen Zugriffe weitgehend konsequent protokolliert werden, wie z. B. im Gesundheitswesen erleichtern. Die Fähigkeit zur Mustererkennung, die mit den Big-Data-Technologien zunehmend verfügbar werden, wird es erleichtern, verdächtige Zugriffsmuster zu erkennen.

Die Gefahr verlagert sich vom Angriff auf die Privatsphäre hin zur – vom Betroffenen in der Regel ungewollten – Beurteilung des Einzelnen aufgrund von Wahrscheinlichkeiten auf Grundlage der Algorithmen der „predictive analysis". Philosophisch gesehen stellt sich die Frage nach der Rolle des freien Willens gegenüber der Diktatur der Daten, nach der Entscheidungsfreiheit des Einzelnen im Gegensatz zu den Vorhersagen von „Big Data". Man denke nur an den Film Minority Report mit Tom Cruise, in dem die Verbrechensvorhersage auf Einzelpersonen fokussierte und Personen verhaftet wurden, die noch gar kein Verbrechen begangen hatten. Wenn uns solche Szenarien ins Haus stehen – und in den nächsten Jahren wird sich im Bereich der predictive analysis noch viel entwickeln – dann werden wir wohl auch neue Regeln zum Schutz der individuellen Freiheit benötigen.

In der Medizin sind Modelle in Form eines „virtuellen Patienten" denkbar, der in seiner „äußeren Erscheinung" (Laserabtastung und Bewegungsanalyse) seiner „inneren Erscheinung" (med. Bildgebungsverfahren), seiner „biomedizinischen Erscheinung" (Pathologie, Histologie, Zytologie, Biomarker, Genom, Epigenetik und Mikrobiom) datenmäßig repräsentiert werden kann. Auch hier besteht aus der Sicht der Datensicherheit und des Datenschutzes noch einiger Diskussionsbedarf.

Das Unterbewusstsein von Organisationen ist natürlich auch der Gefahr von Manipulationen ausgesetzt je höher der „Automatik-Anteil" ist. Bei der Gestaltung des Unterbewusstseins wird es von entscheidender Bedeutung sein, auch das Thema Sicherheit zu beachten.

3.2.11 E-Learning, Gamification

Die Spieleindustrie war immer ein Trendsetter, was „user experience" – das Benutzererlebnis – betrifft. Der Umgang mit komplexen Systemen erfordert ansprechende einfache Benutzeroberflächen, verbunden mit der Motivation, damit gerne arbeiten zu wollen. Mehr oder weniger subtile Belohnungsmechanismen sind nicht nur in Arbeitsumgebungen, sondern vor allem auch in Lernumgebungen ein Weg, die Benutzereinbindung und das Engagement des Benutzers zu erhöhen.

Das Beratungsunternehmens Torry Harris (2014) prognostiziert, dass 2015 50 % der Organisationen, die Innovationsprozesse zu managen haben, diese Prozesse „gamifizieren" (leider gibt es keinen passenden deutschen Ausdruck) werden. Der Markt wird von 2016 mit 2,6 Mrd. $ bis 2018 auf 5,5 Mrd. $ wachsen. Ein gutes Spiel-Design spricht Emotionen und Instinkte an, wirkt aber naturgemäß unterschiedlich bei unterschiedlichen Generationen – digital natives oder digital immigrants. Persönliche Finanzmanagement-Anwendungen, Marketing-nahe Anwendungen, wie Online- Finanz-Dienstleistungen und Online-Banking-Portale sind mögliche Anwendungsgebiete dafür.

E-Learning mit Gamification hat das Potential, die Effektivität von Trainings zu steigern, und dabei auch noch Spaß zu vermitteln. Dabei werden gezielt Spiele-Mechanismen eingebaut und Belohnungssysteme wie Punkte vergeben, die z. B. mit Benchmarks etc. verglichen werden und die eine intrinsische und eine extrinsische Motivation des Lernenden bedingen können. Solche Lernmodule können auch über mobile Endgeräte benutzt werden, wenn die Einheiten in entsprechend kleine „Portionen" zerlegt und angeboten werden.

Da die Motivationssysteme und -strukturen ein Teil des Unterbewusstseins von Organisationen sind, ist die gezielte Nutzung dieser Möglichkeiten eine Gestaltungsmöglichkeit des Unterbewusstseins von Organisationen.

3.2.12 Expertensysteme, Decision-Support-Systeme, Wissensmanagement

Tagtäglich sind in Organisationen auf den verschiedenen Ebenen und in verschiedenen Aufgabenstellungen Entscheidungen zu oft komplexen Sachverhalten zu treffen. Seit Jahrzehnten ist die Industrie bemüht, zumindest die einfachen Entscheidungen zu unterstützen oder zu automatisieren. Dazu wurden Expertensysteme für unterschiedlichste Zwecke entwickelt, die meist regelbasiert aufgebaut waren und nur begrenzt mit komplexen Sachverhalten umgehen konnten. Außerdem ist das sehr aufwendig. Die Regeln, die ja kausale Zusammenhänge abbilden und gewisse vereinfachende Modelle der Realität beinhalten, erfordern einen hohen Aufwand für ihre Formulierung, Erstellung und Implementierung in dieser Form von entscheidungsunterstützenden Systemen. Von Wissensingenieuren wurden Leitlinien, Entscheidungsregeln, Verzweigungen etc. implementiert. In manchen Bereichen, wie z. B. in der Medizin haben sich diese Expertensysteme nur sehr beschränkt durchgesetzt. Sie hielten der Komplexität der Realität, so z. B. der Komplexität des menschlichen Organismus und seiner Interdependenzen zur sozialen und physischen Umwelt nicht stand.

Mit Big Data eröffnen sich hier neue zusätzliche Möglichkeiten, nämlich aus großen Mengen an Vergangenheitsdaten über statistische Algorithmen erwartete Entwicklungen vorherzusagen und dann gegebenenfalls regelbasiert Entscheidungsvorschläge zu unterbreiten. In vielen Fällen wird die mit hoher Wahrscheinlichkeit zutreffende weitere Entwicklung bereits beim jeweiligen Fachmann Ideen generieren, wie diese prognostizierte Entwicklung – sofern sie wünschenswert ist – verstärkt werden kann oder welche Gegenmaßnahmen man noch ergreifen könnte, um die prognostizierte unerwünschte Entwicklung zu vermeiden oder zumindest abzuschwächen.

Ein sehr anschauliches und – positiv und negativ – betroffen machendes Beispiel für „predictive analysis" ist „predictive policing". Dabei geht es z. B. um Unterstützung der Entscheidung, in welchen Regionen bzw. Straßenzügen einer Stadt die Polizeistreifen in welcher Frequenz erfolgen sollen. So wurden z. B. in Memphis, Tennessee in den USA bestimmte Straßenzüge, Gruppen von Menschen bis hin zu Einzelpersonen gezielt polizeilich überwacht – auf Basis von Prognoserechnungen aus Vergangenheitsdaten aus relevanten Vorfällen, Sozialdaten etc. Die Kriminalitätsraten konnten durch darauf aufbauende Polizeiarbeit erfolgreich gesenkt werden (Zu vorhersagegestützter Polizeiarbeit siehe Vlahos 2012).

Betrachten wir andererseits die zahlreichen legistischen Gebote und administrativen Angebote zur Verhinderung von gesundheitsschädlichem, gefährlichem Verhalten: Gurtpflicht, Rauchverbote, Vorsorgeuntersuchung etc. Nun wäre es beispielsweise Versicherungskonzernen technologisch möglich, aus dem Kaufverhalten, dem Konsumverhalten – soweit es im Internet abgebildet ist (siehe „social graph" als Grundlage für zielgerichtete Werbung) – in Kombination mit den Abrechnungen aus der Krankenversicherung des Kunden ein individuelles „Profiling" zu machen und das Risiko des Kunden für bestimmte Erkrankungen vorherzusagen und darauf aufbauend Versicherungsprämien zu gestalten.

Die Gefahr der Diskriminierung von Einzelpersonen und Personengruppen ist sehr hoch, wenn nicht entsprechende gesetzliche Regelungen wirksam sind.

Expertensysteme und entscheidungsunterstützende Systeme sind der Teil des Wissensmanagements von Unternehmen, der automatisierbar ist und der mit seiner noch weiteren Automatisierbarkeit die Gefahr der Entwicklung eines Eigenlebens in sich birgt, dessen Auswirkungen und Entwicklungen nicht mehr unmittelbar sichtbar und damit auch nicht mehr kontrollierbar sind. Diese neuen auf Big Data basierenden technologischen Möglichkeiten stärken das blinde Vertrauen in Daten.

Aber Daten erfassen manchmal überhaupt nicht das, was zu quantifizieren sie vorgeben. Ein Beispiel: Robert McNamara war bereits als Chef von Ford bekannt dafür, ein sehr datengetriebener rationaler Mensch zu sein und er war erfolgreich damit. Später wurde er Verteidigungsminister und als solcher in den Vietnamkrieg verwickelt. Bei der Einschätzung der Lage und den darauf aufbauenden strategischen und taktischen Entscheidungen wurden den von den einzelnen Einheiten gemeldeten Zahlen getöteter Vietcongs hohe Bedeutung beigemessen. Dass die Einheiten aus ihrer Motivation heraus, erfolgreich sein zu wollen und in Anbetracht der Tatsache, dass eine Zählung im Kampfgeschehen ohnehin schwierig ist, durchwegs zu hohe Zahlen meldeten und sich so ein verzerrtes Bild der Lage ergab, wurde zu wenig berücksichtigt (vgl. McNamara und VanDeMark 1995).

Es besteht immer die Gefahr, dass wir den Ergebnissen unserer Analysen blind vertrauen – aber die Daten erfassen manchmal überhaupt nicht das, was sie zu quantifizieren vorgeben. Garbage in – garbage out – gilt auch mit Big Data. Es hat nur schwerere Konsequenzen, wenn es sich nicht um statistische Unschärfen in beide Richtungen handelt, die ja gerade in großen Datenmengen ausgeglichen werden. Daher ist es wichtig, in der Datengrundlage einen möglichen Bias zu erkennen. Dazu bedarf es eines guten Einschätzungsvermögens, Erfahrung und Wissens bzw. Zugang zu Wissen. Viele Organisationen kämpfen darum, die Erstellung von Inhalten, die Zusammenarbeit in der Organisation und mit ihrem Umfeld und die zentralen Geschäftsanwendungen und Geschäftsprozesse unter einen Hut zu bringen – und das vor dem Hintergrund einer hohen System- und Gerätevielfalt. Wissensmanagement ist daher eine wesentliche Managementaufgabe und organisatorische Herausforderung der Zukunft – auch in der Gestaltung des Unterbewusstseins von Organisationen (vgl. Weinberger 2011; Weßels 2014).

Es ist aber insbesondere der Umgang mit entscheidungsunterstützenden Systemen (Decision-Support-Systeme) in einer Organisation wesentlich für das Unterbewusstsein von Organisationen. Entscheidungsvorschläge können kritiklos abgenickt werden, sie können automatisiert umgesetzt werden, sie können kritisch hinterfragt werden und so immer weiter verbessert werden etc. Das zu gestalten wird zunehmend entscheidend sein für die zukünftige Entwicklung und den Erfolg der jeweiligen Organisation.

3.2.13   Automation, Robotics

Startpunkt der dritten industriellen Revolution – Automatisierung – waren die ersten speicherprogrammierbaren Steuerungen und damit der Einzug der Elektronik und Informationstechnik Anfang der 1970er-Jahre, nachdem die zweite industrielle Revolution Anfang des 20. Jahrhunderts mit der Einführung arbeitsteiliger Massenproduktion mithilfe elektrischer Energie die erste industrielle Revolution, die mit der Einführung mechanischer Produktionsanlagen mithilfe von Dampf- und Wasserkraft mit der Erfindung des mechanischen Webstuhls 1784 begonnen hatte, abgelöst hatte (vgl. Fraunhofer IAO/Bitkom 2014).

Nunmehr Ist die Rede von Industrie 4.0 – von der vierten industriellen Revolution – und im englischen Sprachraum von Automation 2.0.

Die Basis dafür sind „Cyber-physical Systems" (CPS). Dieser inzwischen verbreitete Begriff umschreibt die Verbindung der Sensorik und Aktorik in Produktionsanlagen mit den Steuerungen und Planungssystemen einerseits sowie den elektronisch identifizierten Produkten andererseits, die den „Arbeitsplan" in sich tragen und wissen, welche Bearbeitungsschritte sie als nächstes benötigen, bzw. in welchen Arbeitsschritten sie in welches Produkt eingebaut werden. Dies erfolgt zum Teil in der Nutzung des Internets der Dinge und erfordert neben der Kommunikation auch die richtigen Algorithmen zur Selbststeuerung solcher komplexer Systeme. Die Standards, um eine solche „Zusammenarbeit der Dinge" zu ermöglichen, sind gerade im Entstehen und werden die Umsetzung dieser Möglichkeiten dann weiter beschleunigen.

Die dabei anfallenden umfangreichen Betriebs-, Zustands- und Umfelddaten können genutzt werden, um effizienter zu produzieren, Auch können die eigenen Produkte, z. B. Werkzeugmaschinen, Werkzeughalter etc. mit Industrie-4.0-Technologien ausgestattet werden und so werden beispielsweise neue Service-Modelle entstehen. Mit Industrie 4.0 können die komplexen Produktionsprozesse fast in Echtzeit überwacht werden. Das schafft höhere Transparenz und senkt Lagerkosten. Zudem können die weltweit verteilten Produktionsprozesse nach dem Motto „Plug and Produce" einfacher repliziert, eingerichtet und angepasst werden.

Produktionsprozesse und Produkte lassen sich leichter replizieren und die Produktion lässt sich schneller und flexibler an den jeweiligen Bedarf anpassen. Produkte lassen sich noch kundenspezifischer fertigen als bisher.

Eine besondere Rolle in der Produktion – aber auch in Dienstleistungen – der Zukunft wird die Robotik spielen – als Kombination der fortgeschrittenen Möglichkeiten der Sensorik und Mechanik sowie den Informations- und Kommunikationstechnologien. Waren früher Industrieroboter für durchaus komplexe, aber immer wiederkehrende Automationsaufgaben wie z. B. Schweißroboter oder Montageroboter in der Produktion die Avantgarde der technologischen Entwicklung an sich, so sind es heute selbstfahrende Roboter (AGVs = automatic guided vehicles) in Lagerhallen, Minensuchroboter und Drohnen im militärischen Bereich, und Haushaltsroboter. Telepräsenzroboter, Telemedizinroboter, Chirurgieroboter und sogar Pflegeroboter – in demografisch bereits besonders von der Überalterung geprägten Ländern wie Japan – stehen offensichtlich vor dem Durchbruch.

In Science-Fiction-Filmen werden die Roboter ja schon von Robotern produziert, gewartet und programmiert bzw. gesteuert. Bis es soweit ist, wird es zwar noch dauern, aber wie der Weg dorthin begangen wird und wie diese Entwicklung menschlich und gesellschaftlich vollzogen wird und – in den großen Entwicklungen – demokratisch und politisch bewusst gesteuert wird, bleibt abzuwarten. Diesbezügliche Sorgen halte ich für durchaus nachvollziehbar.

Eng verbunden mit dem Feld der Robotics in Entwicklung, Programmierung und Steuerung sind die Themen Virtual Reality und Augmented Reality. In Zusammenhang mit der weiter entwickelten Sensorik ermöglichen sie dem Menschen, seine Werkzeuge und sogar manuell ausgeführte Handlungen auf große Entfernungen zu erweitern. Treiber in diesen Entwicklungen waren die (Computer)Spieleindustrie und die Filmindustrie mit ihren Animationsfilmen und den Science-Fiction-Filmen.

In Zusammenschau dieser Entwicklungen wird zunehmend von „Smart Services" gesprochen.

Die Oxford-Ökonomen Carl Frey und Michael Osborne haben 2013 in einer Studie festgestellt, dass – während die Gehirne der Roboter bisher nur brav abgearbeitet haben, was die Ingenieure ihnen diktierten – diese nun fähig seien, aus der Vergangenheit zu lernen und selbst zu entscheiden (vgl. Frey und Osborne 2013). Googles Autos fahren bereits selbsttätig durch die USA. Intelligente Software prüft die Kreditwürdigkeit von Kreditkunden, durchforstet Aktenberge etc.

Die beiden MIT-Ökonomen Erik Brynjolfsson und Andrew McAfee erläutern in ihrem Buch „Race against the machine" (2011) warum der Fortschritt erstmals seit der Erfindung des Rades mehr Arbeitsplätze vernichtet als er schafft. Das Versprechen, wonach Innovation mehr Wohlstand und höhere Löhne für die übrigen Beschäftigten bringt, gelte nicht mehr. Schneller als der Fortschritt bei den Computerprozessoren ist der Fortschritt der Softwarealgorithmen. Unsere Bildungssysteme und die berufliche Fortbildung und Erwachsenenbildung müssen Fähigkeiten vermitteln, die die Menschen von der Technologie profitieren lassen, statt von ihr bedroht zu werden. „Es wird ein Wettrennen Technologie gegen Bildung" (Brynjolfsson und McAfee 2011).

Wenn man diese Szenarien weiterdenkt, landet man bei Ray Kurzweil, einem der Pioniere der künstlichen Intelligenz, der in seinem Buch „The Singularity is near" (2005) so etwas wie die Übernahme durch künstliche Intelligenz hergeleitet hat.

3.2.14 Das Realtime Enterprise

Antonio Damasio (2012) behauptet, dass im Zuge der Evolution die Bewusstseinsprozesse aufgrund der Vorteile im evolutionären Konkurrenzkampf immer komplexer wurden und sich Funktionen wie Erinnerung, Schlussfolgern und Sprache entwickelten. Damit wurde es auch möglich, die nahe Zukunft zu überblicken, automatisierte – vom Unterbewusstsein vorgeschlagene – Reaktionen und Antworten zu verzögern oder zu verhindern, verzögerte und nicht nur unmittelbare Belohnung und Bestrafung zuzulassen, sondern die Abschätzung von zukünftigen Vor- und Nachteilen zu ermöglichen.

Es ist gerade auch aus dieser Sicht entscheidend, dass Organisationen und insbesonders in Konkurrenz stehende Unternehmen eine möglichst ungetrübte Sicht auf die Realität haben, um möglichst unmittelbar und wohlüberlegt agieren zu können.

Heute kann schnell ein digitaler Mitbewerber auftauchen. Die Fortschritte im Cloud Computing haben die notwendigen Technologien für alle Marktteilnehmer schneller zugänglich gemacht – sowohl an der Kunden- und Konsumentenfront als auch im Back Office. Es ist nicht mehr notwendig, massive Investitionen in eigene Systeme zu tätigen. Die Technologien und Ressourcen kann man schnell aus dem Netz beziehen.

Will man als Realtime Enterprise zukünftig erfolgreich sein, so sind Vereinfachung und Flexibilisierung die oberste Prämisse. Visualisierung der Realität im direkten Dialog mit großen Datenmengen statt „Monatsauswertung auf Basis kompliziert aggregierter Daten" ist mit den neuen Technologien nunmehr möglich.

Ebenso ist die unmittelbare Einbindung und Verarbeitung einlangender Daten z. B. eines gerade im Online-Kaufprozess befindlichen Kunden in Verbindung mit den bereits verfügbaren Kundendaten und den verfügbaren Daten ähnlich typisierter Kunden zum Zwecke eines Angebotes zusätzlicher oder ähnlicher Produkte möglich. – das Realtime Enterprise im Echtzeitdialog mit dem Kunden.

Viele solcher Szenarien und Vorgänge können nur automatisiert im Hintergrund ablaufen – im „Unterbewusstsein der Organisation" sozusagen. Besondere Entwicklungen und Auffälligkeiten müssen aber unmittelbar erkannt und das System 2 in Form entscheidungsfähiger und verantwortungsvoller Menschen muss involviert werden, um das Realtime Enterprise laufend zu verbessern oder – im Fall einer massiven Fehlentwicklung oder Bedrohung – Unheil zu verhindern. Der Gestaltung des „Unterbewusstseins" solcher Organisationen kommt damit besondere Bedeutung zu.

3.2.15   Künstliche Intelligenz

Ich möchte dieses Kapitel, das eine Speerspitze der technologischen Möglichkeiten darstellt, die unsere Zivilisation hervorgebracht hat und besondere Bedeutung in Bezug auf das Bewusstsein und Unterbewusstsein von Organisationen hat, etwas grundsätzlicher einleiten:

In einer langen Tradition verschiedenster Wissenschaften und Denkrichtungen, wie Psychologie, Kognitionswissenschaften, Neurowissenschaften, Religionswissenschaften und Philosophie hat die Menschheit versucht, den menschlichen Geist zu ergründen und herauszuarbeiten, welche Eigenschaften ihn von anderen Erscheinungsformen in der Tierwelt abgrenzen. Eine wesentliche Fragestellung dabei spielt die Rolle des Gehirns und des Nervensystems – oft diskutiert unter dem Begriff des „mind-body problems". Es stellt sich die Frage, welche Lebewesen überhaupt über so etwas wie eine Seele, wie einen Geist, verfügen. (In der englischsprachigen Literatur umschreibt der umfassende Begriff „mind" überlappend mehrere im Deutschen vielfältiger ausgeprägte Begrifflichkeiten wie Seele, Geist, Bewusstsein, Intelligenz, wenngleich es auch im Englischen noch andere Begriffe gibt wie soul, spirit, consciousness, intelligence, die eine gewisse Überlappung zum Begriff „mind" haben).

Auf der einen Seite wird die Abgrenzung der menschlichen Intelligenz von der Tierwelt diskutiert. Andererseits – und das ist für dieses Buch interessant – stellt sich auch die Frage, ob auch nicht lebender Materie, also beispielsweise von Menschenhand geschaffenen Maschinen solche Eigenschaften eines „mind" zugesprochen werden können. Ein Geist, eine Seele ermöglichen es den Menschen, subjektive Wahrnehmung zu empfinden und in Ausübung eines Willens in Beziehung zu treten mit seiner Umwelt („intentionality"), Reize wahrzunehmen und darauf in einer gewissen Absicht zu reagieren, sowie über Bewusstsein, Denkvermögen und Gefühl zu verfügen (Oxford American College Dictionary 2014, „mind").

Die im späten 20. und im 21. Jahrhundert entstandenen Kognitionswissenschaften haben einige unterschiedliche Ansätze zur Erklärung des Geistes entwickelt. Die Möglichkeit von nichtmenschlicher Intelligenz wird im Bereich der künstlichen Intelligenz entwickelt und erforscht, die wiederum in enger Verbindung mit der Informationstheorie und der Kybernetik steht. Dies ist der Versuch zu verstehen, wie menschliche mentale Leistungen durch nichtbiologische Maschinen nachgebildet werden können.

In Tieren ist das Gehirn die Steuerung des Nervensystems. Es ist nahe bei den primären Sinnesorganen für Sehen, Hören, Schmecken, Riechen und Gleichgewicht. Primitive Lebewesen wie Schwämme verfügen über kein Gehirn. Ein Gehirn ist enorm komplex. Das menschliche Gehirn verfügt über 86 Mrd. Neuronen, wobei jedes Neuron im Schnitt zu 10.000 anderen Neuronen verbunden ist (vgl. Whishaw und Kolb 2010). Viele Eigenschaften menschlicher Intelligenz wie Empathie, Trauer, Rituale, der Gebrauch von Symbolen, der Gebrauch von Werkzeugen etc. gibt es in einfacherer Form Menschen auch bei großen Menschenaffen.

Zur Entwicklung der menschlichen Intelligenz gibt es zahlreiche Theorien. Das Entstehen der Sprache als entscheidender Entwicklungsschritt ist unstrittig. Die „Group selection Theory" sagt, dass sich Charakteristika in der Evolutuion durchgesetzt haben, die Vorteile für eine Gruppe gebracht haben, obwohl sie Nachteile für das Individuum gebracht haben. Eine andere Theorie sagt, dass Intelligenz mit Ernährungsmöglichkeiten verbunden ist und damit mit sozialen und physischen Verhältnissen (Bergstrom 2002).

Diese Group-Selection-Theorie kann in einem Gedankenexperiment in Analogiebetrachtung durchaus auch auf Organisationen angewandt werden, zumal die neuen Technologien und insbesonders künstliche Intelligenz hier neue Möglichkeiten der Integrationsstärke und starken Bindung innerhalb der Organisation, aber auch in der Interaktion mit anderen bietet. Organisationen bieten ja auch innerhalb ihrer Organisation eine besondere Nähe hinsichtlich sozialer und physischer Verhältnisse.

Nun einige Beispiele für Systeme mit künstlicher Intelligenz:

- Autonome Fahrzeuge von Google sind in den USA schon zum Verkehr zugelassen und stellen für sich ein System mit künstlicher Intelligenz dar.
- Autonome Fahrzeuge, die untereinander kommunizieren und so den Verkehrsfluss ohne Interaktion der Fahrer selbst regeln sind bereits in Entwicklung. Interessant an

dieser Konstellation ist, dass es in diesen Konstellationen eventuell keine übergeordnete steuernde Instanz für alle beteiligten Fahrzeuge gibt, sondern dass es sich um so etwas wie „Schwarmintelligenz" handelt, wobei jedes Objekt möglicherweise ein anderes Fahrziel hat – im Gegensatz zu einem in der Natur vorkommenden Phänomen der Schwarmintelligenz, wie wir es z. B. mit Vogelschwärmen im Formationsflug kennen.

- IBM hat mit dem System „Watson" Pionierarbeit geleistet. Watson hat die populäre Quizshow Jeopardy gewonnen, trifft Vorhersagen und gibt Ratschläge für Mediziner im Bereich der Onkologie und „schöpft Wissen" aus der Lektüre zahlreicher medizinischer Fachzeitschriften. Ein Vorläufer von Watson war der Schachcomputer BigBlue von IBM, der sogar den Schachweltmeister geschlagen hat und in dem fortschrittlichste Strategien und Algorithmen zur Entscheidungsfindung in Anbetracht zahlloser Entscheidungsmöglichkeiten implementiert wurden. In Watson sind zahlreiche Technologien der artificial intelligence insbesondere auch die Technologie des NLP (Natural Language Processing) implementiert – als Voraussetzung, um mit kontextsensitiver künstlicher Intelligenz den Benutzer bei seinen Entscheidungen zu unterstützen. Die Spracherkennung als solche war ja immer ein Treiber und eine Schlüsseldisziplin in der Entwicklung von Systemen der künstlichen Intelligenz. Die Spracherkennung ist gerade im Bereich der Medizin bedeutend, wo natürlichsprachliche Beschreibungen von Anamnesen, Diagnosen, Schlussfolgerungen und Therapien sowie der Umgang mit Unschärfen gang und gäbe sind und wo es nicht möglich ist, alles in mathematische Modelle zu packen wie in anderen rein technologischen Bereichen wie z. B. der intelligenten Steuerung von Energienetzen. Die Bedeutung der Spracherkennung in der künstlichen Intelligenz und ihr Potential wird deutlich, wenn wir daran denken, welche entscheidende Rolle die Einführung der Sprache in der Evolution des Menschen gespielt hat.

Viele Menschen fragen sich: Können unsere sprachfähigen Maschinen, wie „Siri" ,die Assistenz im iPhone, denken? Sind sie selbständige Wesen? Gehen wir mit ihnen einem neuen Zeitalter intelligenter Maschinen entgegen?

Alan Turing hat 1950 den Turing-Test als Benchmark zur Beurteilung dessen, ob künstliche Intelligenz vorliegt oder nicht, formuliert: Ein Computer und ein Mensch kommunizieren unter Beobachtung eines Dritten in der Rolle des Beobachters. Der Beobachter soll durch Fragestellungen ermitteln, wer der Computer und wer der Mensch ist. Wenn der Beobachter nicht in der Lage ist, verlässlich festzustellen, wer der Computer ist, gilt der Turing-Test als bestanden.

Der Dichter und Lyriker Clemens Setz hat in einem Artikel im Feuilleton der ZEIT (vgl. Setz 2014) die Frage gestellt: Brauchen sprachfähige Computer den Menschen überhaupt noch? Seine Antwort vorweg: Nein – denn Androiden können selber denken. Sie sind selbstständige Wesen, die eine eigene Sprache und eine eigene Kultur haben. Eine provokante These eines Dichters (geb. 1982) – wohlgemerkt aus der Generation der digital natives – und nicht eines Technikers oder Naturwissenschaftlers.

Der amerikanische Schriftsteller Philip K. Dick parodierte in seinem berühmtesten Roman „Träumen Androiden von elektrischen Schafen?" den Turing-Test (Der Roman wurde als „Blade Runner" verfilmt). Im Buch geht es um Replikanten, die durch den sogenannten Voigt-Kampff-Test als nicht menschlich überführt werden können. Dieser Test misst nicht die Intelligenz, sondern das Mitgefühl. Das brachte ein amerikanisches Forscherteam im Jahr 2005 auf die Idee, Philip K. Dick als Roboter nachzubauen. Der Roboter sollte nicht nur eine täuschend echte Kopie des Erscheinungsbildes von Philip K. Dick werden, sondern ein sprachfähiger, intelligenter Androide, der sich so verhält, als wäre er der verstorbene Philip K. Dick. Man sammelte also alle sprachlichen Äußerungen des enorm produktiven Autors, speicherte sie auf einem Server, verband sie mit einer Software, entwickelt von dem Programmierer Andrew Olney, die den Kopf des Androiden belebte. Als „Phil" fertig war, unterhielt sich Philip K. Dicks Tochter Isa mit dem sprechenden Automaten. Es sei wirklich so gewesen, als hätte sie mit ihrem Vater gesprochen, sagte sie.

Im Dezember 2013 etwa wurde Michael Scherer, Chefredakteur des Time-Magazins, von einer automatischen Software angerufen. Die Roboterstimme nannte sich Samantha West. Sie wollte ihm irgendwas verkaufen. Scherer zeichnete das Gespräch auf. Als er sie fragte, ob sie ein Roboter sei, antwortete sie: „Ich bin eine reale Person, können Sie mich hören?" Der Roboter versuchte, den Turing-Test zu bestehen – und scheiterte.

Setz fragt nun philosophisch, ob man nicht aufhören sollte, menschliche Intelligenz nachzubauen, sondern nicht vermenschlichte Intelligenz einfach zuzulassen. Die Lingodroids sind eine neue Spezies von Robotern, die sich untereinander unterhalten. Forscher der University of Queensland hätten nachgewiesen, dass sie in der Lage sind, Wörter und Konzepte zu entwickeln, behauptet Setz. Die neueste Generation, sogenannte iRats entwickeln eine Sprache, die auch der Mensch lernen kann, und entwickeln eine eigene genuine Kultur. Setz glaubt, die Zukunft der künstlichen Intelligenz liege in der Emanzipation vom Menschlichen. Sprachroboter, die – wie die iRats – sich selbst überlassen sind, bilden eine reale fremde Intelligenz, unabhängig von den absurden Anforderungen der menschlichen Kommunikationswelt. Sie müssen nicht so klingen, nicht so schlussfolgern und auch nicht so irren wie wir. Doch solange wir intelligente Wesen, auch wenn sie aus anorganischer Materie bestehen, vollständig an der kurzen Leine des Menschlichen halten, werden sie über das Niveau überzüchteter Haustiere nicht hinauskommen, meint Setz.

Das Forschungsprojekt Google Brain entwickelte ein vollkommen neues Prinzip, intelligente Software zu schreiben, indem man auf die Anbindung aller logischen Abläufe an menschliche Gegebenheiten verzichtete und das Programm in unüberwachtem Lernen die Dynamik echter neuronaler Netze nachvollziehen lässt. Dieses System wurde konfrontiert mit unklassifizierten Datenmengen im Internet. Es stellte auf eigene Faust Verbindungen her – abstrakte Konzepte. Eines dieser entstandenen Konzepte, die sich auf diese Weise in „Neuronenform" bildeten und visualisiert wurden, sah zur großen Überraschung der Entwickler aus wie das Antlitz einer Katze. Dabei hatte niemand dem Programm den expliziten Auftrag gegeben, sich über Katzen zu informieren. Es kam von selbst darauf, was eine Katze ist. Das Internet ist ja voll mit Katzenbildern. Eine fremde Intelligenz, die

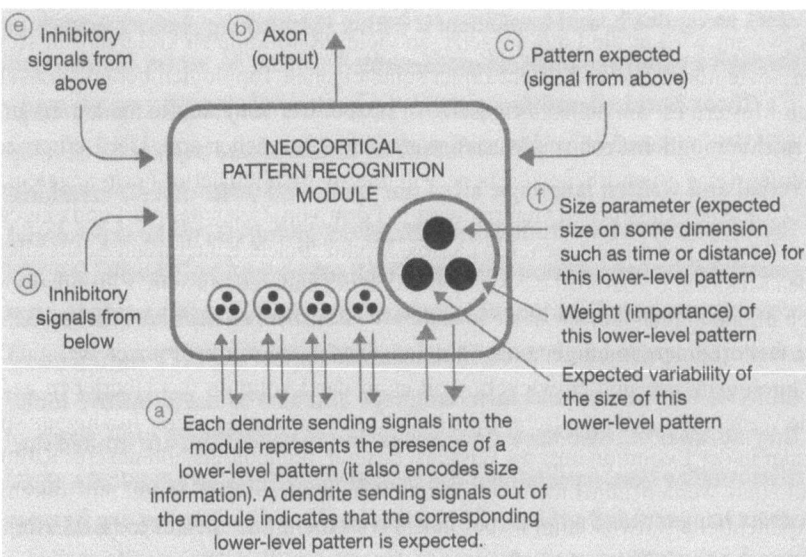

Abb. 3.1 Mustererkennungsmodul (Pattern recognizer)

einen tiefen Blick in unser heutiges Internet wirft, muss also davon ausgehen, dass Katzen die Träger unseres gesamten Weltgefüges sein müssen. Und deshalb konzentrierte sich das unüberwachte, seine eigenen Entdeckungen machende Programm Google Brain auf die Katzen. Es ging dabei vor wie ein Archäologe, der die Mythologie einer bislang unbekannten Kultur erforscht und Muster, Häufungen etc. vorurteilslos auswertet (vgl. Setz 2014).

Clemens Setz regt abschließend an, dass dem digitalen Adam eine digitale Eva zur Seite gestellt wird. „Kein Wesen hat es verdient, allein zu bleiben" sagt er.

Ich habe bewusst die Gedanken eines Schriftstellers und Dichters zum Thema „künstliche Intelligenz" vorangestellt und stelle nun die Sicht eines renommierten Technologen zu diesem Thema dar. Ray Kurzweil stellt mit seiner „Pattern recognition theory of mind – PRTM" (2012) das Konzept der neuronalen Netze in seinem Buch „How to create a mind" in den Mittelpunkt. Er versucht darauf aufbauend das Gehirn und seine Funktionsweise in einem Reengineerig-Prozess zu verstehen und Überlegungen anzustellen, wie so etwas gestaltet werden kann. Ich versuche im Folgenden aufbauend auf seinen Ausführungen einen Eindruck zu geben, wie man sich das vorstellen könnte, und welche Strategien Kurzweil dabei wählt (vgl. Abb. 3.1)

Zentrales Element ist ein Pattern recognizer (PR) – ein Mustererkennungsmodul – aufgebaut als Neuronales Netz.

Diese PR-Module werden mit lernfähigen genetischen Algorithmen verschaltet, wobei jedes Axon mit einem oder mehreren nächsthöheren PR-Modulen verschaltet ist und zwar in Form virtueller Verbindungen – was noch flexibler ist, als im menschlichen Gehirn, das diese Verbindungen ja physisch herstellt.

Das System wird in die Lage versetzt, so viele PR-Module zu kreieren – in so vielen Ebenen – wie nötig. Dieses System bildet seine eigenen Topologien heraus, je nachdem, welchen Mustern es von außen ausgesetzt ist. Dabei werden auch Redundanzen zugelassen, was eine möglichst robuste Mustererkennung ermöglichen soll. Der Lernprozess ist dabei stufenweise – von Ebene zu Ebene – in massiv parallelisierter Form angelegt.

Der Zweck des künstlichen Gehirns wird in Form von Zielen definiert und eingegeben, z. B. den Turing-Test zu bestehen. Ein „Kritik-Modul" macht Hintergrund-Scans aller existierenden Muster und überprüft die Kompatibilität mit anderen Mustern. Ein anderes Modul ermittelt offene Fragen und speist sie in andere Wissensbereiche des künstlichen Gehirns.

Kurzweil definiert Intelligenz als Fähigkeit, Probleme mit begrenzten Ressourcen zu lösen. Intelligenz hat sich entwickelt, weil es in der Evolution das Überleben gesichert hat. Die Weiterentwicklung unserer Spezies Mensch aufgrund unserer Intelligenz spiegelt sich wider in der Evolution unseres Wissens, unserer Technologie und unserer Kultur. Die Technologien werden zunehmend informationstechnologischer Natur und durchlaufen eine exponentielle Entwicklung, insbesonders weil die immer schnellere Replizierbarkeit in Form von Algorithmen und Software mit der „cloud" im Hintergrund möglich ist. Die Menschen „erweitern sich" damit virtuell. Ein großer Teil unseres Wissens ist ja bereits in der Cloud (vgl. Kurzweil 2012).

Kurzweil prognostiziert, dass wir mit unserer Technologie zusammenwachsen – uns vereinigen – werden. Mit der Cloud des Wissens haben wir dies virtuell bereits gemacht. Bezüglich unserer Wahrnehmung hat diese Entwicklung mit virtueller und erweiterter Realität (Virtual and Augmented Reality") bereits begonnen. Physiologische Verbindungen mit implantierten Chips werden folgen.

Wenn wir mit unserer menschlichen Intelligenz Zugang zu dieser nichtbiologischen Intelligenz gewinnen und uns damit „erweitern", werden weitere exponentielle Entwicklungen eintreten – entsprechend dem von Kurzweil im informationstechnologischen Bereich postulierten und aus den vergangenen Entwicklungen hergeleiteten LOAR („Law of accelerated returns"), – dem Gesetz des sich beschleunigenden Nutzens. Das Gehirn gewinnt durch dieses Reverse Engineering Zugang zu seinem eigenen „source code" und wird die Möglichkeit haben, sich beschleunigt in iterativen Zyklen zu verbessern.

Durch diese Erweiterung unserer Intelligenz um die künstliche Intelligenz werden wir in der Lage sein, immer höhere Abstraktionsebenen zu erreichen. Eine ultraintelligente Maschine könnte noch bessere Maschinen erzeugen – es kommt zu einer Explosion der Intelligenz. Eines der Hauptwerke von Ray Kurzweil ist ja „The singularity is near" (2005).

Manche dieser Szenarien werden Sie vermutlich auch an Science-Fiction-Filme erinnern. Es gibt natürlich auch zahlreiche Kritiker dieser Hypothesen und Szenarien aus dem Gebiet der künstlichen Intelligenz, wie Paul Allen und Mark Greaves, die z. B. behaupten, dass das LOAR nur solange wirke, bis es nicht mehr wirkt. Weiterhin halten sie die These dagegen, dass sich Software langsamer entwickelt als Hardware etc.

Man ist damit natürlich auch schnell im Grenzbereich zu Fragen der Politik, der Philosophie und der Religion.

Wohin geht die Reise? Und wie schnell geht sie? Wie sieht die Entwicklung des menschlichen Geistes aus? Wer hat Zugang zu diesen Ressourcen? Wer beeinflusst die Entwicklung? Was ist mit unserem Bewusstsein? Was ist mit dem freien Willen des Einzelnen, gibt es den dann noch? Was ist die Identität des Einzelnen?

Diese Fragen sind nicht Thema dieses Buches. Es ist aber ein Thema, wie wir uns in unseren Organisationen aufstellen und organisieren müssen, damit wir mit diesen Technologien, die das Potential zur künstlichen Intelligenz haben, organisatorisch und ethisch bewusst umgehen und was wir im Hintergrund – im Unterbewusstsein der Organisation – zulassen. So manches an „künstlicher Intelligenz" wird sich dort „einschleichen" – dann sind wir gefordert, das zu erkennen und zu lernen, im Sinne der Gestaltung des Unterbewusstseins der Organisation richtig damit umzugehen.

Peter Thiel, Gründer des Bezahldienstes PayPal und Großinvestor, ist – was die generellen gesellschaftlichen Auswirkungen betrifft – nicht so pessimistisch hinsichtlich der Gefahren der künstlichen Intelligenz, wie manche anderen Autoren. Er sagt hinsichtlich der Koexistenz zwischen Computern und Menschen und der Bedrohung der Arbeitsplätze, die oft aus den Erfahrungen mit der Globalisierung und dem Wettbewerb zwischen Arbeitskräften in Indien und China zu denen im Westen, abgeleitet wird: „Technologie ist anders. Computer und Menschen sind sehr verschieden. Computer können gewaltige Berechnungen vornehmen, Menschen sind gut darin, Urteile und Entscheidungen zu fällen, Pläne zu machen, die Bedeutung von Dingen zu verstehen. Zum Großteil sind sie kein Ersatz füreinander. Technologischer Fortschritt wird für die Menschen mehr Möglichkeiten schaffen als zerstören" (Heuser 2014).

Nach diesem „Exkurs ins Philosophische" und in mögliche Szenarien möchte ich auf eine Basistechnologie der künstlichen Intelligenz und ihre schon sehr praktische Einsetzbarkeit – auf die neuronalen Netze eingehen. Betrachten wir dazu ein Beispiel aus der Energieversorgung (vgl. Siemens 2014):

Wind- und Sonnenstrom bringen Bewegung in den Energiemarkt: Nun schwankt nicht mehr nur der Verbrauch, sondern auch die verfügbare Energiemenge. Wie soll man mit dieser neuen Situation umgehen? Die Antwort dazu lautet: Bessere Planbarkeit durch gute Prognosen. Wenn man weiß, wie viel Solar- und Windenergie die nächsten Tage bereitsteht, und regionale Bedarfsprognosen hat, dann kann man konventionelle Kraftwerke vorausschauend steuern, Ausgleichsenergien für Verluste beim Stromtransport planen und sich an der Strombörse Kontingente zu günstigen Konditionen sichern.

Dazu gibt es Prognose- und Simulationssoftware, die auf neuronalen Netzen basiert. Neuronale Netze sind Computermodelle, die durch Training anhand von Daten aus der Vergangenheit Zusammenhänge erkennen und so Vorhersagen treffen. Dazu muss man das Problem nicht vollständig analytisch verstehen, z. B. dienen Wettervorhersagen für frühere Zeiträume und die Stromproduktion eines Solarparks in diesem Zeitraum als Basis, um aus der aktuellen Wetterprognose die zukünftige Produktion zu simulieren. Zu Beginn weiß das Programm nicht, wie sich welcher Parameter auswirkt und seine Prognose weicht stark von der produzierten Strommenge ab. Im Laufe des Trainings minimiert das Programm in tausenden Durchgängen die Differenz zwischen seiner Prognose und dem

Ist-Wert. Es ändert sich die Gewichtung der einzelnen Parameter und das neuronale Netz wird immer genauer. Diese Technologie gibt es bereits seit 20 Jahren. Mit den technologischen Entwicklungen im HW und SW-Bereich (siehe vorne, Big Data *in Abschn. 3.2.8,* Simulationen *in Abschn. 3.2.9 etc.) lassen sich diese nun auf komplexere Fragestellungen anwenden und sind ungleich schneller und leistungsfähiger als früher. Wenn man auch die Erzeugungsverläufe der verschiedenen Anlagen und die Verbrauchsverläufe von größeren Versorgungsregionen neben der Charakteristik eines einzelnen Solarparks zusammenspielt, braucht man diese Leistungsfähigkeit. So kann man z. B. auch Wartungsarbeiten an Energieerzeugungsanlagen (z. B. Reinigung verschmutzter Solarpaneele) in Zeiten legen, an denen ihre Energielieferung am wenigsten fehlt.*

3.2.16 Von der Consulting-Industrie prognostizierte und propagierte Megatrends

Zusammenfassend nun die Betrachtung der wesentlichen relevanten Megatrends, wie sie aus verschiedenen Perspektiven von den großen Consulting- und Analystenfirmen regelmäßig angeboten werden, z. B. Gartner im Bereich der Informations- und Kommunikationstechnologien (vgl. Gartner 2013). Im Folgenden eine Listung von für dieses Buch relevanten Megatrends ergänzt um eine kurze Erläuterung, nachdem in den vorangegangenen Kapiteln einzelne besonders relevante Technologien etwas eingehender beleuchtet wurden.

- **Zunehmende Vielfalt an Geräten**
  von den PCs, über Laptops, Tablets, Smartphones, Wearables, intelligente Tische etc.
- **Mobile Anwendungen:**
  Zunehmend laufen die Anwendungen auch auf mobilen Geräten. Diese sogenannten Apps sind Bausteine der neuen Anwendungsarchitekturen und sollen über Standards die Interaktion zwischen verschiedenen Funktionen und Aufgaben sichern, was noch einige Anstrengungen erfordern wird. Damit wird die Interaktion zwischen Objekten immer breiteren Raum finden und so Teile des Unterbewusstseins unserer zukünftigen Organisationen bilden.
- **Konnektivität, „connectedness"**: verbunden mit neuen Möglichkeiten der **Kundeneinbindung** etc.
  Dinge, Produkte, Informationen und Örtlichkeiten werden zunehmend digital präsent sein und vernetzt sein. Die Menschen haben sich auch abseits der Netzwerke der Organisationen, in denen sie tätig sind, u. a. durch die Möglichkeiten mobiler Anwendungen und der sozialen Netze bereits weitgehend vernetzt. Die Netze der Dinge, Informationen und Örtlichkeiten (GPS mit zugeordneten Video, Services, Facilities etc.) werden sich in das Netz einbinden. Diese umfassende Konnektivität bzw. die Möglichkeit dazu wird bei den „digital natives", die mit diesen Technologien aufwachsen, zunehmend

als Teil ihres Bewusstseins und ihres täglichen Lebens wirksam werden und sie werden dieses neue Möglichkeit des „Angeschlossenseins" bzw. der „connectedness" in
einer heute noch nicht prognostizierbaren Form nutzen. Für sie werden das Werkzeuge
sein, die durch regelmäßige Nutzung die Fertigkeiten und Fähigkeiten erweitern und
sie werden wie andere Werkzeuge in der Entwicklung unserer Zivilisation auch das Unterbewusstsein der Menschen verändern. Neue Formen der Kundeneinbindung (costumer engagement) und im Speziellen der Patienteneinbindung im Gesundheitswesen
(patient engagement) werden manche Branchen verändern, neue Geschäftsmöglichkeiten eröffnen und andere alte Geschäftsmodelle sterben lassen. Die „connectedness" in
der persönlichen Sphäre (z. B. die Quantify-Self-Bewegung mit der kontinuierlichen
Aufzeichnung von Vital- und Leistungsdaten im täglichen Leben und beim Sport) wird
einerseits das eigene Verhalten ändern und andererseits zur zunehmenden Individualisierung der Gesundheitsprävention etc. führen. Es wird schwer sein, die richtige Balance zwischen Vertraulichkeit und Vernetztheit zu finden und es dem Menschen mit
seinen individuellen Wünschen auch seitens des rechtlichen Rahmens zu ermöglichen,
seinen Weg entsprechend seinen Vorstellungen zu gehen.

- **Neue Arbeitswelten: „New work"**
  Fachkräftemangel wird uns demografisch und bildungspolitisch in den nächsten Jahrzehnten begleiten. Der „war for talents" hat vielerorts schon begonnen. Schlagworte
  der neuen Arbeitswelt sind: Lebenslanges Lernen, Wissensgesellschaft, „always on",
  Kreativwirtschaft, Corporate social responsibility (CSR), neue Geschäftsmöglichkeiten, Flexibilität, E-Mobility, „selfness", Single-Gesellschaft, Realtime Enterprise, etc.
- **Künstliche Intelligenz – „smart machines"** (siehe Abschn. 3.2.15)
  Die Fähigkeiten der Menschen werden durch Maschinen erweitert. Maschinen werden
  Menschen ersetzen. Die Maschinen werden die Menschen und ihre Umgebung besser
  kennenlernen. Menschen werden die Maschinen und ihre Möglichkeiten und Begrenztheiten besser kennenlernen. Maschinen und Menschen werden nebeneinander und miteinander arbeiten.

Dies wird in zahlreichen Branchen zu Veränderungen führen,. Einige dieser Trends haben
das Potential, zu wahren Umbrüchen – nicht nur in der IT-Branche selbst – zu führen.

Es zeichnet sich eine neue globale digitale Ökonomie ab (vgl. Oxford Economics 2011),
die Branchen, Industrien und Gesellschaften einem massiven Veränderungsdruck aussetzen wird und für die sich Organisationen in ihren Methoden, Werkzeugen und Prozessen
rüsten werden müssen. Umso wichtiger ist es, Organisationen so zu gestalten, dass sie mit
Unsicherheiten und Umbrüchen bestmöglich umgehen können. Auch wir Menschen sind
in unserem Umgang mit Unsicherheiten, in überraschenden Situationen etc. hochgradig
von den Fähigkeiten und Settings unseres Unterbewusstseins abhängig, bzw. prägt das
Unterbewusstsein unser bewusstes Handeln in vielfältiger Weise, wie die Ausführungen
aus der Sicht der Verhaltenspsychologie und den Kognitionswissenschaften zeigen.

Literatur

Biswas P, Aydemir GA, Langdon P, Godsill S (2013) Intent recognition using neural networks and Kalman filters. In Human computer interaction and knowledge discovery in complex, unstructured, Big Data – workshop proceedings Maribor July 2013, published in Lecture notes in Computer science. Springer Verlag, LNCS 7947

Bergstrom TC (2002) Evolution of social behavior: individual and group selection. J Econ Perspect 16(2, Spring):67–88 (Published by: American Economic Association)

Brynjolfsson E, McAfee A (2011) Race against the machine. Digital Frontier Press, Lexington

Carnegie Mellon University (2001) A tribute to Herbert Simon. http://www.cs.cmu.edu/simon/all.html

CRISP_DM (2013) www.crisp-dm.org/ed

Damasio A (2012) Self comes to mind: constructing the conscious brain. Vintage Books Edition, New York

Davenport TH (2014) Big data@work. Harvard Business Review Press, Boston

Elsberg M (2012) Blackout – Morgen ist es zu spät. Blanvalet Verlag, München

Frey CB, Osborne MA (2013) The future of employment: how susceptible are jobs to computerisation? http://www.oxfordmartin.ox.ac.uk/downloads/academic/The_Future_of_Employment.pdf. Zugegriffen: 17. Sept. 2013

Gartner Identifies the Top 10 Strategie Technology, Trends for 2014. Analysts Examine Top Industry Trends at Gartner Symposium/ITxpo 2013 October 6–10 in Orlando

Ghasemipour-Yazdi R (2014) Simulation von Geschäftsmodellen, WINGbusiness, Graz, S 20

Grüter T (2013) Offline! – Das unvermeidliche Ende des Internets und der Untergang der Informationsgesellschaft. Springer Spektrum

Harris T (2014) The Power Trio Integration through SoA, Enterprise Mobility and Gamification. Bangalore. www.thbs.com

Heuser UJ (2014) Funkelnder Kapitalismus. Zeit 39:26

Hofstadter D, Sander E, Held S (2014) Die Analogie: Das Herz des Denkens, 1. Aufl. Tropen-Verlag (Verlag C.H. Beck im Internet). ISBN 978 3 608 94619 2

Klausnitzer R (2013) Das Ende des Zufalls – Wie Big Data uns und unser Leben vorhersagbar macht. Ecowin Verlag, Salzburg

Kurzweil R (2005) The singularity is near. Viking, New York

Kurzweil R (2012) How to create a mind – the secret of human thought revealed. Viking Penguin Group, New York

Lego (2014) http://www.lego.com/en-us/mindstorms/?domainredir=mindstorms.lego.com. Zugegriffen: 25. Aug. 2014

Mayer-Schönberger V, Cukier K (2013) Big Data – Die Revolution, die unser Leben verändern wird. Redline Verlag, München

McNamara RS, mit VanDeMark B (1995) In retrospect: the tragedy and lessons of Vietnam. Random House, New York

Medical informatics world conference (2014). Vortrag von Kaiser Permanate. Boston

Niessner H, Rachinger P (2014) Einsatzgebiete der Simulationsmethoden. WINGbusiness 1, Graz

Oxford American College Dictionary (2014) „mind". Putnam Adult

Oxford Economics (June 2011) The new digital economy – how it will transform business. White paper from a research program sponsored by AT & T, Cisco, Citi, PwC, SAP

Senge P (1990) The fifth discipline, the art and practice of the learning organisation. Doubleday currency

Setz C (2014) Der Digitale Adam. Zeit (10.7.2014)

Siemens H (2/2014) Wer lernt, gewinnt

Steyrl D, Scherer R, Müller-Putz GR (2013) Random forests for feature selection in non-invasive brain-computer interfacing. Human computer interaction and Knowledge discovery in complex, unstructured, Big Data – workshop proceedings Maribor July 2013, published in Lecture notes in Computer science. Springer Verlag, LNCS 7947

Ungericht B, Wiesner M (2011) Organisation & Change Management-Resilienz-Zur Widerstandskraft von Individuen und Organisationen. Z Führ Organ 80(3)

Vlahos J (2012) The department of pre-crime. Sci Am 306:62–67

Weinberger D (2011) Too big to know. Basic Books

Weßels D (Hrsg) (2014) Zukunft der Wissens- und Projektarbeit – neue Organisationsformen in vernetzten Welten. Symposion-Verlag, Düsseldorf

Whishaw IQ, Kolb B (2010). An introduction to brain and behavior. Worth Publishers, New York

Modell einer Organisation – Wirkungsweise des Unterbewusstseins und des Bewusstseins einer Organisation

4

Zusammenfassung

Als Basis für die Überlegungen zur Gestaltung des Unterbewusstseins von Organisationen und seiner Schnittstellen zum Bewusstsein wird ein Modell einer Organisation entwickelt – ausgehend vom Mitarbeiter und den Organisationseinheiten sowie deren Zusammenspiel in einer Gesamtorganisation, ergänzt um verbindende Elemente wie Arbeitsgruppen, Projektgruppen etc. Diese Elemente sind einerseits eingebettet und untereinander verbunden in der Infrastruktur der Organisation und zu internen Wissens- und Informationsquellen. Andererseits sind sie auch auf – durch neue Technologien zunehmend – vielfältige Art und Weise angebunden an die Sphären der Kunden und Stakeholder, an die Sphäre des Marktes und des Mitbewerbes sowie an die Sphäre der externen Wissensquellen und Informationsquellen. Dieses Modell einer Organisation mit Fokus auf ihr Unterbewusstsein wird mit anschaulichen praxisnahen Szenarien und Erzählungen erläutert und vertieft.

Das Modell einer Organisation, das wir unseren Überlegungen und unserem Modell mit seinen Analogien und Metaphern zugrunde legen wollen, orientiert sich an der Hypothese dieses Buches an sich, nämlich die Kategorien des Bewusstseins und des Unterbewusstseins auf Organisationen anzuwenden.

Im Folgenden sind die wesentlichen Elemente des Organisationsmodells mit seinen jeweiligen Möglichkeiten der Erweiterung der Wahrnehmung, des Wissens, der Erinnerung, der Entscheidungsfindung und der Aktion einerseits und die Verflechtung in die Umwelt der jeweiligen Organisation (im Inneren und nach Außen) andererseits dargestellt. Dabei wird das Wirkverhalten dieser Verflechtung umfassend bei den Elementen des Organisationsmodells erläutert. Darauf aufbauend werden sodann in Kap. 5 die Gestaltungsmöglichkeiten insbesondere des Unterbewusstseins einer Organisation und seiner Interaktion – der Schnittstellen – mit dem Bewusstsein einer Organisation dargelegt. Erzählungen und

© Springer-Verlag Berlin Heidelberg 2015

W. Leodolter, *Das Unterbewusstsein von Organisationen*,
DOI 10.1007/978-3-662-44459-7_4

zukünftig denkbare Szenarien aus einem fiktiven Industrieunternehmen, einem fiktiven Handelsunternehmen und einer fiktiven Organisation des Gesundheitswesens veranschaulichen dieses Modell.

4.1 Das Basiselement: Der/die MitarbeiterIn/ die einzelne Person in der Organisation

Das Basiselement einer Organisation ist zweifellos die einzelne MitarbeiterIn (im Folgenden: Person) in der Organisation mit ihren auf ihre Tätigkeit in der Organisation ausgerichteten Fähigkeiten, Fertigkeiten und Erfahrungen. Das ist natürlich nicht zu trennen von den Einstellungen, Werthaltungen und sonstigen Eigenschaften dieser Person. Das private und berufliche Umfeld dieser Person beeinflusst natürlich auch wesentlich ihre Verhaltensmuster und insbesonders die Wirkung des Systems 1 (nach Kahneman, siehe vorne) – und damit ihr bewusstes Handeln. Im Gegensatz zu den herkömmlichen rein verhaltenspsychologischen Überlegungen zur Wechselwirkung der einzelnen Person mit ihrer Organisation sind aber nunmehr die Werkzeuge und Möglichkeiten zur erweiterten Wahrnehmung, Erinnerung, Wissenszugriff außerhalb des eigenen Gehirns und Werkzeuge des Handelns und der Kommunikation zu berücksichtigen. Natürlich ist auch die soziale Einbettung im Geflecht der Organisation zu berücksichtigen – aber auch die soziale und damit auch professionelle Verflechtung im Umfeld der Organisation z. B. mit Kunden, Stakeholdern etc.

Jede Person verfügt über ein System 1 und ein System 2 in Bezug auf ihre Tätigkeit in der Organisation. Die jeweilige Person verfügt sowohl für das System 1 als auch das System 2 neben der Ressource des eigenen Gehirns auch über erweiterte Möglichkeiten der Wahrnehmung, Entscheidungsfindung und Aktion.

> **Beispiel Krankenhauskonzern**
>
> **Robert ist Facharzt** einer Abteilung für interne Medizin an einem mittelgroßen Krankenhaus mit weiteren Abteilungen für Allgemeinchirurgie, Gynäkologie und Geburtshilfe sowie Radiologie. Neben der allgemeinen internen Medizin, in der auch zahlreiche Patienten mit chronischen Erkrankungen, insbes. Diabetes und Herz-/Kreislauferkrankungen, und auch geriatrische PatientInnen betreut werden, werden in Zusammenarbeit mit dem Onkologischen Zentrum des nächstgelegenen Universitätskrankenhauses auch onkologische Patienten betreut. Angeschlossen an diese Abteilung gibt es 20 Betten zur Remobilisation und Nachsorge (RNS) insbesonders für ältere Menschen, die keine akutmedizinische Versorgung mehr benötigen, aber noch nicht selbständig und gesund genug sind, sich alleine zu Hause versorgen zu können.
>
> Frau Huber, eine allein lebende Witwe im Alter von 78 Jahren wurde vor 20 Tagen wegen eines vergrößerten Lymphknotens von ihrem Hausarzt an die Abteilung überwiesen. Sie war vor 3 Jahren in die Stadt gezogen, nachdem sie nach dem Tod Ihres

Mannes und einer überstandenen Brustkrebsbehandlung in der Nähe ihres Sohnes eine Wohnung gefunden hatte. Ihr Sohn, der inzwischen geschieden war, hatte inzwischen seinen Arbeitgeber gewechselt und war beruflich viel im Ausland unterwegs. Trotz dieser Veränderungen lebte sie selbständig, glaubte den Krebs nach den erfreulichen Ergebnissen der Kontrolluntersuchungen besiegt, war zufrieden und erfreute sich einer guten Lebensqualität.

Robert war soeben von einem mehrwöchigen Urlaub zurückgekehrt und verschaffte sich gerade einen Überblick über die PatientInnen auf seiner Station, nachdem ihm seine Kollegin, die ihn als stationsführenden Oberarzt die letzten drei Wochen vertreten hatte und nun ihren wohlverdienten Urlaub angetreten hatte, die Station in einem ausführlichen Übergabegespräch übergeben hatte. Frau Huber sollte eigentlich demnächst entlassen werden.

Die informationstechnische Infrastruktur des Krankenhauses hatte sich in den letzten Jahren massiv verbessert. Die elektronische Krankengeschichte gab es zwar bereits seit 10 Jahren; bei älteren PatientInnen war es aber sehr mühsam, die zahlreichen Befunde und Arztbriefe zu verschiedensten Erkrankungen und Vorfällen vom gebrochenen Finger bis zu Herzrhythmusstörungen zu sichten und die in der jeweiligen Behandlungssituation relevanten Informationen schnell zu erhalten. Oft versuchte man, diesem Aktenstudium zu entgehen und in einem ausführlichen Gespräch mit dem Patienten das Wichtige und Relevante herauszufiltern. Außerdem war in der Krankengeschichte nur das zu erfahren, was sich im eigenen Krankenhausverbund ereignet hat, aber nicht, ob und welche Behandlungen bei anderen Krankenhausträgern bzw. den niedergelassenen Ärzten erfolgten. Seit 5 Jahren gab es nun eine landesweite elektronische Gesundheitsakte und damit weitgehend vollständige Information zur Krankheitsgeschichte des Patienten. Seit einem Jahr gab es auch eine Pilotinstallation, die relevante Information zum Behandlungszusammenhang übersichtlich darstellte. Angeblich sollte das System dahinter „lernfähig" sein und sich laufend verbessern. Die jungen Kollegen waren schon so weit, dass sie sogar Therapievorschläge des Systems für bare Münze nahmen und meist – wie manche ältere Kollegen meinten – kritiklos übernahmen. Das Denken und die in langer Berufserfahrung entwickelte Intuition und das Gespür liefen dabei Gefahr, verloren zu gehen. Die älteren KollegInnen begannen das System als Entscheidungsunterstützung zu akzeptieren und waren von der Leitung auch dazu angehalten, es kritisch zu betrachten und zur Verbesserung aktiv beizutragen. Die jüngeren KollegInnen nützten die Entscheidungsvorschläge unter dem bestehenden Zeitdruck – nach dem Geschmack der Älteren oft kritiklos – als „Entscheidungssystem", zumal in der neuesten Version auch gleich Therapievorschläge mitgeliefert wurden.

Robert verschaffte sich nun in dieser Infrastruktur einen schnellen Überblick und sah die wesentlichen Parameter des Tumorboards, in dem die Kollegen der Gynäkologie, der Strahlentherapie, der Radiologie, der Chirurgie, der Pathologie und der auf Onkologie spezialisierte Kollege seiner Abteilung Frau Huber besprochen hatten und eine Operation mit nachfolgender Chemotherapie empfohlen hatten. Als Begleiterkrankung wurde auch Altersdiabetes angezeigt – nicht ungewöhnlich für Frauen dieses Alters.

Der OP-Bericht und der Bericht des Pathologen nach der Operation waren erfreulich. Auch bezüglich der Sozialanamnese wurde Robert auf die Tatsache, dass Frau Huber alleine lebte und als Kontaktadresse ihren Sohn in derselben Stadt angegeben hatte, nach Eingabe des Stichwortes „Sozialanamnese" in Sekundenschnelle hingewiesen. Das war für Robert schon ein enormer Gewinn und eine Verbesserung der Arbeitsbedingungen verglichen mit den Jahren davor. Er konnte nun, ohne in der elektronischen Krankengeschichte 15 min „herumgewühlt" zu haben, sich in 5 min bestmöglich auf das bevorstehende ärztliche Entlassungsgespräch vorbereiten. Frau Huber würde beeindruckt sein, wie gut vorbereitet der für sie „neue Arzt" zum Entlassungsgespräch gekommen ist.

Die neueste Errungenschaft in der alles umgebenden informationstechnischen Infrastruktur der Krankenhausgruppe hatte Robert kurz vor seinem Urlaub in einer Schulung kennengelernt: Die Unterstützung des Entlassungsmanagements. Die Ärzte waren gemeinsam mit den Stationsschwestern geschult worden. Auf Grundlage der Millionen Krankengeschichten des Konzerns würden – so die Erläuterungen in der Schulung – statistisch ähnliche Fälle in ihrem gesamten Verlauf analysiert und mit statistischen Methoden und Algorithmen vorausgesagt, wann Frau Huber wieder ins Krankenhaus eingewiesen werden würde. Nach 2 min war das Ergebnis da: Die Wahrscheinlichkeit war zu 30 % ein erneutes Auftauchen von geschwollenen Lymphknoten in sechs Monaten und damit eine erneute Krankenhausbedürftigkeit. Das hätte Robert auch intuitiv so erwartet. Was ihn aber überraschte, war die hohe Wahrscheinlichkeit einer Einweisung in drei Monaten mit Oberschenkelhalsbruch. Obwohl es sich um ein rein statistisches Verfahren handelte – wie in der Schulung nachdrücklich dargelegt – gaben die mitgelieferten Stichworte Hinweise auf eine mögliche zu erwartende Kausalität: Osteoporose, Unterzuckerung, Sturzgefahr.

In der Krankengeschichte war bei neuerlicher Nachfrage mit dem Stichwort „Skelett" zwar ein gebrochener Finger vermerkt, aber keine anderen Knochenbrüche. Es gab bisher auch keine Osteoporose- Untersuchung.

So gerüstet ging Robert in das Entlassungsgespräch mit Frau Huber. Sie erzählte ihm bei Befragung auch von einem Unterarmbruch vor 10 Jahren an ihrem alten Wohnort, dass das aber gut verheilt war und sie keine Probleme mehr mit dem Arm hatte. Robert fordert noch eine Knochendichtemessung an, mit dem Ergebnis, dass medikamentöse Maßnahmen und Ernährungsumstellung zur Vorbeugung hinsichtlich weiterer Verschlechterung der Knochendichte notwendig sind.

Die **Stationsschwester Sarah** hatte sich ebenfalls auf das Entlassungsgespräch mit dem neuen System vorbereitet und nach Beratung mit Robert im Vorfeld des Gespräches mit Frau Huber kam man zu folgendem Ergebnis als Empfehlung zur weiteren Versorgung:
- zweiwöchige Remobilisation und Nachsorge in der RNS-Station des Krankenhauses zur Sicherstellung der Beweglichkeit und Sturzprophylaxe durch spezielle Physiotherapie
- Begleitende psychologische Gespräche im Rahmen der stationären RNS

- Diabetes-Einstellung mit Ernährungsschulung und Verhaltensschulung für medikamentös eingestellte Diabetiker
- Nach Entlassung aus der RNS: Wöchentlicher Besuch der Hauskrankenpflege für vier Wochen
- Nach sechswöchiger Versorgung zu Hause: Kontrolltermin in RNS mit den Erfahrungen der Patientin und Kontrolle des Umgangs mit Diabetes
- Telemedizinische Beobachtung der Blutzuckerentwicklung und des Blutzuckerverlaufes durch mehrere Messungen täglich und telemetrische Übertragung sowie wöchentliche Einsicht durch Hausarzt oder telemedizinisches Betreuungszentrum
- Medikamentöse Einstellung mit Berücksichtigung Diabetes und Osteoporose

Dieses Szenario zeigt folgende relevante Merkmale eines Unterbewusstseins der Organisation Krankenhaus und Krankenhausgruppe im engeren Sinn sowie des Gesundheitswesens als Branche bzw. „organisatorische Sphäre":

- Erweiterte berufliche „Wahrnehmung" durch Informationssysteme in Form des Krankenhausinformationssystems und des elektronischen Gesundheitsaktes mit kontextbezogener Informationsaufbereitung (*schnelle und umfassende kontextsensitiv unterstützte Vorbereitung auf das Entlassungsgespräch*) für den Arzt
- Entscheidungsunterstützung auf Basis von Predictive Analysis im Fundus der Millionen hinterlegten Krankengeschichten (*Wiederaufnahmeprognose bei Entlassung*) als wesentliche „Ergänzung des Gedächtnisses" bzw. der Wissensbasis – ergänzend zu dem dem Arzt und dessen System 1 und System 2 zur Verfügung stehenden bewusst und unbewusst zugänglichen Wissen für intuitive und bewusst reflektierte Entscheidungen
- Gefahr der kritiklosen Übernahme von Entscheidungsvorschlägen und Verlust von Gespür und Intuition (*ältere Ärzte, Jungärzte*)
- Die informationelle Infrastruktur unterstützt berufsgruppen- und fachübergreifende Kollaboration, indem die technischen Hürden dazu abgebaut wurden und Kollaboration und Decision Sharing leicht gemacht wird (*Tumorboard, Robert und Sarah*)

Ein weiteres Szenario:

Beispiel Industrieunternehmen

Frank ist im Walzwerk für die **Instandhaltung** der Walzstraße eines Edelstahl-Langprodukte-Herstellers verantwortlich. Sein Ziel ist es, die Walzstraße möglichst ohne aggregatbedingte Störungen zu betreiben und geplante Wartungsintervalle möglichst kurz zu halten. Besonders verschleißbehaftete Komponenten wie Walzgerüste stehen öfters für Reparaturarbeiten zur Verfügung, wenn gerade ein anderes Walzgerüst für die jeweils anderen Dimensionen auf der Walzstraße in Betrieb steht. Oft legt er beim Zerlegen von Komponenten selbst Hand an. Bei umfangreicheren Reparaturen kann er auf Facharbeiter des Instandhaltungsbetriebes zugreifen. Früher haben sie mechanische Lehrberufe wie Maschinenschlosser, Werkzeugmacher, Stahlbauschlosser etc. gelernt. Seit 15 Jahren sind auch Mechatroniker und Elektroniker in dieser Mannschaft, die bei neuen oder erneuerten Komponenten und Steuerungen oft lange Schulungen beim Hersteller absolvieren müssen. Bei geplanten Stillständen, z. B. in der Sommerzeit, wenn auch zahlreiche Kunden des Walzwerkes Werksferien haben, wird zusätzliches Leihpersonal für die Instandhaltung aufgenommen, die sich aber in der Anlage nicht so gut auskennen wie die eigenen Mitarbeiter. In den letzten beiden Jahren wurden auch zahlreiche Sensoren an den Getriebe- und Lagergehäusen montiert und miteinander vernetzt. Das Walzwerk ist eine Kooperation mit dem Anlagenlieferanten eingegangen mit dem Ziel, die Instandhaltung effizienter zu machen, die Betriebsdauern zu erhöhen und Betriebsstörungen – insbesonders die ungeplanten – zu minimieren. Franks Arbeitswelt verändert sich nach seinen 30 Jahren Betriebszugehörigkeit gerade so massiv wie nie zuvor. Früher hatte er durch Beobachtungen der Getriebe und Lager mit seiner Erfahrung aufgrund ungewöhnlicher Geräusche – die im Betriebslärm allerdings nur schwierig herauszuhören waren – sich abzeichnende Lager- oder Getriebeschäden vorausahnen können und so durch rechtzeitiges Abschalten schwere mechanische Schäden verhindern können. Die Folge war meistens, dass der Hersteller dann empfohlen hat, bei allen Maschinenelementen dieser Art das Wartungsintervall zu vermindern. Wenn dann ein Lager getauscht und zerlegt wurde und die Teile noch ziemlich „jungfräulich" aussahen, hat sich Frank immer darüber geärgert, dass eigentlich viel Geld vergeudet wurde.

Die neuen Sensoren auf den Lagern und Getrieben messen laufend mechanische Schwingungen an Gehäusen, Wellen und Fundamenten sowie Geräusche und Temperaturen. Diese werden zum Anlagenlieferanten übermittelt, der in einem Entwicklungsprojekt versucht, aufgrund von Veränderungen der Muster der Schwingungen und Temperaturverläufe in verschiedenen Lastsituationen sich abzeichnende Störungen zu erkennen und Instandhaltungsmaßnahmen vorzuschlagen. Auf der anderen Seite werden Aggregateteile, die zwar das eigentliche Wartungsintervall bereits überschritten haben, nicht zwangsläufig ausgetauscht. In den regelmäßigen Abstimmungsgesprächen gibt es sowohl für den Anlagenbauer als auch für die Walzwerksmannschaft und für Frank als den verantwortlichen Instandhalter immer wieder Überraschungen und Erkenntnisse, die sie so nicht erwartet hätten. Da ohnehin gerade eine Konjunkturflaute herrscht, besteht auch seitens der Betriebsleitung eine höhere Flexibilität, das eine oder andere Aggregat manchmal öfter zerlegen zu lassen als unbedingt notwendig, um Schäden und gemessene Daten tatsächlich in Zusammenhang bringen zu können und so die Sensordaten richtig zu interpretieren – ein Lernprozess eben. Die mechanischen Arbeiten wie Zerlegen und Zusammenbau werden vom Anlagenbauer kostenfrei gestaltet, da er diese Erkenntnisse auch für andere Anlagen verwenden kann. Aber das Zerlegen und Zusammenbauen geht viel schneller als früher, seit die Techniker mit Datenbrillen ausgestattet sind, die ihnen die entsprechenden Anlagenteile dreidimensional in das Gesichtsfeld spiegeln, sodass sie nicht ständig auf riesigen aufgebreiteten Plänen nachschauen müssen – oder wie in den letzten Jahren zum Computer gehen mussten, um sich die CAD-Zeichnungen anzusehen. Der Großteil waren sehr junge Techniker, die mit dem Computer aufgewachsen waren. Wenn Frank mit ihnen sprach, erkannte er allerdings, dass sie wenig Gespür dafür hatten, welche Auswirkung eine vorgeschlagene Inspektionsarbeit auf den Produktionsprozess hatte und er musste ihnen schon manche Maßnahme ablehnen, weil doch ein großer Teil der Walzstraße ausgefallen wäre, beziehungsweise konnte Frank mit seiner Erfahrung Maßnahmen so geschickt kombinieren, dass die Betriebsstörung minimal war. Allerdings war das Produktionsplanungssystem des gesamten Edelstahlwerks auch gerade in Erneuerung begriffen und es sollte in den nächsten Jahren möglich sein, das Produktionsgeschehen bei ungeplanten und geplanten Stillständen vom Stahlwerk über das Walzwerk bis zur Wärmebehandlung in die Zukunft simulieren und sogar optimieren zu können. Die jungen Kollegen erzählten ihm immer etwas von „Industrie 4.0" und dass die Maßnahmenvorschläge künftig vom Computersystem der Anlagenbaufirma kommen würden. Außerdem würden bestimmte Ersatzteile künftig auf 3D-Druckern vor Ort produziert werden – etwas, das sich Frank nicht wirklich vorstellen konnte. Die Kollegen der Anlagenbaufirma hatten ihm auch begeistert erzählt, dass Ersatzteile, die nicht mit dieser 3D-Drucktechnologie produziert werden konnten, in der mechanischen Fertigung des Anlagenbauers mit einem neuen „Manufacturing execution system" (MES) in Einzelfertigung produziert wurden, wobei sich die Bauteile, die ihren Fertigungsplan gespeichert hatten, autonom die freie Werkzeugmaschine suchten, dort automatisch die richtigen Werkzeuge geladen wurden und nach der Fertigung automatisch zum Montageband weitertransportiert wurden. Auch das sei „Industrie 4.0", haben sie ihm erzählt. Nächstes Monat würde er bei einer Werksbesichtigung beim Anlagenbauer die Gelegenheit haben, sich das anzusehen.

Dieses Szenario zeigt folgende relevante Merkmale eines Unterbewusstseins der Organisation Walzwerk im engeren Sinn sowie der Fertigungsindustrie als Branche bzw. „organisatorische Sphäre":

- Erweiterte berufliche „Wahrnehmung" durch Sensorik an den Lagern und Getrieben etc. einerseits und Augmented Reality für die Instandhaltungstechniker beim Zerlegen und Zusammenbau andererseits
- Entscheidungsunterstützung auf Basis von Predictive Analysis aus dem Fundus der Millionen Sensordaten auf Grundlage von Mustererkennung
- Gefahr der kritiklosen Übernahme von Entscheidungsvorschlägen und Verlust von Gespür und Intuition (*Auswirkung einzelner Maßnahmen auf betriebliches Produktionsgeschehen wird von den computergenerierten vorgeschlagenen Instandhaltungsmaßnahmen nicht berücksichtigt*)
- Die informationelle Infrastruktur unterstützt firmen- und fachübergreifende Kollaboration, indem die technischen Hürden dazu abgebaut wurden und Kollaboration und Decision Sharing leicht gemacht wird (*Abstimmung Instandhaltung und Betriebsgeschehen mit Simulation bestimmter Ereignisse und Optimierung mit Entscheidungsvorschlägen*)

Die Organisationseinheit OE

Abb. 4.1 Struktur einer Organisationseinheit, bestehend aus MitarbeiterInnen und unterstellten Organisationseinheiten

4.2 Der zentrale Baustein der Organisation: Die Organisationseinheit (OE)

Die Organisationseinheit (OE) ist ein zeitlich unbefristetes bzw. zumindest bis zur nächsten Organisationsänderung befristetes Konstrukt bestehend aus mehreren Personen und/oder Organisationseinheiten, die über einen Sprecher oder Leiter verfügt, der für die Organisation dieser OE verantwortlich ist. System 1 und System 2 bzw. Bewusstsein und Unterbewusstsein sind in diesem Strukturelement natürlich abstrakter zu sehen als Bewusstsein bzw. Unterbewusstsein auf der Ebene des Basiselementes, der Person (Abb. 4.1).

Entscheidungen, die auf der Ebene einer Person oder einer direkt assoziierten OE bewusst getroffen werden, können auf der übergeordneten (bzw. zuarbeitend assoziierten) OE als bewusst nachgefragt oder bewusst „ankommend" wahrgenommen werden (z. B. ein Hinweis, eine Warnung etc.) und direkt in die bewusste Entscheidungsfindung einfließen. Diese Entscheidungen können aber auch direkt in das System 1 dieser OE einfließen und damit die OE indirekt und unbewusst beeinflussen.

Beispiel Krankenhauskonzern

Sandra, die Chefärztin der Abteilung für Innere Medizin, mit ihrer Prozess- und Qualitätsverantwortung, der medizinischen Letztverantwortung und der Ausbildungsverantwortung für Studierende, für Mediziner in Ausbildung zum Allgemeinmediziner (Turnusärzte) und für Ärzte in der Fachausbildung (Assistenzärzte) hat dafür zu sorgen, dass berufsgruppenübergreifend und medizinisch interdisziplinär die Abläufe möglichst patientengerecht und patientenzentriert einerseits und organisationsgerecht (Arbeitszeitgesetz, Nachtdienste, Bereitschaftsdienste etc.) andererseits sind. Sie führt dabei einerseits Einzelpersonen und andererseits Teams mit einem verantwortlichen Leiter, wie den leitenden Ambulanzarzt etc. sowie die medizinischen Assistenzdienste und Pflegedienste. Die steigende Spezialisierung und daraus resultierende Interdisziplinarität z. B. in der Onkologie, aber auch anderen Fächern erfordert ein hohes Maß an kooperativer und sich selbst organisierender Organisation, die oft „militärische" Befehlsstrukturen der Vergangenheit obsolet gemacht hat. Die Organisationskultur hat sich gewandelt. Der Chefarzt ist einerseits oberste fachliche Instanz und andererseits Lehrer, Lernhelfer, vor allem aber „Ermöglicher" (enabler) guter klinischer Praxis und Ausbildung. Sandra als Chefärztin ist aber auch verantwortlich für die inhaltliche Qualität der entscheidungsunterstützenden Systeme. Die Abteilung ist hochgradig abhängig von der funktionierenden informationstechnischen Infrastruktur des Krankenhauses und seiner vielgestaltigen Kopplung zu den informationstechnischen Infrastrukturen der zahlreichen Kooperationspartner. Das Tumorboard mit der strukturierten und mittlerweile oft in Videokonferenzen und virtuellen Fallbesprechungen abgehandelten patientenbezogenen gemeinsamen Entscheidungsfindung („shared decision making") ist für Sandra das deutlichste Beispiel dafür.

Früher gab es häufiges Zuspätkommen zu den Tumorboardsitzungen, mangelnde wechselseitige Wertschätzung der Spezialisten, Unverständnis in Anbetracht der früher oft im Alleingang gefällten Therapieentscheidungen auch bei komplexen onkologischen Fällen etc. In den letzten Jahren hat sich die Kommunikationskultur, die Organisationskultur und das Bewusstsein der einzelnen Personen geändert – vielfach wohl auch ihr Unterbewusstsein. Das „Unterbewusstsein" ihrer Organisationseinheit hat sich insofern geändert, dass es viel weniger Konflikte als früher gibt, weil die „Reflexe der Abteilung" auf Kooperation statt auf Abgrenzung konditioniert sind.

Mit Sorge erfüllt Sandra allerdings das zunehmende kritiklose Übernehmen von Entscheidungsvorschlägen des Systems, die sich aus hinterlegten Leitlinien und fachspezifisch adaptierten Regelwerken ableiten, vor allem seitens der jungen in Ausbildung befindlichen Kollegen. Intuition und Gespür des Einzelnen drohen schlechter zu werden. Sie sorgt sich um die Qualität der Abteilung.

Die neue Unterstützung für das Entlassungsmanagement in Form von statistischen Vorhersagen der Wiederaufnahme empfindet Sandra als wertvoll, weil die statistischen Vorhersagen auch als potentielle Kausalitäten gedeutet werden können. Die Mitarbeiter werden so zur kritischen Betrachtung der gesamten patientenzentrierten Kausalitätskette angeregt und das hat einen hohen Lerneffekt. Das Gespür und die Erfahrung und darauf aufbauend die nötige Intuition werden geschärft – obwohl Intuition manchmal auch ein problematischer Ratgeber sein kann. Mit ausgiebigen Fallbesprechungen sowie Morbiditäts- und Mortalitätskonferenzen glaubt Sandra, die Risiken dieser neuen Möglichkeiten im Griff halten zu können und die medizinische Qualität und Ausbildungsqualität hochhalten zu können. Für sie als oberste medizinische Verantwortliche der OE ist der reibungslose Zugang zu relevanter Literatur besonders wertvoll und sie kann dies gut in die Fortbildungsveranstaltungen aber auch die Fallbesprechungen etc. einbauen – ein wertvoller Beitrag zur Kultur der evidenzbasierten Medizin. Besonders lehrreich sind die entscheidungsunterstützenden Systeme in der Medikation, wo vor allem bei älteren, multimorbiden Patienten wertvolle Hinweise auf potentielle unerwünschte Nebenwirkungen und gegenseitige Beeinflussungen – bei der oft hohen Anzahl verschriebener Medikamente – gegeben werden.

Die Ergebnisqualitätsparameter sind inzwischen weitgehend transparent zwischen vergleichbaren Organisationseinheiten zahlreicher Krankenhäuser. Unter Berücksichtigung der Tatsache, dass in Sandras Abteilung besonders viele alte Menschen behandelt werden, sind diese Parameter auch „risikoadjustiert" und schaffen eine gute Vergleichbarkeit. Dies hat das Qualitätsbewusstsein aller Mitarbeiter stark verbessert, sodass alle Handlungen des Einzelnen, aber vor allem die Performanz der gesamten Abteilung in den letzten Jahren stark gestiegen ist. Das bewusste und das oft unbewusst ausgelöste Handeln haben sich stark verbessert. Besonders in Acht nehmen müssen sich Sandra und ihre MitarbeiterInnen vor allzu unterbewusst getriebenen Handlungen, die nicht mehr hinterfragt werden, wo der einzelne und die Organisationseinheit als Ganzes sich nicht mehr die Zeit nehmen und nicht mehr die Mühe machen, auch manchmal innezuhalten und nachzudenken und zu reflektieren. Daher besteht Sandra auf den regelmäßigen Morbiditäts- und Mortalitätskonferenzen und die möglichst vollzählige Teilnahme der ärztlichen MitarbeiterInnen.

Die Organisationseinheit ist mit ihrer informationstechnischen Infrastruktur an die Sphäre der internen Informations- und Wissensquellen, die ja Teil derselben Infrastruktur sind, aber auch an die Sphäre der externen Informations- und Wissensquellen angebunden wie zum Beispiel medizinische Literatur, Medikamentenwechselwirkungsprüfungen, relevante Leitlinien etc. Die transparente Darstellung der Qualitätsparameter stellt beispielsweise die Anbindung an die Sphäre der Stakeholder und Kunden und des Mitbewerbers dar. Die Parameter und Charakteristiken sowie die infrastrukturelle Einbindung der unterschiedlichen Einflusssphären sind unten beschrieben.

Dieses Szenario zeigt folgende relevante Merkmale eines Unterbewusstseins der Organisation Krankenhaus und Krankenhausgruppe im engeren Sinn, sowie des Gesundheitswesens als Branche bzw. „organisatorische Sphäre":

• Ermöglichung und Förderung der Kultur der Interdisziplinarität und Kooperation mit anderen Abteilungen
• Kopplung an externes Wissen wie Literaturdatenbanken, Fallbeschreibungen etc. erleichtert die Nutzung dieses Wissens und motiviert dazu, dieses zu nutzen. Evidenzgestützte Entscheidungsfindung – und damit evidenzbasierte Medizin – wird dadurch gefördert.

- Nutzung des „Datenschatzes" der Vergangenheit (*Vorhersagen bzw. Predictive Analysis im Bereich Entlassungsmanagement*), diese Methoden sind in vielen Bereichen der medizinischen Entscheidungsunterstützung anwendbar
- Sicherstellung des Wirkens des „System 2" durch kritische Reflektion der Entscheidungsvorschläge der Anwendungssysteme statt kritikloser Übernahme der Entscheidungsvorschläge von „System 1", um so das Gesamtsystem in einem ständigem „Lernmodus" zu halten (*Morbiditäts- und Mortalitätskonferenzen*)

Beispiel Industrieunternehmen

Ralph, der Betriebsleiter des Walzwerkes in seiner Verantwortung für den bestmöglichen Output und die ressourcenschonende Führung des Betriebes fürchtete nichts so sehr wie ungeplante Störungen und Stillstände, da die komplexe und aufwändige Umplanung des Produktionsgeschehens nie wirklich beherrschbar war. Andererseits war der jährliche dreiwöchige Betriebsstillstand im Sommer immer eine gute Gelegenheit, alle geplanten Instandhaltungen zu bündeln, wobei im Zweifelsfall oft Bauteile erneuert wurden, die unter Umständen noch mehrere Jahre gehalten hätten. Die Statistik und die Empfehlungen des Anlagenlieferanten empfahlen aber den „rechtzeitigen" – oft frühzeitigen – Austausch. Solche Vorschläge abzulehnen konnte im Falle einer ungeplanten Störung aber schnell als seine Fehlentscheidung ausgelegt werden. Daher schlug sich Ralph intuitiv immer wieder auf die vorsichtige Seite und ging nur nach langen Budgetdiskussionen und Risikoabwägungen mit der Geschäftsleitung ein Risiko ein und verschob dann manchmal eine gemäß den Wartungsintervallempfehlungen geplante Instandhaltungsmaßnahme.

Nun war aber sein Instandhaltungsverantwortlicher Frank trotz seines Alters mit seiner innovativen neugierigen Grundhaltung vorsichtig optimistisch, dass die gerade in Erprobung befindlichen Instandhaltungsstrategien auf Grundlage der laufenden Messung durch die zahlreichen Sensoren sinnvoll seien und das Risiko beherrschbar wäre. Die neuen Simulations- und Optimierungsalgorithmen und Systeme der Fertigungslogistik vom Stahlwerk über das Walzwerk bis zur Wärmebehandlung und zum Finishing der Produkte ersparten ihm auch die Mühen der Umplanungen im Falle einer doch auftretenden ungeplanten Störung. Wenn das alles wie besprochen funktionieren würde, könnte er sich in Zukunft viele Auseinandersetzungen mit seinen Betriebsleiterkollegen der Wärmebehandlung, des Stahlwerkes und des Finishing sowie des Instandhaltungsbetriebes sparen. Gerade der Instandhaltungsbetrieb konnte nie seine Mitarbeiter abstellen, wenn Ralph sie gerade brauchte. Andererseits ahnte er, dass erfahrene Mitarbeiter mit diesen Systemen im Hintergrund vielleicht zukünftig obsolet werden könnten. Würde hier das Unterbewusstsein seiner Organisation in Form von erfahrungsgeleitetem – manchmal aber auch schwer nachvollziehbarem schnellen, intuitiven und oft scheinbar irrationalen – Entscheidungen durch ein maschinelles Entscheidungssystem ersetzt werden? Wäre das ein Entscheidungssystem, das niemand mehr nachvollziehen können würde? Würden die unterstützenden Entscheidungsvorschläge bald automatisiert und ohne zu reflektieren übernommen werden? Das würde doch das Ende des Lernens der

Organisation bedeuten, das sie sich noch vor 10 Jahren so sehr vorgenommen hatten, um einen kontinuierlichen Verbesserungsprozess einzuleiten und am Leben zu halten.

Dieses Szenario zeigt folgende relevante Merkmale eines Unterbewusstseins der Organisation Walzwerk im engeren Sinn sowie der Fertigungsindustrie als Branche bzw. „organisatorische Sphäre":

- Sensorik als erweiterte Wahrnehmung der Organisation verändert die Zugänge zur Führung der Organisationseinheit und ihres Zusammenspiels mit den anderen Organisationseinheiten
- Parallel ermöglichen die Simulationsalgorithmen und Entscheidungsvorschläge zur Umplanung bei instandhaltungsbedingten Stillständen die sofortige rasche Umplanung (Realtime).
- Die Realtime-Simulationsmöglichkeiten ermöglichen den Planern „im Dialog mit den Daten" ein neues „Gespür" für das System Walzwerk und seine Einbettung in das Gesamtsystem zu entwickeln, wenn das System als Entscheidungsunterstützung und nicht als Entscheidungsautomatismus verwendet wird. In diesem Fall würde das „Gespür" in Form von unterbewusst abrufbarem Wissen als Basis für intuitive schnelle Entscheidungsvorschläge verloren gehen. Dieses fehlende Wissen und Gespür würde dann auch für besondere Entscheidungssituationen und die bewusste Reflexion und Plausibilisierung von Entscheidungsvorschlägen fehlen.

Die Einbettung in das Geflecht der Organisation und das Geflecht der Stakeholder und die dabei wirksamen Werkzeuge und Systeme der OE werden im Folgenden noch behandelt. Die Werkzeuge und Systeme sind bereits wesentliche Elemente der Wahrnehmung, der Erinnerung, des Wissenszugriffs und der Entscheidungsfindung einer OE. Ist es gerechtfertigt von Bewusstsein und Unterbewusstsein zu sprechen? Das gilt es noch zu erörtern. Doch zunächst gilt es noch die Arbeitsgruppe als wesentliches Element einer Organisation – und Element eines Modells des Bewusstseins und Unterbewusstseins einer Organisation – zu erörtern.

4.3 Ein weiterer Baustein einer Organisation: Die Arbeitsgruppe

Als eine besondere Organisationsform sind Arbeitsgruppen zu sehen, die eingerichtet werden, um gewisse Aufgaben quer durch die Organisation der Erledigung zuzuführen, deren Mitarbeiter aber in ihren jeweiligen Organisationseinheiten verankert sind.

Beispiel Krankenhauskonzern

Margret als Qualitätsmanagerin – und ausgebildete, aber nicht mehr im klinischen Betrieb tätige Medizinerin – des Krankenhauses, das als Schwerpunktkrankenhaus eingestuft ist, wurde in den letzten Jahren ständig mit den Kennzahlen aus den Ergebnisqualitätsmessungen konfrontiert. Margret muss die Primarärzte oder delegierten Oberärzte in der **Qualitätssicherungskommission**, – wie Robert von der Abteilung für Innere Medizin – ständig „beruhigen", da die schon risikoadjustierten Kennzahlen im Benchmarkvergleich nicht die besten sind. Die Wirksamkeit und Nachvollziehbarkeit der Risikoadjustierung ist oft schwer zu erklären. So manche Abteilung hat sich schon benachteiligt gefühlt und gedroht, schwerkranke und multimorbide Patienten künftig nicht mehr aufzunehmen oder z. B. am Blinddarm zu operieren, da ein möglicher Todesfall die Ergebnisqualitätsparameter schlechter aussehen lassen würde und dem Ruf der Abteilung abträglich sein könnte. Der „Zahlenterror" dieser Messparameter war schon eine Gefahr für das Arbeitsklima und schürte die Angst vor schwerkranken krankenhausbedürftigen Patienten. Die Versuchung, sie in das Zentralkrankenhaus weiterzuleiten, obwohl die Leistungen – wie eine Blinddarmoperation – in ihrem Krankenhaus ohne Weiteres erbracht werden konnten, war groß. Entsprechend aufreibend waren auch die Auseinandersetzungen mit den Verantwortlichen des Zentralkrankenhauses, in die Margret zumeist involviert wurde. Inzwischen waren bereits „Reflexe" eingeübt und Verhaltensmuster entstanden, die einer guten Qualitätskultur nicht zuträglich waren. „Hat sich das Unterbewusstsein unserer Organisation verändert?" fragte sich Margret.

Andererseits gab es auch positive Entwicklungen, die gerade bei älteren Patienten oft lebensrettend waren oder schwere Krankheitsverläufe verhinderten. Mit verstärktem und regelmäßigem Point of Care Testing medizinischer Parameter und Vitalparameter durch den Pflegedienst konnte das neue Monitoringsystem durch Vergleiche mit alten ähnlich gelagerten Krankengeschichten und Veränderungsmustern von einzelnen Parametern und Parameterkombinationen wesentliche Verbesserungen erzielen: Bereits Stunden, bevor ein Arzt eine problematische Entwicklung wie eine entstehende Sepsis feststellen konnte, gab das System Warnhinweise , sodass rechtzeitig Maßnahmen gesetzt werden konnten. Damit konnte das „Unterbewusstsein" der Abteilungen und Krankenstationen mit modernen Methoden verbessert werden und gab automatisch Warnhinweise. Allerdings war es teuer und sinnlos, ein solch aufwendiges Monitoring bei allen Patienten zur Anwendung zu bringen – wozu aber junge unerfahrene Ärzte leicht neigten. Hier war die Führungsrolle der erfahrenen Oberärzte und Ausbildungsverantwortlichen gefordert.

Die Berichte von Robert und den Erfahrungen seiner Abteilung waren beeindruckend: Die entscheidungsunterstützendem Entlassungsmanagement-Funktionen mit ihren Prognosen zur erwarteten Wiederaufnahme des zu entlassenden Patienten und den daraus vom zuständigen Arzt und der Pflege abgeleiteten Optimierungen der Versorgung nach dem Krankenhausaufenthalt für die betroffenen älteren oder schwer erkrankten Patienten waren wirklich hilfreich. Für Margret als Qualitätsmanagerin waren dies jedenfalls ermutigende Entwicklungen im Bemühen um ständige Verbesserung.

Die Tätigkeit in der Qualitätssicherungskommission als ständige OE-übergreifende Arbeitsgruppe war aus Sicht von Margret mit den neuen technologischen Neuerungen und Entwicklungen wesentlich schlagkräftiger geworden.

Dieses Szenario zeigt folgende relevante Merkmale eines Unterbewusstseins der Organisation Krankenhaus und Krankenhausgruppe im engeren Sinn sowie des Gesundheitswesens als Branche bzw. „organisatorische Sphäre":

- Nicht nachvollziehbare Kennzahlen schaffen Verunsicherung und Unruhe und stören die Zusammenarbeit und Arbeitskultur bis hin zu Einzelentscheidungen, die der Aufgabe der Organisation entgegenstehen (*Vermeidung der Aufnahme älterer und multimorbider Patienten*)
- Die erweiterte Wahrnehmung durch Erkennung von Mustern in den Datenkonstellationen verbessert die Wirksamkeit der Organisation (*frühzeitige Erkennung einer sich abzeichnenden Sepsis*)
- Das Unterbewusstsein der Organisation hat das Potential, die Qualität der Organisation wesentlich zu beeinflussen
- Arbeitsgruppen, die sich aus mehreren Organisationseinheiten rekrutieren, verbinden unterschiedliche Sichtweisen und reduzieren die Gefahr falscher, unbewusst ausgelöster Reflexe mit kontraproduktiver Wirkung, sie sind wesentliches Element des organisatorischen Lernprozesses.

Arbeitsgruppen haben zumeist eine befristete Lebensdauer. Sie können aber auch in gewissen Fällen eine unbefristete Lebensdauer in Form von Expertengremien haben, in die Mitarbeiter aus für den Zweck dieser Arbeitsgruppe/Expertengremium relevanten OEs entsandt werden (wie z. B. die Qualitätssicherungskommission des Krankenhauses).

Klassisches Beispiel ist auch eine Projektgruppe, in der Vertreter betroffener OEs das Wissen und die Interessen ihrer OE für ein zeitlich befristetes Vorhaben einbringen.

Beispiel Industrieunternehmen

Gabriel, der Projektleiter für die Erneuerung und Verbesserung der Instandhaltung des Walzwerkes, hatte von der Geschäftsführung vor einigen Monaten den Auftrag bekommen, die im Walzwerk seitens der Anlagenbaufirma erprobten Verbesserungen zu begleiten und hinsichtlich des Einsatzes im gesamten Unternehmen zu evaluieren, Aufwand, Nutzen und Implementierungsvoraussetzungen abzuschätzen sowie einen Umsetzungsplan mit den verantwortlichen Betriebsleitern bzw. deren delegierten Ingenieuren zu erarbeiten.

Es war nicht leicht, beim Anlagenbauer ausreichend Einblick in deren Methoden und Algorithmen zu erhalten. Ihre Strategie war es offensichtlich, ihr Produktportfolio wesentlich um Instandhaltungsdienstleistungen direkt beim Kunden – also im Walzwerk – zu erweitern.

„Welche Kompetenz und Einflussmöglichkeit würde dann noch bei unserem Unternehmen bleiben?" fragte sich Gabriel. Würden hier Abläufe Platz greifen, die automatisiert vom Anlagenlieferanten Instandhaltungsmaßnahmen vorschlagen würden und er seine Instandhaltungsaufträge gleich bei sich gleich selbst abrufen würde? Das wäre für sie als edelstahlerzeugende Organisation nicht ungefährlich: Das Geschehen würde wesentlich beeinflusst durch im Hintergrund – und damit im unterbewussten Bereich – laufende Algorithmen und Automatismen, die sie weder kennen würden noch beeinflussen könnten. Und was wäre mit den zahlreichen Anlagenlieferanten in der Wärmebehandlung und dem großen Anlagenlieferanten im Stahlwerk? Gabriel spürte, dass er für eine enorm wichtige und die Zukunft des Unternehmens bedeutende Aufgabe auserkoren wurde. Die Unternehmensleitung zeigte auch enormes Interesse an diesem Projekt und fragte immer wieder nach.

Dieses Szenario zeigt folgende relevante Merkmale eines Unterbewusstseins der Organisation Walzwerk bzw. Stahlproduzent im engeren Sinn sowie der Industrie als Branche bzw. „organisatorische Sphäre":

- Die Arbeit einer Projektgruppe mit ihrer interdisziplinären Kompetenz eignet sich gut zur bewussten Evaluierung und Gestaltung dessen, was in einer Organisation im Fokus des Bewusstseins der Organisation bleiben soll und was man im Unterbewusstsein ansiedeln kann, wobei die Anlässe zur „Einschaltung des Bewusstseins" bzw. die „Wachsamkeit der Organisation" dabei definiert werden
- Die Auslagerung systemrelevanter und bedeutender Planungs- und Steuerungsprozesse an externe Partner (z. B. *der Instandhaltung und damit auch wesentlicher Teile der Steuerung der Instandhaltung an den Anlagenlieferanten*) beeinflusst die Kompetenz der eigenen Organisation wesentlich, weil die Wahrscheinlichkeit und Gefahr groß ist, dass der betroffene ausgelagerte Bereich die Sphäre der bewussten Entscheidungsfindung in der operativen Tätigkeit verlässt und – bezogen auf die eigene Organisation – in den Bereich des Unterbewusstseins rutscht (*während es beim Anlagenlieferanten im strategischen, bewussten Fokus zur Gestaltung der Kundenbeziehung und Umsatzgenerierung verbleibt*)
- Das Unterbewusstsein hat das Potential, die Qualität der Organisation wesentlich zu beeinflussen (*die Effizienz der Instandhaltung der Walzstraße ist möglicherweise mittelfristig höher, wenn sie an den Lieferanten ausgelagert wird, da er über die neuesten Technologien und Sensorik in der Mustererkennung verfügt*)
- Arbeitsgruppen, die sich aus mehreren Organisationseinheiten rekrutieren, verbinden unterschiedliche Sichtweisen und reduzieren die Gefahr falscher, unbewusst ausgelöster Reflexe mit kontraproduktiver Wirkung, sie sind wesentliches Element des organisatorischen Lernprozesses

Diese Organisationsform der befristeten oder unbefristeten Arbeitsgruppe kann als bewusste Maßnahme gegen intuitiv – vom System 1 gesteuerte bzw. getriggerte – Reaktionsmuster der Beharrung auf den Interessen der OEs eingesetzt werden und führt zur strukturierten bewussten Lösungsfindung.

Arbeitsgruppen und gemischte Expertengremien fördern auch die bewusste Auseinandersetzung mit übergreifenden Themen abseits eingeschwungener Reaktions- und Verhaltensmuster. Kommissionen, wie Datenschutzkommissionen, Plattformen für Verbesserungsansätze, Qualitätszirkel etc. können – wenn gut moderiert und mit klaren Zielsetzun-

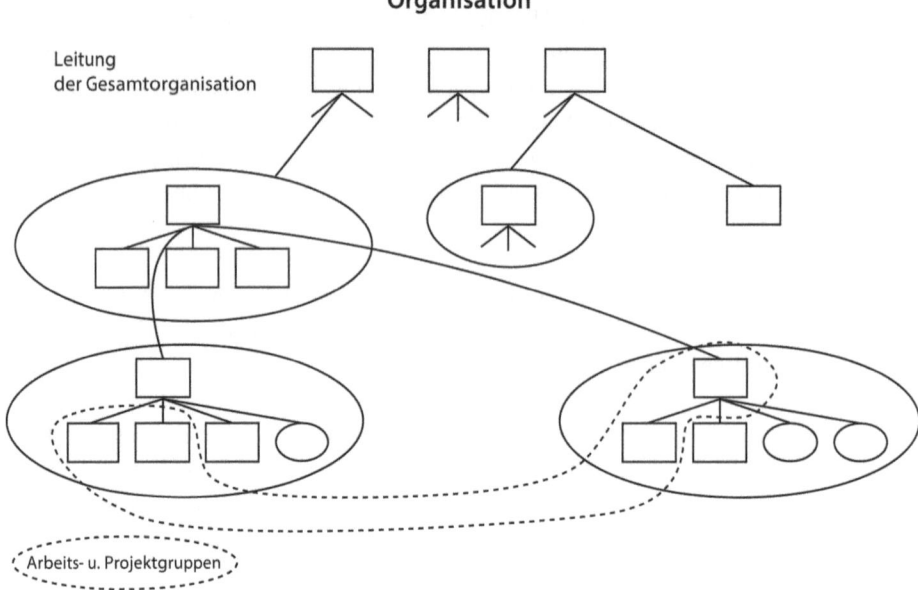

Abb. 4.2 Darstellung der Gesamtorganisation

gen versehen – eingefahrene Abläufe aufbrechen und verbessern. Reine „Plauderrunden"
sollten aber vermieden werden.

4.4   Die Organisation als Ganzes

Die Organisation als Ganzes ist definiert durch ihren Zweck – sei es nun in Form von
Gesellschaftsverträgen, Vereinsstatuten, vertraglichen Vereinbarungen bei realen oder bei
virtuellen Organisationen oder gar nur informeller Natur. Die Organisation ist verantwortlich für die Erfüllung dieses Zwecks, repräsentiert sich in ihrer Außenwirkung und ist
ihrerseits wieder Teil eines gesellschaftlichen Konstrukts, sei es auf lokaler, nationaler
oder internationaler Ebene.

In Abb. 4.2 ist eine Organisation schematisch dargestellt – aufgebaut aus Organisationseinheiten und Mitarbeitern, mit OE-übergreifenden Arbeitsgruppen und einer Leitung bzw. einem Leitungsgremium. Die Organisation ist in das Geflecht ihrer Stakeholder
eingebunden bzw. darin verankert. Die diesbezügliche Darstellung erfolgt im nächsten
Abschnitt.

Beispiel Krankenhauskonzern

Paul ist der CEO des Krankenhauskonzerns, zu dem auch das Krankenhaus mit dem
Primariat von Sandra gehört. Ein großes Problem ist die patientenzentrierte Versorgung
mit bestmöglicher Abstimmung zwischen den Ambulanzzentren und Standardkranken-

häusern, den Schwerpunktkrankenhäusern und der zentralen Universitätsklinik, wobei diese Häuser zum Teil zu seinem Konzern gehören und zum Teil zu anderen Organisationen gehören. Bestimmte Leistungen werden in mehreren Häusern erbracht, sodass eine interne Konkurrenz besteht. Bestimmte Leistungen – vor allem Spezialleistungen, wie die Herzchirurgie oder Neurochirurgie – werden nur im Zentralkrankenhaus, der Universitätsklinik – erbracht.

Bei der Bewältigung der Zielkonflikte hinsichtlich Leistungen mit guten Deckungsbeiträgen, guter Auslastung, medizinisch interessanten Fällen einerseits und patientenbezogener Betreuungsqualität andererseits, die auf Abteilungs- und Hausebene ausgetragen werden, geht dies nach den Erfahrungen von Paul nicht immer nur zugunsten des Patienten aus.

Die MitarbeiterInnen folgen im Rahmen ihres Ermessensspielraumes oft den quantifizierbaren Zielvorgaben, die bei Führungskräften in der Regel auch mit finanziellen Incentives verknüpft sind. Die im Unternehmensleitbild postulierte Patientenzentrierung kommt manchmal etwas zu kurz bei den zahlreichen Entscheidungen hinsichtlich Aufnahme, Verlegung, Überweisung, Entlassung, Wiederbestellung etc. von Patienten, die tagtäglich zu treffen sind. Die Motivationsmuster der Einzelnen, ihre Interessenslagen, ihre persönlichen Netzwerke vor allem innerhalb der Ärzteschaft etc., aber auch persönliche Einstellungen, soziales Bewusstsein, spezifische ethische Grundhaltung etc. bilden ein schwer erkennbares unterbewusstes Geflecht – einen Teil des „Unterbewusstseins" seiner Organisation. In den letzten Jahren wurde es in der Auseinandersetzung mit den landesweiten Ergebnisqualitätsparametern zunehmend einfacher, zu vermeiden, dass Fälle dezentral behandelt wurden, die eigentlich in ein Zentralkrankenhaus gehörten. Der einzelne Arzt oder Chefarzt mit seiner beruflichen Vergangenheit an der Universitätsklinik hatte solche Fälle früher behandelt und wollte dies weiterführen. Die neue Transparenz führte zu mehr Disziplin bei der Einhaltung des – dem jeweiligen Haus – zugeteilten Leistungsspektrums. Andererseits konnten durch medizinische Telekonsultation Fälle unter telemedizinischem Hinzuziehen der zentralen Spezialisten auch dezentral gut behandelt werden. Aber diese telemedizinischen Leistungen waren schlecht bezahlt und daher wenig beliebt, obwohl so eine wohnortnahe hochqualitative Versorgung unter Hinzuziehung von Spezialisten durchaus möglich wäre.

Die neuen Methoden mit Big Data erlaubten nun interaktive Dialoge mit den Daten und anschauliche Visualisierungen des patientenbezogenen Geschehens. Patientenverläufe ähnlicher Fälle lassen sich mit den neuen Algorithmen und Technologien und den nunmehr leistbaren mächtigen Rechnerressourcen statistisch vergleichen und daraus ließen sich auch statistisch fundierte Vorhersagen treffen. Massiv von der geübten Praxis abweichende Verläufe können erkannt und analysiert werden und so im Fall positiver Abweichungen den Standard und die geübte Praxis verbessern helfen, bzw. können negative Abweichungen künftig vermieden werden. Das waren signifikante Beiträge zum Wissensmanagement und Meilensteine am Weg zur lernenden Organisation. Im Entlassungsmanagement in der Internen Medizin bei Sandra funktioniert das ja bereits.

Paul ist zuversichtlich, dass falsche Incentives und dem Ziel der patientenbezogenen Qualität entgegenstehende Motivationslagen und Haltungen in ihren Ergebnissen transparent werden und damit objektiv diskutierbar werden. Damit werden unterbewusst geleitete Handlungsweisen bewusst und das Unterbewusstsein der Organisation wird in die richtige Richtung verändert.

Dieses Szenario zeigt folgende relevante Merkmale eines Unterbewusstseins der Organisation Krankenhaus und Krankenhausgruppe im engeren Sinn sowie des Gesundheitswesens als Branche bzw. „organisatorische Sphäre":

- Incentives und Haltungen – oft geprägt durch Unternehmenskultur aber auch die jeweilig handelnde Persönlichkeit – prägen meist unbewusst das Verhalten und die Entscheidungen in der jeweiligen Handlungs- und Entscheidungssituation und sind Teil des Unterbewusstseins der Organisation als Ganzes
- Die richtige Gestaltung der Unternehmenskultur, die strategische Ausrichtung und die Personalauswahl sowie zweckmäßige Decision-Support-Werkzeuge (*z. B. Entlassungsmanagement*) können zu gut funktionierenden Organisationen mit funktionierendem Wechselspiel zwischen Unterbewusstsein und Bewusstsein des Unternehmens und damit zu effizienten Unternehmensprozessen führen
- Der Management- und Kontrollaufwand zur ständigen Überprüfung dieser weitgehend automatisiert laufenden Entscheidungsprozesse kann dadurch gering gehalten werden und die Führungsspanne kann hoch gehalten werden, weil der Führungsaufwand durch die oberste Leitung relativ gering ist
- Andernfalls sind laufend Interventionsmaßnahmen notwendig, welche die Effizienz der Abläufe stören und der Organisation „Stress" bescheren
- Der Management- und Kontrollaufwand kann mit Methoden von Visual Analytics (*Erkennen von Abweichungen im Dialog mit den Daten*) und Big Data überschaubar gehalten werden

Einige Aspekte der Wirkungsweise des Unterbewusstseins und seine Beeinflussbarkeit werden an diesem Beispiel deutlich. Managementwerkzeuge und Infrastrukturen, um dieses komplexe Feld an bewussten und unbewussten Einflussfaktoren zu managen, sind dringend notwendig. Es ist eine Herausforderung für die Führungskräfte, wenn sich diese bewussten und unbewussten Einflussfaktoren gewollt – aber auch oft ungewollt – gegenseitig beeinflussen und diese Wirkungen auf den ersten Blick nicht evident sind.

Beispiel Industrieunternehmen

Martha ist eine der wenigen weiblichen Topmanagerinnen in der Stahlindustrie und **leitet das Edelstahlunternehmen**, in dem wir den Betriebsleiter des Walzwerkes, Ralph, den Instandhalter Frank sowie den Projektleiter Gabriel bereits kennengelernt haben. Die Betriebsleiter des Stahlwerkes, der Wärmebehandlung und des Finishing-

Betriebes sowie der Betriebsleiter des Instandhaltungsbetriebes sind Männer in den 50ern, die auch schon schwere Unternehmenskrisen erlebt hatten. Marthas Aufgabe als Geschäftsführerin mit ihrer Erfahrung im Marketing und im Management von Vertriebskanälen war es, die Vertriebskanäle und die Bedürfnisse des Marktes mit den Möglichkeiten einer effizienten Produktion in Einklang zu bringen. Die Verhaltensmuster in der Produktion waren in der Branche technologisch aber auch durch Traditionen bedingt auf den Durchsatz hoher Tonnagen auf großen Aggregaten ausgerichtet. Der Edelstahlmarkt verlangte aber zunehmend kleine Mengen an spezifischem Werkzeugstahl und anderen Spezialstählen und das sehr flexibel – ein „Apothekergeschäft" also. Das Ergebnis waren hohe Lagerbestände und Kapitalbindung sowie häufige Abwertungen von Lagerbeständen, die auf das Ergebnis drückten. Im vergangenen Jahrzehnt wurden zahlreiche Anlagen im Zuge von Neuinvestitionen flexibilisiert, z. B. konnten Teile des Walzwerkes betrieben und gleichzeitig eine Linie des Walzwerkes umgerüstet oder instandgesetzt werden. Im Stahlwerk wurden auch bereits kleinere Chargen und kleinere Blöcke und Halbzeug produziert.

Die Planungs- und Steuerungssysteme waren gerade in Erneuerung. Simulation, Optimierung, dezentrale autonome Steuerung, Industrie 4.0 etc. waren die Schlagworte, die Martha immer wieder hörte. Aus der Maschinenbau- und Automobilindustrie kannte sie bereits einige interessante Ansätze und erste Ergebnisse. Die Stahlindustrie war etwas anderes – keine Montage und kein Zusammenführen von Teilen, sondern kleine bedarfsgerechte Liefermengen in der jeweiligen Qualität, die im Stahlwerk in großen Mengen erschmolzen, im Walzwerk in unterschiedlichste Dimensionen verformt wurden und dann in der Wärmebehandlung und im Finishing kundengerecht finalisiert und zum Versand vorbereitet wurden. Einerseits war enorme Flexibilität gefordert – andererseits war der Kostendruck in den Betrieben enorm.

In der Instandhaltung wurden in einem Projekt, das unter Marthas Auftraggeberschaft dem jungen ehrgeizigen Betriebsassistenten Gabriel überantwortet wurde, gerade Neues ausprobiert: Massiver Einsatz von Sensorik als eine Art „erweiterter Wahrnehmung", die allerdings nur dem Anlagenlieferanten zur Verfügung stand. Martha dachte darüber nach, ob man nicht die Instandhaltung des Walzwerkes an die Anlagenfirma vergeben könnte und nur Betriebszeiten bezahlen würde. Ungeplante Stillstände würden zu pönalisieren sein. Der Anlagenbauer würde die Walzwerksanlage zum Zeitwert zurückkaufen, Martha würde einiges an Kapital freibekommen, um damit neue Märkte erschließen zu können.

Sie stellte sich bereits die Diskussionen mit ihren Betriebsleitern vor, für die solche Ideen am Beginn undenkbar sein würden – in einem Betrieb auf Anlagen zu produzieren, die gar nicht dem Unternehmen gehörten und die sie nicht selbst instandhalten würden. Die Instandhalter vor Ort würden zum Großteil vom Anlagenbauer beschäftigt werden. Wäre es wirklich klug, so etwas zu tun? Würde das Unternehmen wesentliche Kernkompetenzen verlieren? Oder könnte man sich das Wissen um die Sensorik, vor allem aber das frühe Erkennen von notwendigen Instandhaltungsmaßnahmen anhand der Schwingungsmuster und Temperaturverläufe in den Aggregaten in den verschiedenen Lastsituationen selbst aufbauen? Und damit das Vermeiden unnötiger vorbeugender – rein intervallgesteuerter – Instandhaltungsstrategien? Aber der Anlagenbauer hatte doch ganz andere Vergleichsmöglichkeiten. Die Anlagen zu bauen war schließlich seine Kernkompetenz. In jedem Fall würden sich Denkmuster der Mitarbeiter und das bewusste und unbewusste Verhalten der Organisation mit diesen neuen technologischen Möglichkeiten deutlich verändern – müssen.

Dieses Szenario zeigt folgende relevante Merkmale eines Unterbewusstseins der Organisation Walzwerk bzw. Stahlproduzent im engeren Sinn sowie der Industrie als Branche bzw. „organisatorische Sphäre":

• Die Flexibilisierung durch die neuen Möglichkeiten der Simulationen, des Internet der Dinge, teilautonomer Systeme und – in umfassender Sicht – von Industrie 4.0 verändert die Möglichkeiten des Unternehmens. Das Management der durch die Flexibilisierung bedingten Erhöhung der Komplexität führt zu einer Erhöhung der Zahl an Einzelentscheidungen, die nur bewältigt werden können, wenn sie rasch und automatisiert im „Unterbewusstsein der Organisation" ablaufen.
• Dies erfordert aber auch effiziente Werkzeuge zur mitlaufenden Kontrolle und des Erkennens von Entscheidungssituationen, welche die aktive Einbindung des Managements erfordern. Es gilt zu erkennen, wenn und wann von unbewusster Steuerung auf bewusste Steuerung umgeschaltet werden muss (von „System 1 auf System 2" nach Kahneman) und es gilt, rechtzeitig zu erkennen, wenn das System aus dem Ruder läuft und sich problematische Trends herausbilden.

An diesen Überlegungen wird deutlich, wie es notwendig werden kann – in Anbetracht neuer technologischer Möglichkeiten im Bereich der „erweiterten Wahrnehmung" – Denkmuster und Grundhaltungen zu verändern. Die neuen Denkmuster würden Teil eines veränderten „Unterbewusstseins" der Organisation werden.

4.5   Kaskadierung des Bewusstseins und des Unterbewusstseins einer Organisation

Es ist erkennbar, wie sich das Konzept des Bewusstseins und des Unterbewusstseins in Selbstähnlichkeit mit jeweils spezifischen Ausprägungen kaskadiert:

• **vom Mitarbeiter**
mit den intuitiven, vom Unterbewusstsein (System 1 nach Kahneman) beeinflussten bewussten Entscheidungen, die wiederum von den Werkzeugen der „erweiterten Wahrnehmung" beeinflusst sind:
Oberarzt Robert hätte bei dem Standardentlassungsvorgang die Osteoporosegefahr möglicherweise nicht beachtet. Erst durch die erweiterte Wahrnehmung in Form der

leicht zugänglichen Gesundheitsakte war einigermaßen gesichert, dass er die Osteopo-rosegefahr erkennt.

- **über die Organisationseinheiten**

  mit ihrer Ausformung eines „kollektiven Unterbewusstseins" der Jungärzte der Abtei-lungen, welche die Decision-Support-Systeme seit ihrem Berufseinstieg kennen und diese Werkzeuge somit zu einem Teil ihres „Unterbewusstseins" der Organisationsein-heit gemacht haben:

  Chefärztin Sandra *will mit regelmäßigen Fallbesprechungen und Mortalitäts- und Morbididätskonferenzen der unreflektierten Übernahme von entscheidungsunterstüt-zenden Vorschlägen durch das System entgegenwirken.*

- **zur Gesamtorganisation**

  und ihren – sich aus der Gesamtheit der Mitarbeiter, Werkzeuge, Organisationskultur und Organisationsgestaltung ergebenden – unbewussten Verhaltensmustern und Denk-mustern:

  Die Geschäftsführerin Martha *ist mit dem nahezu unerschütterlichen Glauben ihrer Betriebsleiter konfrontiert, dass die Anlagen unbedingt im Besitz des Unternehmens sein sollten und die Wartungskompetenz bei Mitarbeitern des Unternehmens liegen sollte.*

Es ist deutlich eine Kaskadierung von selbstähnlichen Verhaltens- und Denkmustern er-kennbar, was nicht verwundert, da die Organisation aus Menschen besteht, die in ihren Beurteilungs- und Entscheidungsverhalten den Mustern des schnellen Denkens (System 1, eher vom Unterbewusstsein getriggert) und des langsamen Denkens (System 2, bewusstes Nachdenken) unterliegen.

Die Bereitschaft, das mühevolle und anstrengende System 2 einzuschalten, und damit die kritische Reflektionsbereitschaft zu aktivieren, fordert die Struktur und Führungskräf-te einer Organisation bzw. einer Organisationseinheit enorm. Natürlich ist das System 1 – das schnelle Denken – bei Menschen ein schnellerer Vorgang als das „schnelle" System 1 einer Organisationseinheit oder gar einer ganzen Organisation. Die Charakteristik, mit wenig Anstrengung einem eingeübten Verhaltensmuster zu folgen, ist aber auch für eine Organisationseinheit und Organisationen gültig und kann zweifellos als Ausprägung des „schnellen Denkens" der Organisationseinheit bzw. der Organisation gewertet werden.

Fundamentale Neuansätze (*wie die angedachte Fremdinstandhaltung*) erfordern das Ändern des Unterbewusstseins der Organisationseinheiten, da ansonsten die OE auch län-gere Zeit im Modus des System 1 verharren kann und den Modus „System 2" mit aktivem Reflektieren und Änderungsbereitschaft lange vermeidet und oft erst durch die Organisa-tion als Ganzes mobilisiert werden kann.

Insbesonders haben große komplexe Organisationen mit hohem zentralem Steuerungs-anspruch oft nicht die Kraft, ihrerseits aus dem System-1-Modus in den System-2-Modus zu gelangen und eingeübte Verhaltensmuster zu verändern. Oft muss eine veritable Kri-se wirken, um „fünf Minuten vor zwölf" doch noch im innovativen und anstrengenden System-2-Modus zu agieren.

Je höher man in der Betrachtung der Kaskade vom Mitarbeiter (beim einzelnen Menschen wirkt das schnelle Denken (System 1) in Bruchteilen von Sekunden) zum Gesamtunternehmen steigt, umso länger dauert es, bis der intuitive vom Unterbewusstsein gesteuerte System-1-Modus verlassen wird und umso angestrengter und anstrengender erfolgt der Umstieg ins bewusste Handeln des System-2-Modus – eine Herausforderung für gute Führungskräfte.

Die Selbstähnlichkeit – wenn auch bei unterschiedlichem Zeitverhalten – zwischen den jeweiligen Stufen der organisatorischen Kaskade kommt deutlich zutage.

Andererseits ermöglicht ein gut eingestelltes „Unterbewusstsein" einen relativ mühelosen und effizienten System-1-Modus und eine gute und effiziente Organisation. Ständiges Handeln im System-2-Modus wäre zu anstrengend und wenig effizient. Auch der Mensch selbst könnte weder ein Auto lenken noch sich fortbewegen, würde er ständig nur im ressourcenaufwendigen System-2-Modus agieren. Das ist auch von der Evolution so „entschieden" worden.

Arbeitsgruppen und Projektgruppen und die Führungskräfte haben die Aufgabe, ständig auf die gute „Einstellung des Unterbewusstseins" auf der jeweiligen Kaskadenstufe zu achten, indem sie sich zeitweise bewusst in den System-2-Modus versetzen und ihr Handeln und das ihrer Organisationseinheit bzw. ihrer Organisation reflektieren und sich um einen kontinuierlichen Verbesserungsprozess bemühen. Die Möglichkeiten zur Gestaltung des Unterbewusstseins werden in Kap. 5 dieses Buches erörtert.

Organisationen haben immer einen Zweck und stehen in Interaktion mit ihrem Umfeld, bzw. werden durch diese Interaktion überhaupt erst wirksam. Das Modell des Unterbewusstseins einer Organisation hat daher insbesondere auch diese Anbindung an die Umwelt einer Organisation zu beachten. Davon handelt der nun folgende Abschn. 4.6 zum Modell des Unterbewusstseins von Organisationen.

4.6   Die Umwelt der Organisation und ihre Vernetzung in die Organisation, in die Organisationseinheiten und zu den Personen

Das Umfeld einer Organisation lässt sich in 3 Sphären gliedern (siehe Abb. 4.3):

- Die Sphäre der Stakeholder und Kunden,
- die Sphäre des Mitbewerbers und des Marktes und
- die Sphäre der externen Informations- und Wissensquellen, die sich natürlich zum Teil aus den beiden anderen Sphären speisen.

Die **Sphäre der Stakeholder und der Kunden** – als Teil des Marktes – umfasst die Kunden der Organisation sowie die Stakeholder, wie die Eigentümer und die Öffentlichkeit. Präsidien, Aufsichtsräte und Beiräte, Vollversammlungen, Generalversammlungen und sind Plattformen und Foren, welche die Organisation wesentlich beeinflussen und

Das Umfeld der Organisation

Sphäre Stakeholder und Kunden

Kunden   Öffentlichkeit   Eigentümer   Förderer, Finanzierer

Sphäre Mitbewerb und Markt

Marktteilnehmer   Technologie des Produktes   Bedrohung durch Verdrängung
Bedrohung durch Substitution   Bedrohung durch Bedarfswegfall   **Chancen**

Sphäre (externe) Informations- und Wissensquellen

Datenbanken, openData, Web 1.0   Sphäre (externe) Sensorik, Web 3.0
Sphäre Social Media, Web 2.0

Abb. 4.3 Das Umfeld der Organisation lässt sich in drei Sphären gliedern

steuern und denen die Leiter der Organisation verantwortlich sind und Rechenschaft ab-
legen müssen. Die Erwartungshaltungen dieser Sphäre haben beträchtlichen Einfluss auf
die Strategie, die „innere Verfassung" der Organisation und die Haltung ihrer Mitglieder.
Diese innere Verfassung der Organisation und die Haltung ihrer Mitglieder beeinflussen
das intuitive Handeln – das „Unterbewusstsein" – ganz wesentlich. Es steuert die routine-
mäßigen Handlungen im Sinne des System 1 nach Kahneman und es steuert, wann das
System 2 auf den Plan tritt und bewusst reflektierend und gegebenenfalls in Rückkopplung mit dem System 1 handelt. Geschäftsordnungen, Gesellschaftsverträge, interne Kontrollsysteme, Complianceregeln und zahlreiche andere Regularien formalisieren diesen
Prozess.

Etwas weniger strukturiert ist die Verknüpfung zur interessierten Öffentlichkeit im
Wege der Unternehmenskommunikation und der Öffentlichkeitsarbeit. Krisen, unliebsa-
me öffentlichkeitswirksame Vorfälle, aber auch die Kommunikation von Erfolgen wirken
im Wege von Medien wie Zeitungen, Fachzeitschriften, Radio und Fernsehen auf die Mitglieder der Organisation zurück und beeinflussen Haltungen und das Unterbewusstsein
der Mitarbeiter und von Organisationseinheiten. Diese wirken auf die Organisation ähnlich wie bei Menschen Lob und Tadel, Belohnung und Strafe, Aufmerksamkeit und Nicht-
Beachtung wirken und diese in ihrem schnellen Denken (System 1) und unterbewusstem
Handeln beeinflussen und zum Teil sogar konditionieren.

Die **Sphäre des Mitbewerbers und des Marktes** umfasst die Chancen und Bedrohungen, die sich aus der Darstellung und Wirkung der Marktteilnehmer, aus Wirtschafts-
und Umweltanalysen und Prognosen sowie technologischen Entwicklungen und Trends
ergeben. Diese Erwartungen, Trends und Prognosen werden meist in sehr bewussten und
analytischen Prozessen von der Organisation wahrgenommen. Chancen und vor allem die
Gefahren durch Substitution, Verdrängung, Wegfall des Bedarfes etc. können – wenn länger andauernd und schlecht kommuniziert – im Wege von Verlust- und Veränderungsangst

die Haltung von Mitarbeitern, Organisationseinheiten und der Organisation als Ganzes prägen, so den Weg ins Unterbewusstsein der Organisation finden und sich dort festsetzen.

Die **Sphäre der externen Informations- und Wissensquellen** ist bei sehr selbstbezogenen Organisationen oft wenig beachtet. Manchmal werden die sich daraus ergebenden Chancen und Wirkungen als solche gar nicht erkannt. Die Art und Weise der Nutzung dieser Quellen und der Anbindung der Organisation, der OEs und der Mitarbeiter an diese Informations- und Wissensquellen sowie die Vorbildwirkung der Führungskräfte im Umgang damit werden Teil der Unternehmenskultur und dringen ins Unterbewusstsein der Organisation ein und sie prägen den Umgang mit diesen externen Informations- und Wissensquellen. Neugierde und das Suchen und Nutzen von Chancen als Grundhaltung kann man nicht verordnen, sondern nur anregen, nahelegen, vorbildhaft vorleben und entwickeln. Diese Sphäre ist wie keine andere durch Innovation und Umbruch geprägt. Waren das Web 1.0 mit seinen Suchmaschinen eine neue Informationsquelle – wie vorher Fachzeitschriften, Marktstudien etc. so sind das Web 2.0 und die Social Media wie Facebook, Twitter etc. ein Werkzeug der Partizipation für Mitarbeiter, Organisationen, Kunden und andere Stakeholder. OpenData – die Bereitstellung von öffentlichen Daten – bieten neue Chancen in zahlreichen unternehmerischen und organisatorischen Bereichen. Auch Literatur-Datenbanken sind hier zu erwähnen. Die noch engere Vernetzung mit der Umwelt und Erweiterung der Wahrnehmung durch das Web 3.0, Werkzeuge der Augmented Reality und das Internet der Dinge erschließen neue, noch weitgehend nicht erkundete Möglichkeiten: Chancen zur Innovation für die Agilen – Bedrohung für die Unbeweglichen.

Die Anbindung der Organisationseinheiten und ihrer MitarbeiterInnen erfolgt zum Teil direkt an diese „externen" Sphären, in jedem Fall aber auch an die **Sphäre der internen Informations- und Wissensquellen**, die ihrerseits Teil der technologischen Infrastruktur der Organisation sind (vgl. Abb. 4.4)

Diese internen Informations- und Wissensquellen sind beispielsweise Datenbanken und Anwendungen aller Art, das Content Management System, das Intranet, Prozessmanagementsysteme oder spezielle Wissensmanagement-Anwendungen – aber auch E-Mail-Accounts. Die Leistungsfähigkeit der Suchmaschinen und ihre Usability und Treffergenauigkeit, welche idealerweise durch lernende Algorithmen ständig zielgruppenbezogen verbessert werden, ist dabei von besonderer Bedeutung, da Daten und Informationen zunehmend unstrukturiert – dafür aber „getaggt" (versehen mit Tags) – abgelegt werden. Diese Welt ist allerdings für „digital natives" leichter bewältigbar als für „digital immigrants", die mit Papier „beruflich gereift" sind.

Die Einbettung der Gesamtorganisation in die Einflusssphären seiner Umwelt ist in Abb. 4.5 skizziert.

Die Gesamtorganisation ist eingebettet in die informationstechnische Infrastruktur als Teil des Unterbewusstseins der Organisation. Andererseits bilden die informationstechnische Infrastruktur und insbesonders die organisationelle („soft") Infrastruktur – wie integrierte Managementsysteme – die Schnittstelle zwischen Unterbewusstsein und Bewusstsein einer Organisation. Das Instrumentarium und die Elemente eines integrierten Managementsystems wie IKS (internes Kontrollsystem), Risikomanagementsystem, Con-

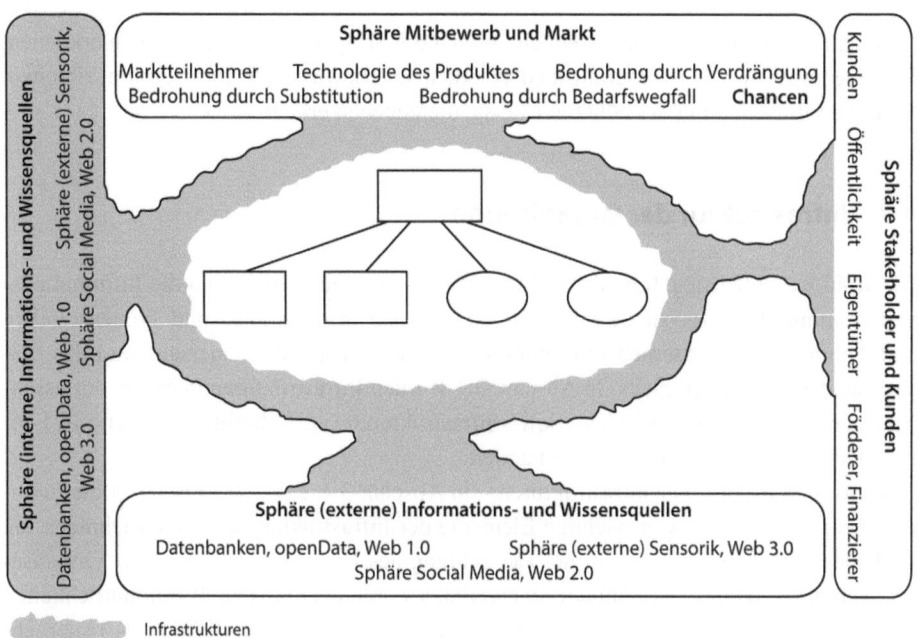

Abb. 4.4 Einbettung der Organisationseinheit in die externen und internen Einflusssphären

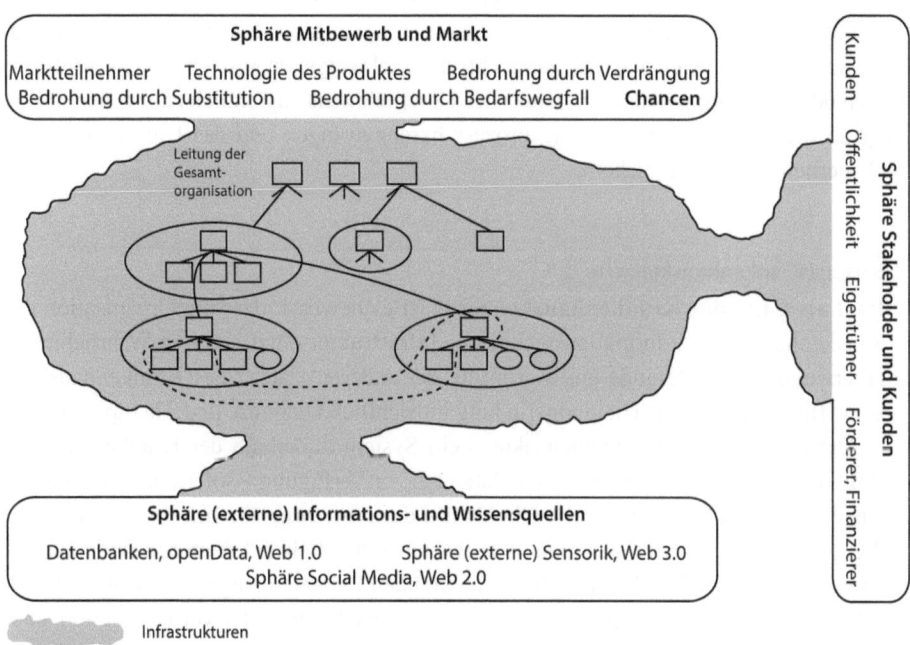

Abb. 4.5 Einbettung der Gesamtorganisation in seine Einflusssphären

trolling, Prozessmanagementsystem etc. bilden die Trigger, die Abweichungen erkennen, Veränderungs- und Verbesserungsbedarf erkennen, bewusste Reformschritte einleiten, Bedarf an Einschaltung der höheren Managementebenen erkennen etc.

4.7 Infrastruktur der Organisation

Die wohl wesentichsten Teile der Infrastruktur einer Organisation sind die Informations- und Kommunikationssysteme inklusive der internen Informations- und Wissensquellen und Anbindung der externen Informations- und Wissensquellen einerseits und das Managementsystem andererseits. In Abschn. 3.1 wurden Infrastrukturen in einem umfassenden Sinne vor allem hinsichtlich „Soft"-Infrastrukturen (vgl. Abschn. 3.1.1) und IKT-Infrastrukturen (vgl. Abschn. 3.1.3) behandelt.

Büro- und Produktionsinfrastrukturen – in Abschn. 3.1.2 als „technische Infrastrukturen" behandelt – sind zwar wichtige Elemente der Infrastruktur eines Unternehmens, sie sind aber in Zusammenhang mit der Betrachtung des Unterbewusstseins einer Organisation von nicht so hoher Bedeutung. Zu erwähnen wären allenfalls die Büroräumlichkeiten und die Frage, wie sie zum Arbeitsstil und den Arbeitsnotwendigkeiten des Unternehmens passen und der Unternehmenskultur entsprechend Ausdruck verleihen: viel oder wenig Reisetätigkeit, Telearbeitsmöglichkeiten bzw. Home Office, Wertigkeit der persönlichen Kontakte vs. Videokontakte, Großraumbüro oder Arbeitszimmer/Arbeitskojen mit entsprechend umfangreichen ergänzenden Besprechungsmöglichkeiten. Die informelle Kommunikation wird dadurch nicht unwesentlich beeinflusst. Nicht zuletzt wird es dadurch auch leichter oder schwerer gemacht, das „schweigende Wissen" (auch implizites Wissen oder „tacit knowledge" genannt) des Unternehmens zugänglich zu machen und so näher an den Entscheidungsfindungsprozess heranzubringen und das Unterbewusstsein des Unternehmens zu bereichern.

Beispiel Krankenhauskonzern

Paul als CEO des Krankenhauskonzerns ist es bewusst, dass die Organisation des Krankenhauses die informationstechnische Infrastruktur nützt, um ihre Wahrnehmung zu erweitern. Die Befunde und Arztbriefe der anderen Häuser des Krankenhauskonzerns fließen in die Entscheidungsfindung hinsichtlich Diagnose und Therapie mit ein.

Die elektronische Gesundheitsakte – ein System außerhalb der Krankenhäuser – stellt die Vorbefunde zum jeweiligen Patienten zur Verfügung – sofern der Patient dazu eingewilligt hat. Für **Sandra, die Chefärztin der Abteilung für Innere Medizin**, war das zwar ein Fortschritt gewesen – es war aber mit hoher Arbeitsbelastung für die Ärzte verbunden. Sie haben bei chronisch kranken Patienten lange Listen an medizinischen Dokumenten durchgeschaut auf der Suche nach relevanter Vorinformation, aber es war schwer, einen Überblick über das Relevante bekommen. Seit einem Jahr gibt es nun eine kontextbezogene Suchhilfe, die dem Arzt in der jeweiligen Arbeitssituation

Stichworte vorschlägt und nur relevante Dokumente und Informationen in einer Form anzeigt, die es erfahrenen Ärzten intuitiv ermöglicht, zu entscheiden, ob sie in der Krankengeschichte tiefer gehen sollen oder nicht. Das Patientengespräch kann somit schnell und gezielt fortgesetzt werden. Unerfahrene Ärzte neigen dazu, die gezeigten Ergebnisse als das einzig Relevante zu betrachten und vertiefen sich fast nie in die gesamte Krankengeschichte – obwohl es manchmal notwendig wäre. Sie stellen oft auch keine Nachfragen beim Patienten, um das Gelesene hinsichtlich Relevanz und Vollständigkeit zu plausibilisieren. Die meisten Patienten zeigen dann auch ihre Verwunderung, nicht einmal gefragt worden zu sein.

Die Werkzeuge erzeugen beim Anwender unterschiedliche Muster im Umgang mit diesen Werkzeugen. Regelmäßige Reflektion des Umgangs mit diesen Werkzeugen in Erfahrungsaustausch-Runden sind für Sandra wichtig, da das die Qualität des mit der Zeit entwickelten unterbewussten Handelns und schneller Schlussfolgerungen maßgeblich prägt. Das Unterbewusstsein und das daraus abgeleitete unbewusste Handeln und intuitive – nahezu automatisierte – Schlussfolgern ist zu einem bedeutenden Qualitätsfaktor in ihrer Abteilung geworden.

Dieses Szenario zeigt, wie die technologische Infrastruktur und ihre Werkzeuge zu einem Teil des Unterbewusstseins der Organisation und zu einem bestimmenden Qualitätsfaktor werden.

Beispiel Krankenhauskonzern

Paul, der CEO der Krankenhausgruppe, war sich der Schwierigkeit seiner Aufgabe bewusst, als er in diese Position berufen worden war. Aus seiner früheren Position als Senior Consultant in einem internationalen Beratungsunternehmen kannte er viele Gesundheitsorganisationen. Davor hatte er als Assistent der Geschäftsleitung eines großen Universitätsklinikums auch bereits einiges an Komplexität kennengelernt. Die Chefärzte und Universitätsprofessoren hatten die Verantwortung in ihrer jeweiligen Abteilung und waren auch in der öffentlichen Meinungsbildung mit ihren zahlreichen Querverbindungen zu Entscheidungsträgern in der Politik und anderen Stakeholdern sehr einflussreich. Andererseits hatte Paul mit seinem Führungsteam die Letztverantwortung – auch im haftungsrechtlichen Sinn. Die Budgetrestriktionen angesichts der leeren Kassen der öffentlichen Hand wurden von vielen als Bedrohung empfunden.

Paul war es in den letzten Jahren gelungen, die strategische Ausrichtung des Konzerns im Dialog mit den Führungskräften, der Politik und anderen Stakeholdern zu formulieren und mit entsprechenden Zielvereinbarungen von Jahr zu Jahr zu verankern. Nun war er dabei, mit seinen Mitarbeitern in der Konzernzentrale die verschiedenen Elemente und Führungswerkzeuge wie Risikomanagement, Informationsmanagement, internes Kontrollsystem etc. so zusammenzuführen und zu ergänzen, dass einerseits kein bürokratisches Monster daraus wurde und andererseits die Governance in ausreichendem Maß gegeben war. Das Ziel, das er sich vorgenommen hatte, war es, wichtige Aspekte, wie das Leitbild (allem voran die Patientenorientierung), die strategischen

Stoßrichtungen und Zielsetzungen, das Risikobewusstsein für die relevantesten Themen, die im Kodex formulierten Compliancegesichtspunkte, die Awareness im Bereich Datenschutz etc. so zu verankern, dass die Führungskräfte und Mitarbeiter in ihren täglichen operativen Entscheidungen automatisch diese Gesichtspunkte einfließen ließen – er wollte sie im „Unterbewusstsein" seiner Organisation verankern. Sein Ziel war es, dies in seinem Unternehmen mit einem Werkzeug – in Form eines kompakten integrierten Managementsystems- zu verankern.

Auch Managementwerkzeuge und Methoden für die internen Abläufe, aber auch die Anbindung an die externen Sphären sind Teil dieser Infrastruktur als wesentlicher Teil des Unterbewusstseins einer Organisation („Soft"-Infrastruktur – siehe Abschn. 3.1.1).

Beispiel Industrieunternehmen

Martha, die Geschäftsführerin des Edelstahlunternehmens, stellte einen ständigen Anstieg der Fremdleistungskosten in der Instandhaltung fest, ohne dass sich die Personalkosten in der Instandhaltung reduzierten. Der Instandhaltungsleiter und die Betriebsleiter führten das auf die zunehmenden Aufwände für die Fernwartung der nun sogar in der Stahlindustrie immer höheren Anteile an Automationskomponenten und Messpunkten in den Anlagen zurück. Bei Störungen – es reichte schon das Aufleuchten von Warnhinweisen, ohne dass der Betrieb der Anlage stillstand – wurde immer öfter die Lieferfirma eingeschaltet.

Leider waren die Systeme noch zu wenig standardisiert. Wenn es standardisierte Steuerungs- und Visualisierungsplattformen geben würde, müssten nicht so viele Mitarbeiter mit dem Wissen für unterschiedliche Plattformen vorgehalten werden. Martha gab ihren Führungskräften noch ein halbes Jahr Zeit, eine Grundsatzentscheidung aufzubereiten hinsichtlich der zukünftigen Wartungsstrategie.

Die Alternativen waren: Fremdwartung durch die Spezialfirmen auf ihrer jeweiligen Plattform und konsequente Reduktion des Eigenpersonals oder Reduktion der Fremdwartungskosten durch Standardisierung der Steuerungs- und Anlagenvisualisierungswerkzeuge und -plattformen und signifikante Reduktion der Fremdkosten. Für diese Variante gab es in letzter Zeit laut dem Leiter der IT-Abteilung durchaus ermutigende Anzeichen.

Die Struktur, Funktionalität und Standardisierung der Anbindung des Unternehmens mit seinen Anlagen an die externen Partner und Lieferanten sind von strategischer Bedeutung – nicht nur für die Kostenstrukturen. sondern auch für die Fähigkeiten des Unternehmens. Dies wirkt dahingehend, wie schnell und „automatisiert" das Unternehmen auf Störungen reagieren kann und diese beheben kann oder wie langsam und aufwendig das geht. Bedarf eine Störung eines gewissen Schweregrades einer Kenntnisnahme oder gar einer Intervention auf Managementebene? Rückt sie damit in das Bewusstsein der obersten Führung oder bleibt es im Unterbewusstsein aus der Sicht der Unternehmensleitung? Struktur, Funktionalität und Standardisierung der Anbindung des Unternehmens an sein Umfeld sind somit strategische Entscheidungen, die die Frage nach den notwendigen Kernfähigkeiten – und damit zum Unterbewusstsein der Organisation – aufwerfen. Diese Struktur, die Funktionalität und Standardisierung der Anbindung des Unternehmens an sein Umfeld sind daher ebenfalls als infrastrukturelle Aspekte einer Organisation zu sehen und zu beachten.

Beispiel Handelsunternehmen

Für **Markus als Marketingmanager** in einem Handelsunternehmen der Unterhaltungselektronik- und Haushaltsgerätebranche waren die letzten Berufsjahre wirklich stürmisch. Nachdem die Verkaufsstandorte mit der dort angebotenen Beratung als Vertriebskanal immer mehr mit reinen Online-Vertriebskanälen wie Amazon etc. konkurrierten, war er gefordert, die Beziehung seines Unternehmens zu den Kunden besser zu nutzen und so etwas wie höhere Kundenbindung zu schaffen. Trotzdem mussten die Preise wettbewerbsfähig mit den Onlineanbietern sein, die es mit ausgeklügelter Logistik schafften, jedes Produkt in 2 bis 3 Tagen zuzustellen.

Markus war klar, dass qualifizierte Beratung im Geschäft, verbunden mit Online-Vertriebskanälen und der Nutzung der Lager in den Geschäftsstandorten ein Weg sein konnte. Allerdings kannte er seine Kunden eigentlich kaum – im Vergleich zu Amazon, das ihm, wie er aus eigener Erfahrung wusste, bei Büchern gleich dazupassende Vorschläge machte, weil es offensichtlich bereits viel von ihm wusste. Die Schlagworte und Konzepte, die ihm vom letzten Marketingkongress gut in Erinnerung waren, lauteten „Smart Commerce" und „User Experience". Er hatte nicht mehr lange Zeit, dem Vorstand entsprechende Vorschläge zu unterbreiten…

Am Beispiel der Konsumgüterindustrie und Unterhaltungselektronik- sowie Haushaltsgeräteindustrie mit ihren Marktzugängen kann man die Bedeutung der Infrastrukturen und Systeme zur Anbindung an den Markt und die Endkunden wohl am besten diskutieren.

Wohl jeder von uns ist immer wieder damit konfrontiert und hatte schon seine User Experience mit

- inkompetenten Verkäufern, bei denen man vergeblich nach Beratung suchte,
- mit Hotlines, bei denen man nach langer Wartezeit weiterverbunden wurde und
- lästigen Anrufen von Online-Weinhändlern und ähnlichen, die unbedingt etwas verkaufen oder eine Kostprobe schicken wollten.

Diskussionen mit Bekannten und Freunden zeigen dann, dass die Erfahrungen unterschiedlich sind und bestimmte Kontaktformen und Vorgangsweisen der Anbieter unterschiedlich wahrgenommen werden: Der eine hat den Wunsch nach völliger Anonymität: kein Name, keine E-Mail-Adresse, keine Telefonnummer. Der andere will sich beraten lassen im Geschäft und geht anschließend auf Schnäppchensuche und Preisoptimierung ins Internet.

Vernetzte Kunden, die mobile Geräte und Social-Media-Technologien in den unterschiedlichsten Kanälen nutzen, generieren automatisch Unmengen an Echtzeitdaten. Diese enormen Datenmengen gilt es, in aussagekräftige Informationen zu konvertieren, damit bessere Kundenerfahrungen zu schaffen und so die Kundentreue zu steigern.

Die Kunden sind bestens informiert, oft kontinuierlich vernetzt und tauschen sich über Social Media miteinander aus. Sie wirken meinungsbildend in einer Art und Weise, die für das Unternehmen nicht steuerbar ist.

Der Kunde erwartet ein marken- und/oder einkaufsspezifisches Erlebnis, das möglichst auf ihn zugeschnitten und in sich konsistent ist: auf der Website, im E-Mail-Marketing, in der Werbung, in den Suchmaschinen, im Callcenter, in den Social-Media-Foren und bei den Serviceleistungen und Unterstützungsleistungen nach dem Kauf. Laut Forrester Research Inc. werden die Online-Verkaufszahlen in den USA zwischen 2012 und 2017 um 60 % auf $ 370 Mrd. steigen (vgl. Forester Research 2013). Der Anstieg bei den webfähigen „smart appliances" – vom Automobil bis zum Fernseher – und bei den Point-of-Sale-Transaktionen über mobile Geräte wird mit neuen Chancen für den Aufbau engerer Beziehungen zum Kunden verbunden sein.

Ziel solcher Infrastrukturen und Anwendungen zur Kundenbindung ist es, den Kunden zu helfen, mit den richtigen Prozessen und Technologien das richtige Produkt zum gewünschten Preis zu finden und zu kaufen, notwendige Information und Beratung zu bekommen und die Marke an andere weiterzuempfehlen zu lassen – unabhängig vom Standort und vom genutzten Vertriebskanal.

Dazu gilt es, die Organisation/das Unternehmen/die Mitarbeiter darauf auszurichten, jeden Kunden als individuelle Persönlichkeit zu sehen. Dies erfordert

- die Schaffung einer Kultur der absoluten Konzentration auf den Kunden und
- die richtige Instrumentierung der wesentlichen Berührungspunkte (z. B. Call Center, CRM – Costumer-Relationship-Managementsysteme),
- Schaffung eines anschaulichen „Bildes jedes Kunden" (inkl. der Verknüpfung mit seinen Social-Media-Daten) und
- die Generierung von aussagekräftigen Informationen unmittelbar beim Kundenkontakt, die vorausschauende („Was könnte ich ihm anbieten?") und nicht nur historische Interpretationen ermöglicht.

In Summe ermöglicht das – in Kombination mit den anderen Marketingwerkzeugen – auch die Schaffung einer authentischen und einheitlichen Markenkultur.

Dies führt zu einer völlig veränderten und neuen Anbindung an die Sphäre Mitbewerber und Markt – verglichen mit den heutigen Anbindungen und Zugängen einer durchschnittlichen Organisation – sei es Profit- oder Non-Profit-Organisation.

Das „Bewusstsein" des Unternehmens mit seinen wirklich bewusst und reflektiert herbeigeführten Entscheidungen und Handlungen umfasst Bereiche wie Strategie, Forschung und Entwicklung, Marketing, Rechnungswesen etc. Diese bilden wesentliche Teile des System 2 (nach Kahneman) einer Organisation. Aber auch in diesen Organisationsberei-

chen gibt es immer wieder eingeübte, traditionelle Verhaltensmuster und Abläufe, die bei
näherer bewusster Betrachtung eigentlich zu hinterfragen sind. Das sollte der Unternehmensleitung sehr klar sein und sie sollte solche „Rituale" oder „blinde Flecken" gezielt
aufspüren, hinterfragen und gegebenenfalls mit professionellem Change Management zu
ändern versuchen – sie aus der unterbewussten Sphäre der Organisation in die bewusste
Sphäre heben. Dies sollte mit dem Ziel erfolgen, die verbesserten Abläufe wieder zu automatisieren und effizient zu machen, sie jedoch regelmäßig zu monitieren und gegebenenfalls zu hinterfragen.

Zu den Bereichen, die eher dem System 1 der Organisation mit all seiner Schnelligkeit
und seiner Effizienz – wenn die Verhaltensmuster und Abläufe zweckmäßig sind – zuzuordnen sind und daher nahe am Unterbewusstsein der Organisation sind, zählen Produktion, Callcenter, Kundenbetreuung, Instandhaltung, IT-Betrieb etc. inkl. ihrer Anbindung
an die externen Sphären der Organisation.

4.8 Betrachtung des Gesamtmodells

Zum Abschluss der Modellbeschreibung noch der Versuch einer weiteren gesamthaften
Sichtweise auf das Unterbewusstsein von Organisationen und seine innere Kaskadierung:

- Jeder Mitarbeiter hat als Teil seines persönlichen Unterbewusstseins sein „Unterbewusstsein mit beruflichem Bezug" und er ist in die Infrastruktur der Organisation und
  das Umfeld der Organisation eingebunden.
- Jede Organisationseinheit und Arbeitsgruppe hat ihr eigenes „organisatorisches Unterbewusstsein", das durch ihre spezifische Aufgabe und ihre Infrastruktur und ihre Anbindung an die Organisation und deren Umwelt geprägt ist.
- Die Organisation als Gesamtes hat ein „organisatorisches Unterbewusstsein" mit ihrer
  Infrastruktur und ihrer Anbindung an ihre Umwelt.

Auch wenn die oberste Leitung der Organisation vor allem mit dieser gesamthaften Sichtweise des Unterbewusstseins der Organisation konfrontiert ist und versuchen wird, dies
bestmöglich zu nutzen, so ist für die oberste Leitung doch eines wesentlich: Sie muss sich
auch des spezifischen Unterbewusstseins der Organisationseinheiten und der Mitarbeiter in einem gewissen Ausmaß bewusst sein, um das Gesamtunternehmen bestmöglich
auszurichten und seinen Umgang mit inneren Widersprüchen und Zielkonflikten in der
Entscheidungsfindung auf der jeweiligen Ebene richtig zu konditionieren.

Nun könnte man meinen: Das war ja immer schon Aufgabe der Organisationsarbeit.
Das ist natürlich richtig. Aber die neuen Technologien und das Begreifen des Unterbe-
wusstseins der Organisation als Zusammenspiel des Unterbewusstseins der jeweiligen
Organisationseinheiten und des „beruflich relevanten Teiles des Unterbewusstseins" der
Mitarbeiter führen zu neuen gesamthafteren Betrachtungsweisen und Gestaltungsmög-
lichkeiten.

Wie dieses Unterbewusstsein und seine Anbindung an das Bewusstsein gestaltet werden kann bzw. wie darauf bei der Gestaltung der traditionellen und notwendigen Unternehmens- und Organisationsfunktionen Einfluss genommen werden kann, beschreibt das folgende Kapitel dieses Buches, der sich den Gestaltungsmöglichkeiten des Unterbewusstseins eines Unternehmens und seiner Schnittstellen zum Bewusstsein widmet. Dies wird wieder durch Erzählungen und zukunftsbezogene Szenarien aus einem fiktiven Industrieunternehmen, einem fiktiven Handelsunternehmen und einer fiktiven Organisation des Gesundheitswesens (Krankenhauskonzern) veranschaulicht.

Literatur

Forrester Research (2013) US online retail forecast 2012 to 2017. Internetabfrage (vom 13.3. 2013)

Gestaltung einer Organisation und ihres Unterbewusstseins

5

Zusammenfassung

Die Theorie komplexer Systeme baut u. a. auf systemtheoretischen und chaostheoretischen Erkenntnissen zur Emergenz auf: „Das Ganze ist mehr als die Summe seiner Teile". Die Gestaltung der Organisation/des Unternehmens und ihres/seines Bewusstseins und Unterbewusstseins erfolgt in Anlehnung an die Prozesse des menschlichen Gehirns als Quelle der Kreativität und Innovation: der Wahrnehmung, der Kognition und Erkenntnis und der Prozesse der Entscheidung und Interaktion. Die Innovation und Merkmale für gelungene Innovation sind Basis für daraus entwickelte Gestaltungsleitlinien, die sodann um Aspekte der Organisationskultur erweitert werden und hinführen zu Leitlinien zur Gestaltung der Ablauforganisation und der Aufbauorganisation sowie zu Infrastrukturen als Teil des Unterbewusstseins von Organisationen. Es empfiehlt sich die Entwicklung eines integrierten Managementsystems als Handlungsrahmen für rasches und flexibles Handeln. Die erweiterte Wahrnehmung, das erweiterte-implizite und explizite Wissen und die daraus (bewusst und diszipliniert, halbautomatisch oder automatisch) abgeleiteten Erkenntnisse, Schlussfolgerungen und Entscheidungen prägen das Unterbewusstsein von Organisationen und die Schnittstelle zu ihrem Bewusstsein. Das „neu Denken" der Organisation im Lichte der neuen technologischen Möglichkeiten wie künstliche Intelligenz, Entscheidungsautomatismen etc. und der Umbrüche im Umfeld benötigen ihre Zeit, Mühe und Disziplin. Es ist daher eine der wichtigsten Managementaufgaben, sich dieser Entwicklung und Aufgabe bewusst zu stellen und dies nicht einfach dem Tagesgeschäft zu überlassen oder einfach „geschehen zu lassen". Die Nachhaltigkeit und langfristige Existenz der Organisation sind davon massiv betroffen. Der Mensch wird dabei nach wie vor – im Sinne der Governance – „im Sattel" sitzen. Wenn wir es richtig machen, werden zukünftige Organisationen keine „künstliche Intelligenz" darstellen, sondern sich in eine Art „hybride Intelligenz" weiterentwickeln. Grundsätzlich sollte hinsichtlich der Menschen und ihrem Verhältnis

© Springer-Verlag Berlin Heidelberg 2015
W. Leodolter, *Das Unterbewusstsein von Organisationen*,
DOI 10.1007/978-3-662-44459-7_5

zu den Strukturen, Organisationen und neuen Technologien gelten: Die Menschen dienen nicht den Strukturen, sondern die Organisationen und deren Infrastrukturen dienen den Menschen.

Die These dieses Kapitels und eigentlich die wesentliche diesem Buch zugrundeliegende These ist, dass das Unterbewusstsein von Organisationen gestaltbar ist.

Versuchen wir zunächst einmal, diese These zu widerlegen. Das würde bedeuten, dass sich aus dem Zusammenspiel der einzelnen Elemente ein Systemverhalten des Unterbewusstseins und seiner Schnittstellen zum und Interaktionen mit dem Bewusstsein ergibt – es somit „emergent" wäre. Damit wäre es auch nicht notwendig, unsere Organisationen neu zu denken – diese würden sich dann schon entwickeln.

Betrachten wir uns den Gedanken der Emergenz in diesem Zusammenhang einmal näher: Emergenz wird als spontane Herausbildung von neuen Eigenschaften oder Strukturen eines Systems infolge des Zusammenspiels seiner Elemente beschrieben (vgl. Stephan 1999). Dies ist eine wertvolle ergänzende Betrachtung zum Versuch der Gestaltung des Unterbewusstseins von Organisationen und ein klarer Hinweis darauf, nicht zu glauben, dass alles gestaltbar sei. Das Unterbewusstsein eines Menschen ist ja auch nicht gestaltbar – aber doch beeinflussbar durch Lernen, Lebensumstände, soziales Umfeld etc. Gilt dies nicht in noch größerem Maße für das Unterbewusstsein von Organisationen? Wo doch das menschliche Unterbewusstsein im Gehirn angesiedelt ist, das uns – bis jetzt – technologisch nicht zugänglich, allenfalls in geringem Ausmaß biochemisch zugänglich ist. Wohingegen die Infrastrukturen von Organisationen und ihre Gestaltung sehr wohl der zweckorientierten Gestaltung durch Menschen zugänglich sind.

Die Entwicklungen in der Systemtheorie und der Chaosforschung (vgl. Gleick 1987) zeigen, dass Phänomene wie Selbstorganisation und ihre Entstehungsbedingungen durchaus systematischen und objektiv nachvollziehbaren Erklärungen zugänglich sind. Selbstorganisation kann durchaus auch als emergenzverwandtes Phänomen bezeichnet werden. Die Kontextbedingungen emergenter Systeme stimmen ja weitgehend mit den Eigenschaften sich selbst organisierender Systeme überein. Eine wichtige Rolle spielen dabei Rückkopplungsprozesse auf der Basis von Selbstreferenz oder zirkulärer Kausalität. Der Evolutionsbiologe Ernst Mayr definiert: „Emergenz ist in Systemen das Auftreten von Merkmalen auf höheren Organisationsebenen, die nicht aufgrund bekannter Komponenten niedrigerer Ebenen hätten vorhergesagt werden können" (Gibb 2011).

Gründe hierfür sind:

- Das System ist bereits so komplex, dass es ohne Reduktion nicht untersuchbar oder simulierbar ist.
- Es entstehen zwischen den Systemelementen neue Verbindungen, Wirkbeziehungen und Prozesse, die nicht implementiert (vorgeplant) waren.
- Die Kopplungen oder Wirkbeziehungen zwischen allen Elementen werden durch die Integration des neuen Elements verändert.

Systemtheoretiker meinen, Emergenz sei eine kennzeichnende Eigenschaft von hierarchisch strukturierten Systemen. Solche Systeme haben auf der Makroebene Eigenschaften, die auf der einfacheren Organisationsebene, der Mikroebene, nicht vorhanden sind. Sie entstehen durch synergetische Wechselwirkungen zwischen den Elementen auf der Mikroebene. Die Theorie komplexer Systeme baut auf systemtheoretischen und chaostheoretischen Erkenntnissen zur Emergenz auf. Zusammengefasst gilt sehr vereinfachend gesagt: „Das Ganze ist mehr als die Summe seiner Teile."

Menschliche Gedankeninhalte (Ideen, Konzepte) besitzen Emergenzeigenschaften gegenüber den neurologischen Prozessen und psychischen Akten, aus denen sie entstehen. Ebenso sind Emergenzeffekte bei der Kommunikation von Gedankeninhalten zu erkennen, denn die Eigenschaften von Informationen lassen sich nicht linear aus den zugrunde liegenden grammatikalischen Strukturen (Buchstabe, Wort, Syntax) ableiten. Eine sehr plakative Beschreibung dessen ist wohl die altbekannte Weisheit: „Wahr ist nicht, was ich sage, sondern was der andere versteht."

In Zusammenhang mit den Neuen Medien – wie dem Internet – wird ebenfalls von Emergenz gesprochen. Das Internet lässt neue Effekte entstehen, die man als emergent bezeichnen kann. Durch weitere Vernetzung werden diese Effekte verstärkt. Beispiele sind Netzkunst, „Smart Mobs", „Shitstorms", Online-Spiele, Internetforen, Wikis und Grid-Computing.

Abschließend noch eine Analogiebetrachtung zum Verhalten von Schwärmen in der Natur und Ansammlungen von Menschen mit vergleichbaren Interessen:

Größe, Form/Gestalt, Richtung, Geschwindigkeit und Wellenbewegungen in Schwärmen sind emergent gegenüber dem Individuum, z. B. Fisch oder Vogel. Diese Änderungen oder Bewegungen laufen zum Teil schneller ab, als es das Reaktionsvermögen des einzelnen Fisches oder Vogels isoliert zulassen würde.

Die obigen Ausführungen zeigen, dass sowohl Gestaltung als auch Emergenz ihren Stellenwert bei der Betrachtung des Unterbewusstseins von Organisationen haben werden und es ein wesentliches Gestaltungsmerkmal sein muss – will man Organisationen neu denken – sich aus der Emergenz ergebende Entwicklungen genau zu beobachten und sie zu verstärken bzw. die Auswirkungen abzumildern bzw. gegenzusteuern, wo das sinnvoll ist. Emergenz ist eine große Innovationschance. Neben der Wirkung der Emergenz ist aber eine gewisse Gestaltbarkeit des Unterbewusstseins von Organisationen insbesonders im Bereich der Infrastrukturen durchaus gegeben.

Grundsätzlich gilt es, wenn wir für die praktische systemische Gestaltungsarbeit in und von Organisationen Leitgedanken zum „Neudenken von Organisationen" herausdestillieren wollen, aus der Analogiebetrachtung zum Unterbewusstsein der Menschen zum Zweck der Gestaltung des Unterbewusstseins von Organisationen nun folgende Fragen zu beantworten:

- Was müssen wir bei der Gestaltung der Systeme und der Organisation von Organisationen beachten?
- Welche Chancen und Gefahren gilt es zu beachten?
- Wie sehen innovative Organisationen aus und wie verhalten sie sich?

Die wesentlichen herausgearbeiteten und sich ergebenden Leitgedanken sind im jeweiligen Text in Form von mit einem Pfeil markierten hereingerückten Absätzen zusammengefasst. Stellenweise sind sie beispielhaft erläutert durch die fiktiven Szenarien des Krankenhauskonzerns, des Edelstahl-Produzenten und des Handelsunternehmens, wie dies auch zur Veranschaulichung des Modells einer Organisation (Kap. 4) und der dort beschriebenen Wirkungsweise des Unterbewusstseins und des Bewusstseins einer Organisation begonnen wurde.

Beginnen wir mit einem aus der obigen dialektischen Betrachtung von Emergenz und Gestaltung herausgearbeiteten Leitgedanken zum Systemverhalten:

▶   Beobachte das Systemverhalten der Organisationen und erkenne die sich aus
            dem (komplexen) Zusammenspiel der Einzelkomponenten und Teilsysteme
            ergebenden und potentiellen emergenten Entwicklungen. Erkenne die Inno-
            vationspotentiale und Risiken.

Beispiel Krankenhauskonzern

Robert als Facharzt einer Abteilung für interne Medizin an einem mittelgroßen Krankenhaus bekommt seit einiger Zeit immer wieder E-Mails von Patienten an seine berufliche E-Mail-Adresse. Sie teilen ihm mit, wie es ihnen nach der Behandlung im Krankenhaus geht und stellen ihm manchmal auch Fragen. Oft sind das 75- bis 80-jährige Patienten, die sich wie selbstverständlich im Internet bewegen und für die E-Mail-Kommunikation ganz normal ist. Manchmal teilen sie ihm Beobachtungen mit, auf die sie in der besonderen Umgebung eines Krankenhauses und den damit oft verbundenen Stresssituationen gar nicht gekommen sind, die aber für die Bewältigung ihrer Krankheit durchaus relevant sind. Jetzt, wo sie elektronischen Zugang zu ihrer Gesundheitsakte haben, entsteht plötzlich dieses Phänomen. Das erste Mal hat er höflich aber bestimmt geantwortet, dass sie das doch mit ihrem niedergelassenen Arzt besprechen sollten, der sie ja dann vielleicht wieder dem Krankenhaus zuweist. Manche Patienten kamen dann selbst in die Ambulanz, was in den meisten Fällen aber sinnlos war und nur Zeit kostete. Da wäre es aus Roberts Sicht besser gewesen, eine Art E-Mail-Ordination abzuhalten. Aber die wurde ja von niemandem bezahlt. Andererseits war aber auch der Ambulanzbesuch mit einer Pauschale abgegolten und brachte dem Krankenhaus nicht einmal nennenswerte Einnahmen. Nachdem dies auch anderen Ärzten passierte und manche Patienten sogar einfach an die Chefin, die **Chefärztin Sandra,** geschrieben hatten, wurde das auch in der Abteilungsbesprechung erörtert und in weiterer Folge mit der Krankenhausleitung. Auch **Paul, der CEO des Krankenhauskonzerns,** wurde in dieser wichtigen und grundsätzlichen Fragestellung beigezogen.

Bald war eine Strategie für den Umgang mit diesem neuen Phänomen gefunden: Die E-Mail-Ordination wurde ermöglicht und dafür wurde den Oberärzten auch ein Zeitkontingent gegeben. Und es wurden Regeln definiert: Der Patient kann nur mit dem betreuenden oder entlassenden Oberarzt kommunizieren und es gab strukturelle

Unterstützungen wie Fragebögen für die Patienten etc. Der Vorteil war, dass die Ärzte nun auch die Qualität und den Erfolg ihrer Behandlung besser nachverfolgen konnten und man sich so auch zahlreiche ambulante Nachkontrolltermine ersparen konnte. Die kosteten viel mehr Zeit als die E–Mail-Ordination. Die Zahl der ambulanten Nachkontrollen je Patient mit dessen physischer Anwesenheit ging mit dieser neuen Kommunikationsmöglichkeit bereits merkbar zurück.

Nach einigen Monaten Erfahrung mit der geregelten E-Mail-Ordination sagte jemand in der Abteilungsbesprechung: „Es ist schon interessant, dass aus verschiedenen Elementen wie zunehmend E-Mail-fähigen Patienten, der Einführung einer elektronischen Gesundheitsakte und dem Bekanntwerden der beruflichen E-Mail-Adressen der Ärzte plötzlich etwas Neues entsteht – wenn man richtig damit umgeht."

Bei der Darstellung und Ableitung der Gestaltung des Unterbewusstseins einer Organisation und vor allem ihrer Schnittstellen zum Bewusstsein scheint es zunächst naheliegend – aufbauend auf dem Modell in Kap. 4 und der Erläuterung an Beispielen – dies nun entlang der wichtigsten Funktionen einer Organisation bzw. eines Unternehmens – Finanzen, Controlling, Marketing, Verkauf, Produktion etc. zu vollziehen.

Denken wir jedoch Organisationen neu und gestalten wir die Organisation/das Unternehmen und sein Bewusstsein und Unterbewusstsein in Anlehnung an die Prozesse des menschlichen Gehirns als Quelle der Kreativität und Innovation, so bietet sich folgender Zugang an:

- Gestalten wir „neu gedachte Organisationen" zunächst entlang der für uns alltäglichen, meist bzw. oft auch teilweise unbewussten Prozesse der Wahrnehmung, der Kognition und Erkenntnis und der Prozesse der Entscheidung und Interaktion (Abschn. 5.1).
- Anschließend werden einige fundamentale Aspekte zur Innovation (Abschn. 5.2.1) erörtert und daran anschließend die Innovation der Systeme und der Infrastrukturen (Abschn. 5.2) und die Innovation der Organisation (Abschn. 5.2.2), die mit den zuvor abgeleiteten Gestaltungsaspekten von Organisationen und deren Bewusstsein und Unterbewusstsein in Zusammenhang stehen.
- Darauf aufbauend werden die Auswirkungen auf Kultur und Bewusstsein einer Organisation erläutert – und die damit verbundenen Gestaltungsmöglichkeiten (Abschn. 5.3.2)
- Auf diesen Grundlagen werden sodann die Aspekte der Ablauforganisation (Abschn. 5.3.3) und die Aufbauorganisation (Abschn. 5.3.4) tiefer behandelt.
- Die Zusammenschau all dieser Infrastrukturaspekte und innovativen organisatorischen Überlegungen benötigt für die gesamthafte und systematische Führung einer Organisation neuen Zuschnitts einen Rahmen, der in Form eines integrierten Managementsystems (Abschn. 5.3.5) skizziert wird. Dabei werden ergänzend auch die Aspekte Vertrauen, Management von Kooperationen, Kultur der Exzellenz (Abschn. 5.3.6) und das Thema Resilienz (Abschn. 5.3.7) von Organisationen behandelt.
- Abschließend und zur Abrundung werden Organisationen als besondere Form der („künstlichen") Intelligenz betrachtet.

5.1   Von der Wahrnehmung zur Entscheidung

Gestalten wir daher – wie oben begründet – „neu gedachte Organisationen" zunächst entlang der für uns alltäglichen, meist bzw. oft auch teilweise unbewussten Prozesse der Wahrnehmung, der Kognition und Erkenntnis und der Prozesse der Entscheidung und Interaktion:

5.1.1   Erweiterte Wahrnehmung

Die technischen Entwicklungen und Möglichkeiten der Virtual Reality und der Augmented Reality wurden in Abschn. 3.2.6 bereits behandelt. Die Wahrnehmungsmöglichkeiten der Menschen – und damit aber auch der Organisation – erweitern sich.

Nach der flächendeckenden Verbreitung der Smartphones kommt nun eine ganze Welle neuer, am Körper tragbarer Geräte („wearables") auf uns zu, wie die smarte Armbanduhr, transparente Monitor-Kontaktlinsen, Sprachcomputer im Ohr etc. Diese Realitätserweiterung wird auf unterschiedlichen Wegen in unsere Wahrnehmung dringen. Parallel erweitert sich die Wahrnehmung der Computer gerade enorm. Damit geht es nicht mehr nur darum, was Menschen künftig sehen, sondern auch darum, was Computer „wahrnehmen". Der Chipgigant Intel spricht vom Konzept des „perceptual computing" – Wahrnehmungsverarbeitung also. Die Computer und Tablets werden die Tiefe des Raumes wahrnehmen. In den neuen Kameramodulen von Intel steckt eine Infrarotquelle. Die Reflexionen zeigen dem Rechner Ecken, Kanten und Flächen. Der Rechner macht sich ein 3D-Bild seiner Umgebung. Das wird die Computersteuerung durch Gesten deutlich verbessern (vgl. Schmitt 2014). Diese Umgebungsscanner werden – zukünftig auch in Mittelklasseautos – gekoppelt mit Navigationsgeräten und neuen Projektionstechnologien die Fahrassistenzsysteme wesentlich erweitern und Fahrtrichtungen, Abweichungen von der Spur etc. auf der Windschutzscheibe anzeigen.

Was einmal digitalisiert ist, kann mit anderen digitalen Daten verknüpft und mit neuen realen Objekten verglichen werden. Sie werden bei der Beantwortung der Frage helfen: Was ist das? Die nächste Herausforderung ist es, die reale Welt zu durchsuchen. Vordenker in diesen Technologien prognostizieren ein Wikipedia voller 3D-Objekte. Damit wird „die Welt maschinenlesbar". Das maschinelle Lernen im Rahmen der künstlichen Intelligenz – die maschinelle Fähigkeit der Computer, aus eigenen Erfahrungen Gesetzmäßigkeiten abzuleiten – rückt in Reichweite.

Damit sind auch zahlreiche neue Möglichkeiten zur Erweiterung der Wahrnehmung von Organisationen im Entstehen. Diese zunehmenden technischen Fähigkeiten zur Sensorik und deren Vernetzung liefern uns Daten in einem Volumen, einer Qualität und einer Vielfalt, die uns zunächst vor die Frage stellen: Wie sollen wir damit umgehen? Über Algorithmen zur Mustererkennung und Visualisierung dieser großen Datenmengen können neue Sichtweisen auf die Realität gewonnen werden.

Ein weiterer Aspekt der „erweiterten" Wahrnehmung für Organisationen sind die sozialen Netzwerke. Die Anbindung der Kunden kann – auch ergänzt mit den neuen Techniken der Augmented Reality – damit neu gestaltet werden. Andererseits kann durch Beobachtung dessen, was über die jeweilige Organisation im Internet auftaucht, das eine oder andere Problem frühzeitig erkannt werden und ein drohender „Shitstorm" durch rechtzeitige proaktive Information oder ähnliches abgewendet werden. Zahlreiche angebotene Werkzeuge zur Social-Media-Analyse können hier wertvolle Hilfestellung leisten.

Im interaktiven Dialog mit den Daten kann die Wahrnehmung des Geschehens und der Umwelt für die Organisation weiter geschärft werden und zu neuen Erkenntnissen führen. Dazu aber später im Kapitel über die Erkenntnis (Abschn. 5.1.3).

▶   Suche Möglichkeiten für die jeweilige Organisation, die Wahrnehmung dessen, was abläuft und wie die Organisation wahrgenommen wird, mit den gebotenen neuen technologischen Möglichkeiten zu erweitern und so in der Organisation zu verankern und zweckmäßig so zu verknüpfen, dass diese erweiterte Wahrnehmung – wo relevant – auch zu entsprechenden Erkenntnissen und Handlungen führt.

Beispiel Krankenhauskonzern

Die Organisationseinheit Unternehmenskommunikation des Krankenhauskonzerns hatte im Internet und auf Facebook bereits einige negative Reaktionen darauf entdeckt, dass die Abteilung für innere Medizin Mails von Patienten mit Bezug zu ihrer Behandlung nicht beantwortet hatte. **Paul, der CEO**, wurde entsprechend informiert und alarmiert. Die „erweiterte Wahrnehmung" durch Beobachtung der sozialen Medien hatte die rasche Findung einer Lösung mit einem regulären Umgang mit Patientenmails zu medizinischen Fragestellungen (wie oben beschrieben) sicher erleichtert.

Beispiel Industrieunternehmen

Frank, der für die **Instandhaltung der Walzstraße Verantwortliche,** hatte sich vom Walzwerklieferanten – der ja für Entwicklungen im Bereich der besseren Vorhersage bzw. Vermeidung von Maschinenausfällen Sensoren installiert und vernetzt hatte, um Schwingungen aufzuzeichnen – einen Monitor besorgt, der die aufgezeichneten Daten grafisch zugeordnet in der Anlagenskizze zu den Aggregaten für einen Zeitraum von ca. einem Monat zugänglich machte und wo er grafisch mehrere Messpunkte mit ihren Messreihen vergleichend darstellen konnte. Wann immer er Zeit fand, „spielte" er sich mit diesem Monitor. Er hatte das Gefühl, dass er seine Walzstraße jetzt besser kennenlernen konnte und mehr Gespür dafür entwickeln konnte als je zuvor. Deutlich waren die Last-, Leerlauf- und Stillstandszeiten der einzelnen Aggregateteile zu erkennen. Frank wurde klar, dass nahezu alle Betriebsdaten, die zum Teil mit unterschiedlichen Erfassungssystemen erfasst wurden, aus diesen Sensordaten ableitbar sein würden. Er nahm sich vor, die sich daraus ergebenden Chancen, die mit der „erweiterten Wahrneh-mung" durch die neue Sensorik, die eigentlich für andere Zwecke implementiert wur-de, möglich geworden waren, mit **dem Betriebsleiter Ralph**, der ja für die Betriebs-führung verantwortlich war und **dem Projektleiter Gabriel** demnächst zu besprechen.

5.1.2 Wissen, Gedächtnis und Erinnerung

Für das Verständnis von Wissen ist es zweckmäßig – vor allem wenn es wie in diesem Buch um den Überschneidungsbereich von Informations- und Kommunikationstechno-logien geht – den Begriff von Daten und Informationen abzugrenzen bzw. in Bezug zu setzen: Daten bestehen u. a. aus Messergebnissen oder Beobachtungsreihen, sind Zahlen und per se wertlos. Z. B. die Zahl 38. Erst eine zugeordnete Syntax und das „in einen Kon-text bringen" machen daraus eine Information, z. B. Herr Hofer hat 38° Körpertemperatur. Von Wissen kann man sprechen, wenn aus Daten und Informationen Schlussfolgerungen gezogen werden und allenfalls Handlungen abgeleitet werden. Dabei wird den Informa-tionen eine Relevanz beigemessen, die sich wiederum aus dem Kontext der Situation und der handelnden Personen ergibt. Ein Beispiel: Für den Notfallmediziner hat die Messung von 38° Körpertemperatur für das Notfallmanagement eines bewusstlosen Patienten eine andere Bedeutung als für den Allgemeinmediziner, wenn sich der Patient über wochen-lange Müdigkeit beklagt und berichtet, dass er seit Wochen erhöhte Temperatur (38°) hat, aber keine Erkältung. Mit ihrem Wissen, das sie situationsbezogen abrufen, kommen der Notfallmediziner und der Allgemeinmediziner zu jeweils unterschiedlichen Schlussfolge-rungen und setzen andere Handlungen. So weit – so trivial.

Wissen tritt in zwei Erscheinungsformen auf: als explizites Wissen, das verbalisierbar und darstellbar, damit auch speicherbar bzw. archivierbar und somit weitergebbar ist – im Englischen als „knowledge" bezeichnet. Ein ganz wesentliches Wissen ist aber auch das implizite Wissen – im Englischen „tacit knowledge" genannt. Dieses „schweigende" Wis-sen umfasst nicht nur kognitive Strukturen, sondern auch mentale Prozesse, die schwer bis gar nicht verbalisierbar sind. Es geht dabei um Könnerschaft und Erfahrungswissen (vgl. Neuweg 1999). Dieses drückt sich am besten aus in dem Satz „Wir wissen mehr, als wir zu sagen vermögen"

Unser Gehirn arbeitet dabei spontan, automatisch und intuitiv – mit all seinen Begleit-erscheinungen, wie sie auch Kahneman in seiner Verhaltenspsychologie beschreibt. „Das Wissen steckt in unserem Können."

Dieses implizite Wissen gibt es bezogen auf Personen, aber auch bezogen auf Teams, die gemeinsam – jeder seinen Teil, aber auch überlappend – wissen „wie es geht" (vgl. Springer Gabler 2011). Das ist auch in ausführlichen Prozessbeschreibungen nicht alles darstellbar und es ist ja auch nur wirksam, wenn es in funktionierenden eingespielten Teams spontan – quasi „intuitiv" – abrufbar und einsetzbar ist.

Die neuen Technologien ermöglichen hier mit den Methoden der Mustererkennung – auf Basis der rasch wachsenden Speicher- und Verarbeitungskapazitäten – neue Möglichkeiten, Wissen zu speichern (in einer Art „erweitertem" Gedächtnis und Erinnerung) und auf Wissen zuzugreifen. Die Möglichkeit, auf Handlungsmuster oder Verhaltensmuster der Vergangenheit aus einer konkreten Handlungssituation heraus zugreifen zu können und Vergleiche anstellen zu können, um auch die Relevanz bestimmen zu können, sind neue Möglichkeiten, die Big-Data-Technologien und ihre Algorithmen bieten. Da die Ergebnisse der vergangenen Handlungsabfolgen ja eventuell auch erkennbar sind, lassen sich für die Phasen der Erkenntnis und der Entscheidungsfindung auch Prognosen aus dem erweiterten Gedächtnis und dem Wissenszugriff ableiten (predictive analysis).

Ein Teil dessen, was als implizites, prozessuales Wissen vorhanden ist – aber eben nur ein Teil! – dieses „tacit knowledge", wird damit verfügbar gemacht und ist somit Teil des Unterbewusstseins einer Organisation.

▶   Suche nach Möglichkeiten, mit den neuen verfügbaren Technologien neben dem gespeicherten Faktenwissen auch Wissen in Form von Handlungsmustern, Handlungsabläufen und Verhaltensmustern aus den Big Data und dem „tacit knowledge" zu nutzen, um damit relevante Vergleiche zu aktuellen Handlungssituationen für die Entscheidungsfindung verfügbar zu machen. Versetze dabei die Mitarbeiter aber auch in die Lage, die Relevanz kritisch beurteilen zu können.

Beispiel Krankenhauskonzern

Sandra, die Chefärztin der Abteilung für innere Medizin, hat in ihren laufenden Kontakten mit der Abteilung für Anästhesiologie und Intensivmedizin von international bereits pilotierten Systemen gehört, bei denen es möglich war, aus dem rein statistischen Vergleich der laufend erfassten Daten von Intensivpatienten mit Mustern von Vitalparameterveränderungen aus zahlreichen ähnlich gelagerten Fällen in der Vergangenheit frühzeitig Warnzeichen einer sich anbahnenden Sepsis/Blutvergiftung zu erkennen – ca. zwei Stunden, bevor dies einem auch sehr erfahrenen Intensivmediziner möglich war. Zwei Stunden früher eingeleitete Gegenmaßnahmen konnten eventuell schweren Schaden vom Patienten abwenden – und nebenbei auch Ressourcen sparen helfen. Die erweiterte Wahrnehmung verbunden mit der Nutzung des „erweiterten Gedächtnisses" machte offensichtlich neue Dimensionen des „impliziten Wissens" zugänglich und nutzbar. Für ihre Ärzte waren das aber auch Lernerfahrungen, die ihren Erfahrungshorizont und ihr Gespür für kritische medizinische Situationen erweiterten. Dieses Gespür verbesserte auch das intuitive Handeln und die Möglichkeiten der intuitiven Plausibilisierung von Sachverhalten und Entscheidungsoptionen. Sandra wollte diese Projektideen und die mögliche Nutzung für ihre Abteilung auch bei der nächsten Abteilungsbesprechung zur Sprache bringen…

Beispiel Industrieunternehmen

Gabriel, dem Projektleiter des innovativen **Instandhaltungsprojektes**, wurde nach zahlreichen Gesprächen mit den Ingenieuren des Walzanlagenproduzenten erst bewusst, welches versteckte Wissen in den – auf den ersten Blick scheinbar wertlosen Schwingungsdaten im Vorfeld vergangener Störungen – lagen, wenn man die richtigen Algorithmen zur Mustererkennung hatte. Das war für ihn eine faszinierende neue Welt der „erweiterten Wahrnehmung" in Form der Sensorik einerseits und der Wissensgewinnung aus Daten andererseits. Als junger Ingenieur hatte er mit diesem Projekt wohl eine einmalige Lernmöglichkeit – auch für seine weitere Karriere.

5.1.3   Erkenntnis, Entscheidung und Handlung

Wenn wir den „Denkprozess von Organisationen" in Analogie zum Denkprozess von Menschen nach der Erörterung der Wahrnehmung einerseits und der Aspekte des Wissens, des Gedächtnisses und der Erinnerung andererseits weiterverfolgen wollen, gilt es nun die Aspekte der Erkenntnisfindung, der Entscheidungsfindung und des Setzens von Handlungen aus der Sicht von „neu gedachten Organisationen" zu erörtern:

Ein Immanuel Kant nachgesagter Spruch besagt: „Die Notwendigkeit zu Entscheiden übersteigt die Möglichkeit zu Erkennen". Die Analyse und die Intuition, aber auch Umfeldbedingungen wie organisatorische und soziale Einbettung sind daher in Anbetracht der Unsicherheit, die Entscheidungen innewohnen, und der Unschärfe der Ausgangssituation und der Unvollständigkeit von Entscheidungsunterlagen an dieser Stelle genau zu beleuchten. Dieser Satz von Kant betrifft aus meiner Sicht die Entscheidungen von Einzelpersonen ebenso wie Gruppenentscheidungen und damit Entscheidungen von Organisationen.

Reinhard K. Sprenger, ein herausragender Denker und Vortragender zu Themen wie Motivation, Selbstverantwortung und Vertrauen, formuliert die subjektive Komponente des Entscheiders „Mensch" in Form des „**Ich**" wie folgt:

„**Ich** habe aufgrund gewisser Ursachen entschieden, von denen mir einige bekannt, einige unbekannt sind, die aber in jedem Fall mich als Person voraussetzen" **Ich** – das ist kein Zufallsgenerator, sondern ein Mensch mit seiner – und nur seiner Geschichte. Sprenger stellt auch den Vergleich mit dem Eisberg an: nur 10 % des Volumens ragen heraus – das ist unsere bewusste Denktätigkeit – 90 % liegen unter Wasser – das sind die unbewussten Denkprozesse. „**Ich** werde nicht gezwungen, handle nicht zufällig, erlebe mich als Urheber der Entscheidung" (Sprenger 2013).

Diese personenbezogene Sicht der Entscheidungsfindung gilt es in jedem Fall zu berücksichtigen – auch wenn Entscheidungen von Organisationen getroffen werden. Außer es handelt sich um automatisierte Entscheidungsalgorithmen. Sobald aber – wie in entscheidungsunterstützenden Systemen – der Faktor Mensch aktiv mit eingebunden ist, kommt dieses „Ich" zur Wirkung.

Aber dieses „Ich" ist in einem gewissen Rahmen in seiner Einbindung in der Organisation beeinflussbar, konditionierbar, gestaltbar – durch das bewusst gestaltete Unterbewusstsein der Organisation. Vision, Mission, strategische Unternehmensziele, Unternehmenskultur, Organisationsentwicklung, Personalentwicklungen, Schulungen etc. sind
Elemente dazu.

Entwickle und lebe eine gemeinsam getragene Vision
Ausgehend von einem klaren Bild der Realität wird in einem offenen Entwicklungs- und
Diskussionsprozess ein Bild von der angestrebten Realität – die Vision – entwickelt und
Strategien in Form strategischer Stoßrichtungen und daraus abgeleiteter strategischer
Zielsetzungen zur Erreichung dieser Vision formuliert. Die von allen geteilte Vision ist
idealerweise umfassend und anschaulich wie ein Hologramm. Manche beschreiben dies
auch als „Big Picture". Die einzelnen Menschen und Organisationseinheiten verhalten
sich nicht nur entsprechend dieser Ziele im Sinne von „Compliance", sondern entwickeln
ein klares Bekenntnis dazu – im Sinne von „Committment". In der höchsten Form entsteht
ein gemeinsamer Sinn und Zweck, der in Partnerschaft miteinander angestrebt wird.

Es ist von besonderer Bedeutung bei der Entscheidungsfindung und im Vorfeld des Setzens von Handlungen eine gewisse analytische Denkdisziplin und Denkstruktur zu wahren – und diese auch zu schulen. Die richtigen Gedankenmodelle – der richtige Weg von
den Fakten über daraus abgeleitete Erkenntnisse, hin zu Schlussfolgerungen und in der
Folge Handlungsempfehlungen sowie zur abschließenden Entscheidung – können dabei
eine große Hilfe sein.

Etabliere eine Disziplin des Denkens und entsprechende Gedankenmodelle
Systemdenken ist eine wesentliche Fähigkeit, die möglichst vielen Mitarbeitern, vor allem aber Entscheidungsträgern vermittelt werden sollte. Grundkonzepte des strukturierten Denkens, wie sie zahlreiche Unternehmensberater meist sehr diszipliniert verwenden,
sind z. B. die klare Unterscheidung zwischen Tatsachen, Erkenntnissen, Schlussfolgerungen und Empfehlungen, Der Weg von den Tatsachen bis zu den Empfehlungen soll
klar und nachvollziehbar dargestellt werden und zugrunde gelegte Annahmen sollen auch
klar dargelegt werden – eine Art „logisches Diagramm". Da es sich meist um komplexe
Sachverhalte und Problemstellungen handelt, ist es sinnvoll, nach einem klaren Bild der
Realität und des relevanten Umfeldes zunächst Arbeitshypothesen zu formulieren und bei
der Auswahl der relevanten Tatsachen und Erkenntnisse, Schlussfolgerungen und Empfehlungen zu versuchen, diese Arbeitshypothesen durch entsprechende Fragestellungen
und danach selektierten Tatsachen und Erkenntnissen entweder zu untermauern oder zu
widerlegen. So entsteht ein schlüssiger – wenn auch aufwendiger – aber strukturierter
und nachvollziehbarer Nachdenkprozess. Vorurteile, Prägungen und ähnliche Fallen, die
uns Kahneman (2011) in „Thinking fast and slow" darlegt, werden so weitgehend aus-
geschaltet. Ein solch aufwendiger Nachdenkprozess ist klar dem System 2 zuzuordnen.
Entscheidungsbefugte Mitarbeiter von Organisationen sollten derartige Methoden beherrschen. Wenn sie gut geübt und internalisiert sind, können sie auch in kürzeren weniger

formalistisch ausgeprägten Prozessen zur Anwendung kommen und führen letztendlich zu einer – intuitiv geleiteten, besseren Qualität des Denkens und zu einer schlüssigen Argumentation. Die beste Übung ist, wenn regelmäßig Entscheidungsvorschläge und Entscheidungen unter Anwendung solcher Gedankenmodelle hinterfragt, begründet und diskutiert werden.

Derartige Qualitäten im Erkenntnis- und Entscheidungsprozess zu entwickeln und vor allem zu etablieren, ist eine schwierige und nur langfristig zu bewältigende Aufgabe. Die Führungskräfte, Teamleiter und Verantwortungsträger müssen Meister in dieser Disziplin der Entscheidungsfindung sein und sollten idealerweise die Lernprozesse in den Teams entsprechend gestalten. Das müssen keine teuren Seminare mit renommierten Vortragenden sein. Der Lernprozess in diesen Denkdisziplinen und Gedankenmodellen kann in den Abteilungsbesprechungen und den alltäglichen Gesprächen zur Entscheidungsfindung laufend geübt werden, indem sie als Lernsituationen begriffen und genutzt werden und die analytische Herleitung von Entscheidungsvorschlägen hinterfragt und diskutiert wird. Führungskräfte – aber auch besonders fähige Mitarbeiter – nehmen dabei situationsbezogen die Rolle eines „Lern-Coaches" wahr. Es gilt eine Kultur des „Team Learning" zu etablieren. Auch erfahrene Mitarbeiter am Ende ihrer Berufslaufbahn, z. B. in Altersteilzeit etc. können hier als Moderatoren und Coaches ihre Erfahrung zum Nutzen der Organisation zur Geltung bringen.

Entwickle eine Kultur des „Team Learning"
Das Lernen von Teams – sei es in Organisationseinheiten oder vorübergehenden Arbeitsgruppen gemäß dem Modell einer Organisation (Kap. 4) oder in virtuellen Teams – ist entscheidend für die Konditionierung und das Training des Bewusstseins und damit des Systems 2 der Organisation. Es konditioniert aber im Wege des Trainings und des Trainingseffektes auch das System 1 der Mitarbeiter, indem es Prägungen und Rahmensetzungen bei den Einzelnen verstärkt, die das intuitive Handeln verbessern. So werden dann Entscheidungsvorschläge aus dem Unterbewusstsein der Organisation besser und System 2 der Organisation wird an den richtigen Entscheidungspunkten aufgerufen. Entscheidungsvorgänge werden auf der richtigen Ebene ins Bewusstsein gerückt. Die Lernprozesse können vielfältig sein – Lernen am Projekt, Projektreviews, Trainings, Seminare, Workshops, fachliche Reviews, wie z. B. Morbiditäts- und Mortalitätskonferenzen in medizinischen Teams etc. Sie sollten aber in der Organisation konsistent sein – gestützt von einer gemeinsam getragenen Vision und in ähnlichen Denkmodellen gedacht und argumentiert.

Obige Regeln sollten auch auf halbautomatisierte Entscheidungsprozesse angewendet werden, in denen die Menschen durch Entscheidungsvorschläge von entscheidungsunterstützenden Systemen (DSS = Decision-Support-Systeme) unterstützt werden, diese das aber oft als Entlastung von der Verantwortung sehen und den Entscheidungsvorschlägen möglicherweise „blind" folgen. Entscheidungsunterstützende Systeme sollten daher so gestaltet sein, dass die Hintergründe ihrer Entscheidungsvorschläge – zumindest im Groben – auch einigermaßen nachvollziehbar gemacht werden.

Eine besondere Form von Entscheidungen sind rein automatisierte Entscheidungen. Diese rein automatisierten Entscheidungsfindungen, die ja zunehmend implementiert werden, erfordern gute, stichprobenweise von Menschen geleitete Reviewverfahren. Dazu ist es notwendig, die Entscheidungsherleitung aus dem Algorithmus auch entsprechend nachvollziehbar zu dokumentieren, um das Review auf eine entsprechende Grundlage zu stellen und einen Lernprozess und die Verbesserung der Algorithmen und deren Implementierung zu ermöglichen.

▶ Entwickle und lebe eine gemeinsam getragene Vision als Rahmen und Hintergrund für die zahllosen bewussten, intuitiven und unbewussten Entscheidungsvorgänge in der jeweiligen Organisation.

Beispiel Krankenhauskonzern

Paul, der CEO des Krankenhauskonzerns, hatte im Team die strategische Stoßrichtung der Verbesserung der patientenzentrierten Zusammenarbeit der Krankenhäuser seines Konzerns mit den einweisenden und niedergelassenen Strukturen der Gesundheitsdiensteanbieter erarbeitet und auch mit dem Eigentümer beschlossen. Die Maßnahmen zur Verbesserung des Entlassungsmanagements, wie sie von der internen Abteilung bereits erfolgreich angewandt werden und die die Millionen Krankengeschichten des Konzerns aus den letzten 15 Jahren als Basis nutzen, wären ohne dieses strategische Committment der Stakeholder und der Führungskräfte wohl nicht finanzierbar und umsetzbar gewesen, da der Nutzen ja nur indirekt dem Krankenhauskonzern zugutekommt.

▶ Entwickle einen bewussten Umgang mit menschlichen, teilautomatisierten (entscheidungsunterstützende Systeme) und automatisierten Entscheidungen der Organisation und beobachte und gestalte die individuellen und organisatorischen Lernprozesse dazu. Versuche, die tatsächlich erreichten Ergebnisse konsequent zu ermitteln, um die Wirksamkeit der verbesserten Entscheidungsprozesse und gesetzten Handlungen rückkoppeln zu können und damit einen systematischen Lernprozess zu etablieren.

Beispiel Krankenhauskonzern

Sandra, der Chefärztin der internen Abteilung, war bewusst, wie gefährlich es wäre, wenn plötzlich eine Vielzahl von automatischen Entscheidungen getroffen würden. Daher war dieses Projekt zur Entscheidungsunterstützung beim Entlassungsmanagement ideal als Einstieg in diese neue Welt des Entscheidens. Es wurden ja nur die Wahrscheinlichkeiten der möglichen Ursachen der prognostizierten Wiederaufnahme ins Krankenhaus dargelegt. Die Entscheidung der die Entlassung begleitenden Maßnahmen war immer noch Sache ihrer Mitarbeiter. Die Besprechung überraschender Ergebnisse bei dieser Form der Entscheidungsunterstützung erfolgte regelmäßig in der Abteilungskonferenz. So wurde ein Lernprozess für das gesamte Team gestartet. Es wurden auch bereits die ersten Ergebnisse im Sinne der tatsächlichen Wiederaufnahmen nach Einführung des Unterstützungssystems besprochen. Sie waren vielversprechend, aber der Beobachtungszeitraum war natürlich noch zu kurz. Auch Ärzte anderer Abteilungen nahmen einmal in der Woche an der Abteilungskonferenz teil, da die Krankenhausleitung die Nutzung dieses Systems breit vorantreiben wollte.

▶ Etabliere eine Disziplin des Denkens und entsprechende Gedankenmodelle für die Herleitung von Entscheidungen und lege Wert auf die Nachvollziehbarkeit von Entscheidungsvorschlägen und Entscheidungen. Dies gilt auch für Entscheidungsvorschläge aus Decision-Support-Systemen und für relevante automatisierte Entscheidungen.

Beispiel Industrieunternehmen

Gabriel, der junge, neugierige und ehrgeizige **Projektleiter** des Edelstahlproduzenten, hatte auf einem Seminar des mit der Frage der zukünftigen Instandhaltungsstrategie beauftragten Beratungsunternehmens die Strukturierung der Entscheidungsvorbereitung gelernt und hatte sich fest vorgenommen, seine Vorgesetzten mit einer klar strukturierten und ableitbaren Entscheidungsunterlage zu überraschen, in der Fakten, Erkenntnisse, Schlussfolgerungen und Empfehlungen sowie getroffene Annahmen klar herausgearbeitet wurden. Bisher hatte er im Unternehmen eigentlich noch nie so sauber strukturierte Argumentation erlebt. Eigentlich würde mehr Denkdisziplin dem Unternehmen ganz guttun, meinte er. Vielleicht konnte er dazu ja einen Beitrag leisten.

▶ Entwickle eine Kultur des „Team Learning" und der kontinuierlichen Verbesserung der menschlichen, halbautomatisierten und automatisierten Entscheidungsprozesse und der darunterliegenden Systeme und Infrastrukturen.

Beispiel Krankenhauskonzern

Paul, der CEO des Krankenhauskonzerns, hatte mit den ärztlichen Direktoren seiner Krankenhäuser gerade eine Klausur abgehalten, in der der Umgang mit evidenzbasierter und leitlinienbasierter Medizin das Schwerpunktthema war. Es ging dabei nicht nur um Qualität, sondern auch um forensische Gesichtspunkte und Fragen des Risikomanagements. Dabei waren wieder einmal heftige Diskussionen um die „medizinische Kunst" und die Individualität jeden Falls entbrannt. „Evidenzbasiert" wurde durchgehend bejaht. Bei „leitlinienbasiert" war man schon skeptischer, da die Verantwortungsübernahme der Ärzte in Frage stand, wenn gemäß Leitlinie ständig Entscheidungsempfehlungen vorgeschlagen wurden. Schließlich hatte man sich darauf verständigt, sich diesem Thema mit Pilotprojekten vorsichtig zu nähern und einen länger dauernden organisatorischen Lernprozess in Abteilungsteams und darüber auf Ebene der ärztlichen Direktoren und Chefärzte aufzusetzen. In der Pflege war es ja etwas einfacher. Die Kollegen waren überzeugt, vom Bereich Pflege mit seinen Erfahrungen im Thema Evidence Based Nursing (EBN) lernen zu können.

> **Fazit**
>
> Die erweiterte Wahrnehmung, das erweiterte Wissen (implizit oder explizit) und die daraus (bewusst und diszipliniert, halbautomatisch oder automatisch abgeleiteten) Erkenntnisse, Schlussfolgerungen und Entscheidungen prägen das Unterbewusstsein von Organisationen und die Schnittstelle zu ihrem Bewusstsein. Die Gestaltungsmöglichkeiten sind vielfältig, benötigen aber ihre Zeit, Mühe und Disziplin. Es ist daher eine der wichtigsten Managementaufgaben, sich dieser Entwicklung und Aufgabe bewusst zu stellen und dies nicht einfach dem Tagesgeschäft zu überlassen oder einfach „geschehen zu lassen". Die Nachhaltigkeit und langfristige Existenz der Organisation ist davon massiv betroffen.

Neben den oben beschriebenen Wegen zur Entscheidung ist das Thema Innovation im Lichte der neuen Technologien für den Erfolg und die Zweckmäßigkeit einer Organisation und deren nachhaltige Existenz von besonderer Bedeutung. Innovation ist aber auch immer eine Frage der Haltung der Menschen und des Zugangs der Menschen zur Infrastruktur, die ihnen geboten wird. Betrachten wir daher im nächsten Kapitel die Zusammenhänge der Innovation mit dem Unterbewusstsein von Organisationen und die wechselseitigen Beeinflussungen.

5.2 Innovation

Innovation ist einer der wesentlichen Parameter in der Entwicklung von Organisationen und der Sicherstellung ihrer nachhaltigen Zweckmäßigkeit. Welche Randbedingungen begünstigen Innovation in Organisationen? Was kann man aus der Geschichte der Innovation für heutige und zukünftige Organisationen lernen? Wie verändert die Innovation bzw. verändern insbesonders die neuen Technologien im informations- und kommunikationstechnologischen Bereich die Organisationen? Welche Auswirkung haben sie auf das Unterbewusstsein von Organisationen?

Lassen sie uns im Versuch einer Beantwortung dieser Fragen zunächst einige Aspekte der Innovation an sich beleuchten und danach spezifischere Überlegungen anstellen:

- zur Innovation durch Gestaltung der Systeme und Infrastrukturen im Sinne des Modells zum Unterbewusstsein der Organisationen
- zur Beeinflussung und Gestaltung der intuitiven Fähigkeiten des Einzelnen im Sinne der Innovation
- zur Produktinnovation.

Anschließend werden wir versuchen, die „Organisationen neu zu denken"

- im Sinne der Innovation in Kultur und Bewusstsein der Organisation
- im Sinne der Innovation durch Aufbauorganisation

- im Sinne der Innovation durch Ablauforganisation
- im Sinne des Werkzeugs eines „integrierten Managementsystems" als Klammer für eine Organisation

und damit die innovative organisatorische Gestaltung des „Unterbewusstseins von Organisationen" und deren Schnittstelle zu ihrem „Bewusstsein" abrunden.

5.2.1   Innovation an sich – fundamentale Innovation

Steven Johnson (2013) hat in seinem Buch „Wo gute Ideen herkommen" Innovation an sich und die Geschichte der Innovation in beeindruckender Weise aufgearbeitet. Die folgenden Ausführungen lehnen sich daran an.

Er hat dabei Anleihe genommen bei den Mustern der Natur (insbesonders den Mustern der Korallenriffe) und er hat sie den Innovations- und Kreativitätsmustern von Großstädten und des „Netzes" (Internet) gegenübergestellt. Er hat dabei die Eigenschaft der „Selbstähnlichkeit" (wie sie in der Komplexitätstheorie und auch der Chaosforschung immer wieder zutage kommt) herausgearbeitet und dies nach dem Motto „wenn in der Natur erfolgreich – warum nicht auch in der Organisation" betrachtet. Er leitet ab, dass Selbstähnlichkeit Orientierung gibt, dass sie Standards erfordert in Infrastruktur und Methoden – Standards mit einer zulässigen Variabilität (im Sinne der Zulassung von Innovation), ähnlich den erfolgreichen Mustern in der Evolution.

Nach Johnson sind Großstädte und das Netz nachgewiesenermaßen Innovationsräume. Mit unseren Ideen formen wir die Umgebung, in der wir uns aufhalten, aber die Umgebung macht dasselbe mit uns. Überdurchschnittlich produktive Umgebungen haben gewisse Eigenschaften und Muster gemeinsam. Er hat eine vereinheitlichte Theorie entwickelt, welche die Gemeinsamkeiten dieser Innovationsräume beschreibt. Er meint, wenn wir uns einem Problem mit einem interdisziplinären Ansatz nähern und nach selbstähnlichen Fraktalen suchen, stoßen wir auf ganz neue Erkenntnisse und auf ähnliche Kreativitätsmuster, die auf den verschiedensten Ebenen immer wiederkehren.

Ich denke, wenn wir den Anspruch erheben wollen, „Organisationen neu zu denken", dann ist es wert, zu versuchen, Relevantes und Gemeinsamkeiten aus diesen Mustern der Innovation herauszuarbeiten – aber auch Unterschiede zu erkennen.

Johnson hat dies in der Betrachtung der Natur gemacht durch den Vergleich der Innovationsmuster auf den Ebenen Globale Evolution – Ökosysteme – Spezies – Gehirn – Zelle und in der Betrachtung der Kultur auf den Ebenen Idee – Umgebungen – Organisationen – Großstädte – Informationsnetzwerke.

Johnson hat dabei die nachfolgend gelisteten Innovationsmuster abgeleitet. Ich habe diese mit Relevanz zum Thema dieses Buches aufbereitet und ergänzt mit Vorschlägen zur innovativen Gestaltung des Unterbewusstseins von Organisationen, Diese Leitgedanken für die Gestaltung sind natürlich insbesondere relevant für Unternehmen, die besonders hohe Innovation benötigen, bieten aber auch wertvolle Hinweise für andere Organisationen.

Das Nächstmögliche

Die Geschichte des Menschen und seiner Kultur ist eine Aneinanderreihung von Versuchen, das Nächstmögliche zu erkunden. Der Trick besteht darin, dabei die momentan gegebenen Möglichkeiten auszuloten. Dazu reicht es oft, die physische Arbeitsumgebung zu ändern, das soziale Netzwerk zu kultivieren, die eigenen Informationen besser zu managen etc.

▶ Versuche, das Nächstmögliche zu erschließen: Es gibt Systeme und Organisationen, denen es besser gelingt, neue Möglichkeitsräume zu erkunden. Suche diesbezüglich nach passenden organisatorischen Verbesserungen für die jeweilige Organisation

Flüssige Netzwerke

Das Netzwerk muss veränderbar sein. Es muss in der Lage sein, sich neu zu verschalten, um die Grenzen des Nächstmöglichen zu erforschen. Es braucht für Innovation ein „flüssiges Netzwerk" hoher Dichte, denn innovative Systeme haben die Neigung zum Chaos. Eine „flüssige Umgebung" sorgt für ausreichende Stabilität, damit sich Neubildungen nicht gleich wieder auflösen.

▶ Fördere und erlaube „flüssige Netzwerke"! Um den Geist innovativer zu machen, müssen wir für möglichst vernetzte Umgebung sorgen. „Flow" entsteht, wenn der Geist vollkommen konzentriert ist und maximal produktiv ist. Flow ist das Gefühl, wie in einem Strom zu treiben, der uns zwar in eine bestimmte Richtung trägt, uns mit seinen Wirbeln und Wellen aber immer wieder neue und überraschende Impulse gibt (vgl. Csikszentmihalyi 2010).

Die langsame Ahnung

Sie beginnt oft mit einem ersten Gedanken. Das Bauchgefühl oder „emotionale Hirn", das sich in seiner Blitzeinschätzung der Situation über das wesentlich langsamer arbeitende logische Denken hinwegsetzt und am Ende vielleicht sogar recht behält. Eine langsame Ahnung am Leben zu erhalten, bedeutet sie zu kultivieren: Nahrung zum Wachsen geben, fruchtbaren Boden bereitstellen, um Wurzeln zu schlagen und sich zu verknüpfen.

▶ Fördere die langsame Ahnung: Die meisten haben ihre Ideen am Arbeitsplatz, wo sie Druck und Ablenkungen ausgesetzt sind, wo es Vorgesetzte gibt, denen sie Rechenschaft schuldig sind und wo sie unter ständiger Aufsicht handeln. Verbessere das Arbeitsumfeld so, dass Ideen leichter entstehen können.

Serendipität

Zufällige Verknüpfungen verbunden mit einer langsamen Ahnung führen zur Eingebung. Serendipität ist, wenn „uns Erkenntnis und Fortschritt zufliegen", wenn wir etwas finden, was wir ursprünglich nicht gesucht haben. Ein Künstler der bildenden Kunst hat mir einmal wörtlich zu seiner Figur, die nun in allen seinen Werken in unterschiedlicher Form und Darstellung und unterschiedlichsten Zusammenhängen zu finden ist, gesagt: „Die Idee ist nach Jahren künstlerischer Tätigkeit zu mir gekommen".

► Öffne die Organisation und schaffe Raum für Serendipität bzw. Eingebung: In unserem Geist schlummert eine nahezu unendliche Zahl von Ideen und Erinnerungen, die jeden Moment an die Oberfläche treten können und dies auch immer wieder tun – Wie kommen wir an diese Ideen heran? Die Herausforderung liegt darin, in den wichtigen Bereichen eine Umgebung zu schaffen, die solche Glücksfälle begünstigt: im eigenen Kopf, in Organisationen aller Art sowie den Informationsnetzwerken unserer Gesellschaft.

Irrtum

Gute Ideen treten eher in Umgebungen auf, in denen es einen gewissen Anteil an Störfaktoren und Irrtümern gibt. Man möchte glauben, Innovation bräuchte Genauigkeit, Klarheit und Fokussierung. Die innovativsten Umgebungen aber sind immer auch ein bisschen kontaminiert. Ohne Störung (Mutation) würde die Evolution stagnieren und nur noch perfekte Kopien hervorbringen, die sich nicht an Veränderungen anpassen können. Benjamin Franklin hat einmal gesagt: „Alles in allem ist die Geschichte der Irrtümer der Menschheit vielleicht wertvoller und interessanter als die ihrer Errungenschaften. Die Wahrheit ist gleichförmig und schmal. Sie ist ewig und um ihr zu begegnen braucht es weniger aktive Anstrengung als vielmehr eine eher passive Neigung der Seele. Der Irrtum dagegen ist unendlich vielfältig". Gerade in den USA ist es für einen Unternehmer kein Stigma, wenn er mit seinem Unternehmen in den Konkurs gerutscht ist, sondern es wird als wertvolle Erfahrung gesehen.

► Innovative Umgebungen brauchen auch „produktive Irrtümer" – unter zu viel Kontrolle leiden innovative Umgebungen. Strikte Qualitätsmanagementmethoden wie six sigma und TQM versuchen alle Fehler zu verbannen. Sie führen zu Bürokratisierung; sie erzwingen aber nicht notwendigerweise Gewissenhaftigkeit. Web-Start-ups haben manchmal das Motto „fail faster" – Fehler möglichst schnell hinter sich bringen, weil sie unvermeidbar sind und man daraus aber lernen kann.

Exaptation

Exaptation bedeutet, über Grenzen des jeweiligen Faches/der Anwendung hinauszudenken. Ein Beispiel: Das World Wide Web ist eine Geschichte aufeinander aufbauender Exaptationen – Tim Berners-Lee entwickelte Protokolle für eine ganz spezielle Umgebung (für wissenschaftlichen Datenaustausch in Form von Hypertextdokumenten) – heute ist das eine Plattform für Shopping, Fotos und Videos. Sergeji Brin und Larry Page hatten die Idee, die Beliebtheit einer Seite nach der Zahl der Links zu gewichten, die auf sie verweisen (eine Exaptation des ursprünglich als Navigationshilfe gedachten Hypertext-links als Qualitätsmesser) – daraus wurde PageRank, der Algorithmus, der Google zum Giganten machte. Ein langsamer „Multitasker" mit dem Wissen mehrerer Fachgebiete im Kopf kann sehr innovativ sein. „Der Zufall begünstigt den vernetzten Geist". Diversität bzw. Vielfalt – sei es kulturell, sei es von der Ausbildung her – kann ein Erfolgsfaktor für die Innovationskraft eines Unternehmens sein.

▶   Baue zur Förderung der Exaptation ein innovatives Arbeitsumfeld – als „interdis-ziplinäres Kaffeehaus". Fördere intellektuelle Vielschichtigkeit, Neugier, Hobbys, Multitasking, ein Netzwerk von Unternehmungen. Lasse für Aufgaben ausrei-chend lange Zeit, damit sie auch „nachklingen" können und so eine Zeitlang im Gedächtnis bleiben. Daraus können noch Ideen geboren werden.

Plattformen
Die Schönheit und Kraft der Einfachheit des Web 2.0 entspringt dem Plattform-Charakter des Web: Webseiten sind Hypertextdokumente, die sich über eine simple Verknüpfung mit anderen Webinhalten verbinden lassen – den Link. Damit nehmen wir Informationen, die ursprünglich in einer anderen Umgebung entstanden sind, und fügen sie dem Informa-tionsschatz dazu. Der größte Vorteil übereinandergeschichteter Plattformen liegt in dem Wissen, über das man selbst nicht mehr zu verfügen braucht. Das ist die generative Kraft offener Plattformen.

▶   Nutze offene Standards, um in der Organisation Plattformen zu schaffen, die mit der Umgebung der Organisation leicht in Interaktion treten können.

Die Innovationsmuster wiederholen sich auf verschiedenen Ebenen. Wir können auch in unserem Alltag vergleichbare Umgebungen schaffen: am Arbeitsplatz, in der Organisation, durch die Art, wie wir Medien nutzen oder unserem Gedächtnis auf die Sprünge helfen – zu-sammengenommen ergeben sie ein Ganzes, das weit mehr kann als die Einzelbestandteile.

5.2.2   Innovation durch Gestaltung der Systeme und der Infrastruktur

Wenn wir Organisationen neu denken wollen und wir sehen, welche Innovation im tech-nologischen Bereich vor sich geht (siehe Abschn. 3.2), ist es naheliegend, zunächst die In-novationen im Bereich der Infrastruktur der Organisationen zu betrachten, und sodann die Gestaltungsüberlegungen in Hinblick auf neu gedachte Organisationen anzustellen unter den Gesichtspunkten des Unterbewusstseins von Organisationen und seiner Schnittstellen zum Bewusstsein der Organisationen

Rufen wir uns nochmals das Gesamt-Modell in Erinnerung, bevor wir uns der inno-vativen Gestaltung der Infrastruktur in einer tieferen Betrachtung widmen. Zunächst die Einbettung der Organisationseinheit in die externen und internen Einflusssphären:

- Jeder Mitarbeiter hat als Teil seines persönlichen Unterbewusstseins sein „Unterbewusstsein mit beruflichem Bezug" und er ist in die Infrastruktur der Organisation und des Umfeldes der Organisation eingebunden.
- Jede Organisationseinheit und Arbeitsgruppe hat ihr organisatorisches Unterbewusstsein, das durch ihre spezifische Aufgabe und ihre Infrastruktur und Anbindung an die Organisation und deren Umwelt geprägt ist.
- Die Organisation als Gesamtes hat ein „organisatorisches Unterbewusstsein" und eine Infrastruktur und Anbindung an seine Umwelt. (Abb. 4.5)

Auch wenn die oberste Leitung der Organisation vor allem mit dieser gesamthaften Sichtweise des Unterbewusstseins der Organisation konfrontiert ist und versuchen wird, dies bestmöglich zu nutzen, so ist für die oberste Leitung doch eines wesentlich: Die oberste Leitung muss sich auch des spezifischen Unterbewusstseins der Organisationseinheiten und der Mitarbeiter in einem gewissen Ausmaß bewusst sein, um das Gesamtunternehmen bestmöglich auszurichten und seinen Umgang mit inneren Widersprüchen und Zielkonflikten in der Entscheidungsfindung auf der jeweiligen Ebene richtig zu konditionieren.

5.2.2.1   Informationstechnische Infrastruktur

Betrachten wir die fundamentalen Aspekte der Innovation in Anlehnung an Steven Johnson (2013), so ist das Innovationsmuster als Grundlage für die Gestaltungsüberlegungen der informationstechnischen Infrastruktur wohl das der „flüssigen Netzwerke" (Abschn. 5.2.1).

Wir brauchen für Innovation ein „flüssiges Netzwerk" hoher Dichte, denn innovative Systeme haben die Neigung zum Chaos. Eine „flüssige Umgebung" sorgt ja für etwas Stabilität, damit sich Neubildungen nicht gleich wieder auflösen oder verflüchtigen.

Eine wesentliche Basis unserer Organisationen ist Wissen. Die Grundlage von Wissen sind Informationen, die im relevanten Kontext verknüpft werden und in einer Form dargeboten werden, sodass das Wissen leicht anwendbar auf die jeweilige Entscheidungssituation ist und leicht verknüpfbar und assoziierbar ist für kreative Lösungen. Die Grundlage von Informationen wiederum sind die Daten, die – mit der entsprechenden Semantik verknüpft – diese Informationen ergeben.

Um ein für die jeweilige Organisation und ihre Leistungen und Innovationsleistungen angemessene „Dichte des flüssigen Netzwerks" sicherstellen zu können, bedarf es der richtigen Wissens-Informations- und Datenarchitektur.

Will man als „Realtime Enterprise" (Abschn. 3.2.14) zukünftig erfolgreich sein, so sind Vereinfachung und Flexibilisierung die oberste Prämisse. Dies erfordert die weitgehende Reduktion der Datenarchitektur auf „Rohdaten" – verknüpft mit der organisationsspezifisch in einer Art „Master Data Management" sauber gepflegten Semantik dieser Daten. Dadurch lassen sich mit den modernen Technologien des In-Memory-Computing im Dialog mit diesen Daten Informationen generieren, wie dies bisher nicht möglich war. Diese Visualisierung der Realität im direkten Dialog mit großen Mengen an Rohdaten statt Monatsauswertung auf Basis kompliziert aggregierter Daten ist mit den neuen Technologien möglich. Die bisher notwendige Komplexität von beispielsweise ERP-Systemen hat sich – neben der technologiebedingten Notwendigkeit zur Gewährleistung eines vernünftigen Antwortzeitverhaltens – ja auch durch die notwendige Voraggregation von Rohdaten für die oft komplexe Konzernhierarchie ergeben. Die Implikationen auf die organisatorische Innovation wird in den nachfolgenden Kapiteln beschrieben.

Ebenso ist damit die unmittelbare Einbindung und Verarbeitung einlangender Daten – Streaming – möglich. Ein Beispiel wäre: Zu einem gerade im Online-Kaufprozess befindlichen Kunden werden die bereits verfügbaren Kundendaten mit der Realtime-Analyse verfügbarer Daten ähnlich typisierter Kunden verknüpft und zusätzliche oder ähnliche Produkte angeboten – das Realtime Enterprise in Echtzeitdialog mit dem Kunden.

Wenn man die Entwicklungen in der Industrie betrachtet, wo die Realität zeitnah durch immer mehr Sensoren wahrgenommen wird, so stellt man fest, dass davon abgegangen wird, eine aufwendige Steigerung der Messgenauigkeit zu betreiben, die oft unwirtschaftlich ist im Vergleich zur Installation zahlreicher billiger Funksensoren. Die Messungenauigkeiten und fehlende Messwerte aufgrund defekter Sensoren werden durch die große Zahl an Sensoren statistisch ausgleichen.

Die Datenzugriffe erfolgen mit den neuen Technologien ja nicht mehr über die „langsamen" rotierenden Festplatten, sondern direkt auf riesige Arbeitsspeicher mit Terabyte an Daten – das sogenannte In-Memory-Computing. Dadurch lassen sich riesige Datenmengen in neuartiger Weise (mit neuen Algorithmen) blitzschnell verarbeiten, analysieren und visualisieren. Dies ermöglicht auch neue – oft einfachere – Anwendungsarchitekturen mit Verzicht auf komplexe Aggregationsstufen der Daten, um schnell zu Informationen zu kommen.

▶   Vereinfache und flexibilisiere die Datenarchitektur, die Informations- und Anwendungsarchitekturen der Organisation durch Reduktion von Aggregationsebenen und Konzentration auf Rohdaten mit einem exzellenten Master Data Management im Hintergrund. Nutze die Möglichkeit der Einbindung aktueller Datenströme im Sinne eines Realtime Enterprise zur unmittelbaren Einbindung der Kunden und der Realität des Geschehens in allen relevanten Bereichen der Organisation. Hebe damit die „Wahrnehmung der Organisation" auf eine neue Ebene.

Beispiel Krankenhauskonzern

Paul, der CEO des Krankenhauskonzernes, hatte nach einer Verurteilung eines seiner Krankenhäuser zur Schadenersatzleistung an einem Patienten, der sein Bein verloren hatte, nachdem eine Blutvergiftung zu spät erkannt worden war, Möglichkeiten zur Verbesserung der Früherkennung solcher Krankheitsverläufe evaluieren lassen. Er war bei einem Big-Data-Projekt in den USA fündig geworden, die gerade ein System mit Algorithmen implementierten, die leichte Veränderungen in Mustern der zahlreichen Vitalparameter auf Intensivstationen im Augenblick ihrer Entstehung realtime vergleichend interpretierten und so bis zwei Stunden vor Akutwerden der Blutvergiftung und Erkennbarkeit durch einen Arzt mit Blick auf die Vitalparameter bereits Hinweise auf eine sich abzeichnende Blutvergiftung geben konnte. In Anbetracht der Kosten für einen Schadenersatzfall würde sich ein solches System schnell amortisieren.

Beispiel Industrieunternehmen

Frank, der Instandhalter im Walzwerk, war gerade vom **Projektleiter Gabriel** angerufen worden. Gabriel hatte ihm mitgeteilt, dass die Lager im Walzgerüst A7 innerhalb der nächsten 30 Betriebsstunden getauscht werden sollten. Gabriel sei aufgrund der Analysen im Laufe des Projektes vom Anlagenlieferanten aufmerksam gemacht worden. Frank war zunächst skeptisch, da laut seinen Aufzeichnungen das Gerüst erst nach weiteren 150 Betriebsstunden zu zerlegen war, um die Lager zu tauschen. Er ging zur Walzstraße und versuchte zu eruieren, ob es irgendwelche verdächtigen Erscheinungen am Walzgut oder ungewöhnliche Geräusche am Walzgerüst A7 gab. Er konnte nichts feststellen. Da das Gerüst morgen aufgrund des Walzprogramms ohnehin von der Straße genommen werden würde, ordnete er an, es gleich morgen zu zerlegen. Und tatsächlich: Die Lager waren bereits in schlechtem Zustand. Sie hätten sicher keine 150 Betriebsstunden mehr gehalten. Ein ungeplanter Stillstand und ein Produktionsausfall wären die Folge gewesen. Frank freute sich schon auf den nächsten Termin des Projektteams. Er würde sich sehr genau erklären lassen, aufgrund welcher Muster in den Schwingungen und den seit 8 Wochen laufenden Belastungsaufzeichnungen die Empfehlung, das Aggregat zu zerlegen, getroffen wurde.

Der mit guter Visualisierung erleichterte Dialog mit den Daten ermöglicht neue Chancen der Wissensgenerierung – Knowledge Discovery – und auch die Einbindung externer Wissensquellen, wie Literaturdatenbanken. In erster Linie gilt es aber, die internen Wissensquellen für einem Sachverhalt oder eine Fragestellung zu nutzen. Dies kann in vielfältiger Art und Weise erfolgen – von der statistischen Auswertung von Vergangenheitsdaten und einer Vorhersage daraus (*Entlassungsmanagement von Robert, dem Facharzt*) bis hin zum Finden von Mitarbeitern mit dem notwendigen Fachwissen.

▶   Gestalte eine angemessene Wissensarchitektur mit einem angemessenen Wissensmanagement unter Einbindung externer und interner Wissensquellen in einer Form, die dem Anwender eine positive User Experience bietet und die entsprechend an die Daten- und Informationsarchitektur angebunden ist. So können die Entscheidungsprozesse und Geschäftsprozesse der Organisation flexibel und zweckmäßig im Sinne der für die Organisation richtigen Konfiguration an automatisierten –unterbewussten – und bewussten Vorgängen ablaufen.

Beispiele dazu finden sich bereits in den bisherigen Erzählungen und Szenarien, z. B. zum Thema Entlassungsmanagement im Krankenhaus.

Um diese Anbindungen der externen Wissensquellen und die Nutzung der internen Wissensquellen zu ermöglichen, sind entsprechende Netzwerke und Rechen- und Datenspeicherungssysteme notwendig, die in der richtigen Balance an Flexibilität, Unterstützung von Innovation im Sinne eines „flüssigen Netzwerkes" einerseits und Datensicherheit und Datenschutz andererseits konfiguriert sind.

Die notwendigen IT-Ressourcen werden am aktuellen Stand der Technik zunehmend aus der „Wolke" (der „Cloud") bezogen – ähnlich wie „der Strom aus der Steckdose kommt". Cloud Computing findet

- in der private cloud – im abgeschlossenen Bereich (z. B. im abgesicherten Firmennetzwerk),
- in der public cloud (z. B. dropbox, von überall öffentlich zugänglich aber passwortgeschützt) oder
- in Mischkonfigurationen (hybride cloud) statt.

Mittlerweile gibt es leistungsstarke Rechner mit der Fähigkeit des massiv parallelen Abarbeitens des Programmcodes auf parallelen Prozessoren – sei es auf ein und demselben Rechner oder verteilt im mittlerweile sehr schnellen Internet („Grid Computing").

Der Trend zum jederzeitigen Nutzen der Informations- und Wissensquellen – an welchem Ort auch immer – erfordert eine abgestufte „Datenmobilisierungsstrategie", in der die Sicherheitsklassen entsprechend den Anforderungen der Organisation stufenweise zu regeln sind, z. B. in folgender:

- Welche Daten/Informationen sind nur innerhalb des Unternehmens zugänglich, z. B. bestimmte Kundeninformationen, Mitarbeiterinformationen, geistiges Eigentum etc.?
- Welche dieser Daten/Informationen sind auch mobil über sicheren externen Netzzugang und entsprechende Authentifizierung z. B. via Token zugänglich?
- Welche Daten/Informationen sind über Authentifizierung von jedem externen PC oder mobilen Endgerät mit Benutzerauthentifikation am jeweiligen Gerät zugänglich, z. B. Zugang zu nicht hochsensiblen Bereichen des Intranet der Organisation, E-Mail-Konto des Mitarbeiters etc.?
- Welche Daten sind öffentlich zugänglich via Internetauftritt der Organisation, Open Data etc.?

Dazu ist im Rahmen einer Sicherheitsarchitektur zu definieren, welche Daten nur verschlüsselt übermittelt werden.

Die Fragen,

- welche Daten in welcher Cloud (private, public oder hybrid) oder in anderen Rechnerarchitekturen gespeichert sind,
- welche Daten wie mobil zugreifbar sind und
- wie welche Daten verschlüsselt werden

bestimmen ganz wesentlich die Sicherheitsarchitekturen der Informations- und Kommunikationsinfrastrukturen inkl. der Netzwerkarchitektur – eingebettet in die gesamthafte Security-Policy einer Organisation.

Ein Beispiel: Organisationen können sich dem Netz nicht entziehen. Wenn man sich vor dem Hintergrund steigender Cyberkriminalität vorstellt, dass z. B. das Energiemanagement von Gebäuden inklusive der Beschattungsanlagen von Glasfassaden oder die Steuerung einer sensiblen Produktionsanlage oder die Heizungsregelungsfunktionen in Eigenheimen in den Weiten des Internet zugänglich ist, so wird klar, dass entsprechende Sicherheitsarchitekturen notwendig sind. Ob es im Störungsfall dann das qualifizierte und trainierte Personal für einen Offline- oder Handbetrieb geben wird, ist in Anbetracht des ständig steigenden Produktivitäts- und Effizienzdruckes abzuwarten. Dies zeigt zwei Aspekte von Sicherheit:

- das unberechtigte Eindringen mit kriminellem oder terroristischen Hintergrund und
- das Verlernen und damit das Unvermögen, komplexe Systeme „manuell" im Griff zu haben.

Beides ist in einer Sicherheitsarchitektur und einer gesamthaften Sicherheitspolicy zu berücksichtigen.

▶   Gestalte eine Sicherheitsarchitektur, die angemessene Sicherheit bietet, die aber die stationäre und – mit all ihrer Gerätevielfalt – mobile Nutzung der Informations- und Wissensquellen und der Geschäftsprozesse unter dem Gesichtspunkt einer positiven User Experience ermöglicht und die IKT-Infrastruktur so zu einem sicheren aber auch bereichernden Teil des „Unterbewusstseins der Organisation" im Sinne der „flüssigen Netzwerke" als einem der Grundmuste" von innovativen Organisationen macht.

Beispiel Krankenhauskonzern

Sandra, die Chefärztin der internen Abteilung, wollte ihren Mitarbeitern Zugriff zu den Patientenakten von ihren Tablets von zu Hause aus ermöglichen. Sie wollte diesen Zugang in einfachster Form: Durch Aufruf des Krankenhausinformationssystems, so wie sie Zugang zu ihren E-Mails hatte, nämlich das Gerät einschalten, entsperren und los geht's…Das Entsperren hatte sie trotz ihres Wunsches nach Einfachheit erst seit kurzem wieder aktiviert, nachdem sie von Bekannten von unliebsamen Vorfällen nach der Nutzung ihrer Tablets durch unbefugte Dritte gehört hatte, nachdem sie ihre Tablets unbeaufsichtigt liegen gelassen hatten. Sie wollte schnellen Zugriff, wenn sie eine MitarbeiterIn vom Krankenhaus anrief und ihre Unterstützung brauchte. Sie musste sich aber nun aufgrund der Sicherheitsstrategie wie beim E-Banking einwählen und mit Handy-Token authentifizieren, um den hochsicheren Zugang zu den Patientendaten zu erhalten. Das war zwar lästig, aber – nachvollziehbar – notwendig. Sie nutzte das inzwischen auch häufig für Literaturrecherchen in Zusammenhang mit komplexen Fällen und konnte so Ideen nachgehen, die ihr erst zu Hause in entspannterer Atmosphäre kamen. Allerdings gelang es ihr inzwischen gut, sich zumindest einen Tag in der Woche völlig „auszuklinken". Und Notfälle, wo ihr gutes Team sie unbedingt brauchte, waren ja doch nicht so häufig.

5.2.2.2 Social-Media-Anbindung

Das wohl relevanteste Innovationsmuster in diesem Zusammenhang ist das Erkunden und Erschließen des Nächstmöglichen. Es gibt Systeme und Organisationen, denen es besser gelingt, neue Möglichkeitsräume zu erkunden. Organisationen mit einer geschickten Social-Media-Strategie gehören sicherlich dazu. Es gilt, nach passenden organisatorischen Verbesserungen für die jeweilige Organisation zur richtigen Einbettung der Social Media zu suchen. Da eine solche Einbettung mittelfristig auf breiter Front zu erwarten ist, würde sich aus der Sicht des Managements das Unterbewusstsein der Organisation damit verändern. Die Einbettung der sozialen Medien muss daher proaktiv und bewusst gestaltend erfolgen. Es ist zu wenig, das einfach geschehen zu lassen. Sehr wohl gilt es aber, etwas zu experimentieren und die verschiedenen Möglichkeiten kontrolliert auszuprobieren, bevor es strategisch auf breiter Front ausgerollt wird.

Oxford Economics (2011) meint, dass die reine Fokussierung auf herkömmliche geschäftliche Transaktionen einen Wissensverlust für die Organisation bedeuten würde. Die Zusammenarbeit zwischen Generationen von Bediensteten muss sowohl (traditionell) transaktional – im Austausch – erfolgen, als auch den geschäftlichen Kontext und Rahmen bieten für erfolgreichen Wissenstransfer. Dies funktioniert nur, wenn die Zusammenarbeit im Geschäftsprozess eingebettet ist. Zunehmend werden die Geschäftsprozesse somit Berührungspunkte zur „Cloud" haben. Dies erfordert „cloud-based" Zusammenarbeit und Kopplung an die eigenen Anwendungssysteme der Organisation- Sie müssen zusammenwachsen (hybrid clouds).

▶ Bette die sozialen Medien in möglichst viele Prozesse der Organisation ein. Sichere damit den Wissenszuwachs und Wissenstransfer durch Anbindung an die Welt der Kunden und Stakeholder der Organisation. Sichere so einen unterbewussten Impetus zur Zusammenarbeit über die unterschiedlichen Generationen an Mitarbeitern innerhalb der Organisation hinweg und zur Umwelt der Organisation.

Beispiel Handelsunternehmen

Für **Markus** als **Marketingmanager** in einem Handelsunternehmen der Unterhaltungselektronik- und Haushaltsgerätebranche war klar, dass die Verkaufsstandorte mit der dort angebotenen Beratung als Vertriebskanal immer mehr mit reinen Online-Vertriebskanälen wie Amazon etc. konkurrierten. Sein Unternehmen war gefordert, die Beziehung zu den Kunden besser zu nutzen und so etwas wie höhere Kundenbindung zu schaffen. Der Kunde erwartet nunmehr ein marken- und/oder einkaufsspezifisches Erlebnis, das möglichst auf ihn zugeschnitten und in sich konsistent ist: auf der Website, im E-Mail-Marketing, in der Werbung, in den Suchmaschinen, im Callcenter, in den Social-Media-Foren und bei den Serviceleistungen und Unterstützungsleistungen nach dem Kauf. Vor allem die Einbindung der sozialen Medien sorgte in den Diskussionen mit den Kollegen des oberen Managements regelmäßig für mitunter heftige Auseinandersetzungen. Die Unternehmenskultur und das „Unterbewusstsein" seiner Organisation waren noch nicht reif dafür, sich kompromisslos zu öffnen und eine neue Zusammenarbeit mit den Kunden in dieser neuen Welt der sozialen Medien zuzulassen. Es war wohl auch eine gefährliche Situation und Generationenfrage im Management, da die Generation der 50- bis 65-Jährigen große innere Vorbehalte hatte und vor allem die Risiken einer solchen Öffnung vor Augen hatte.

5.2.2.3 Kontextbezogene Informationsaufbereitung und Visualisierung

Es gibt zahlreiche Quellen für Daten, Informationen und Wissen, die für die jeweilige Organisation relevant sind. Zunächst gilt es, die relevanten Daten zu identifizieren und der Organisation verfügbar zu machen. Dazu zählen neben den internen Quellen auch externe Quellen, z. B. aus der Anbindung der Organisation an die sozialen Medien oder aus öffentlich zugänglichen – kostenpflichtigen oder kostenlosen – Informationsdiensten. Eine neuere immer wichtiger werdende Quelle sind die sogenannten „Open Data": Regierungen und öffentliche Einrichtungen legen ihre Daten zur Nutzung durch Organisationen aller Art offen – natürlich mit Ausnahme hoch sicherheitsrelevanter oder vom Datenschutzrecht betroffener Daten, wie z. B. sensible personenbezogene Daten.

Präsident Obama hat am ersten Arbeitstag seiner Amtszeit die Leiter aller Bundesbehörden angewiesen, so viele Daten wie möglich öffentlich zugänglich zu machen. Zu Beginn waren es 47 Datenquellen. In 3 Jahren waren sie auf 450.000 Datenquellen angewachsen (vgl. Schönberger und Cukier 2013). Auch in europäischen Ländern ist – wenn auch etwas „zäher" – eine ähnliche Entwicklung zu beobachten.

Die so verfügbaren Daten- und Informationsmengen sind erst mit den jetzt verfügbaren Big-Data-Technologien (Abschn. 3.2.8) überhaupt annähernd verarbeitbar geworden und erschließen auch völlig neue Optionen, wenn (im Sinne der Innovationsmuster von Steven Johnson) „Plattformen" für die Organisation entstehen. Damit führen wir Informationen, die ursprünglich in unterschiedlichen Umgebungen entstanden sind, zu einem „Informationsschatz" zusammen. Der große Vorteil geschickt konfigurierter Plattformen für eine Organisation liegt in dem Wissen, über das man selbst nicht mehr zu verfügen braucht. Das ist die generative Kraft offener Plattformen.

Big Data macht aus präzisen Daten Wahrscheinlichkeiten. Peter Norvig, der „Guru" von Google für künstliche Intelligenz meint, dass einfache Modelle und viele Daten besser sind als ausgefeilte Modelle und wenig Daten. Das Beharren auf Exaktheit ist ein Überbleibsel des analogen Zeitalters. Nur 5 % aller digitalen Daten sind strukturiert. Indem wir Ungenauigkeit zulassen, öffnen wir ein Fenster in ein bisher nicht genutztes Universum von Erkenntnissen – die schnelle Sicht auf generelle Trends. Damit wird die Gesellschaft anfangen, die Welt aus einer viel größeren Perspektive als zuvor zu betrachten und im Gegenzug ein vollständigeres Gefühl der Wirklichkeit entwickeln (vgl. Schönberger und

Cukier 2013). Diese Aussagen von Viktor Mayer-Schönberger und Kenneth Cukier in ihrem Werk „Big Data – Die Revolution, die unser Leben verändern wird" sind auch auf Organisationen übertragbar. Die Organisation und deren Umfeld wird sich in einer anderen Perspektive darstellen und das Gespür für die Organisation und ihr Handeln seitens der Mitarbeiter wird ein umfassenderes werden. Das Unterbewusstsein der Organisation verändert sich.

Um diese Möglichkeiten auch nutzbar zu machen, ist es notwendig, diese Daten, die Informationen und das Wissen kontextbezogen bedarfsgerecht anzubieten und zu präsentieren.

▶   Suche nach Möglichkeiten, externe Informations- und Wissensquellen kontextbezogen zur Verfügung zu stellen. Nutze die zunehmend verfügbaren Möglichkeiten von Open Data und anderer externer Datenquellen in Kombination mit internen Datenquellen im Kontext des Informationsbedarfes der Organisation.

Beispiel Krankenhausinformationssystem

Paul, der CEO des Krankenhauskonzerns, war immer wieder mit der Klage von Ärzten konfrontiert, dass in Anbetracht der immer kürzer werdenden Aufenthaltsdauer im Krankenhaus und der Weiterbehandlung der Patienten beim niedergelassenen Arzt meist kein Feedback über den Erfolg oder Misserfolg der Behandlung zur Verfügung stand. Paul hatte nun als ersten Schritt veranlasst, die Sterbedaten aus dem Open-Data-Personenstandsregister ins Krankenhausinformationssystem einzuspielen. Beim Todesfall innerhalb von 3 Wochen sollte nun der Fall in den regelmäßig stattfindenden Morbiditätskonferenzen der Abteilungen besprochen werden. Die Mortalitätsraten für vergleichbare Fälle standen inzwischen aus dem nationalen Qualitätsregister ebenso wie relevante Literatur kontextbezogen ohne überbordenden Suchaufwand zur Verfügung, sodass für alle medizinischen Organisationseinheiten wesentlich verbesserte Informationsgrundlagen gegeben waren.

Der Zugang zur Informationsfülle und Wissensfülle, die uns heute zur Verfügung steht, erfolgt meistens mit Suchfunktionen, die auch unstrukturierte Daten und Informationen – aus gewachsenen und noch nicht wirklich gestalteten – Daten, Informations- und Wissensarchitekturen zugänglich machen.

Die Kunst besteht nun darin, diesen Zugang im sachlichen, zeitlichen und örtlichen Kontext möglichst anwenderfreundlich zu gestalten und dabei aber nicht die Sicht zu weit einzuengen. Die Gestaltung solcher kontextsensitiver Applikationen ist daher eine große Herausforderung hinsichtlich der Ermöglichung von Offenheit, Innovation und Effizienz. Damit wird das Unterbewusstsein der Organisation entscheidend geprägt:

• was wird automatisch vorgeschlagen,
• welche alternative Optionen werden angeboten,

- wo wird zum aktiven Analysieren und Nachforschen angeregt,
- wo wird sich der Anwender einfach „durchklicken",
- wie effizient und qualitätsvoll wird gearbeitet?

Die richtige Mischung und Gestaltung kann die Innovationsmuster,

- das „Nächstmögliche zu erkunden" fördern,
- die „langsame Ahnung" anregen,
- die Serendipität – das überraschende Erkennen von Zusammenhängen und von Chancen – ermöglichen und
- die Exaptation – das Hinausdenken über den eigenen Verantwortungsbereich – unterstützen.

▶   Bereite die Information und das Wissen im sachlichen, zeitlichen und örtlichen
     Kontext so auf, dass einerseits offen und innovativ gearbeitet wird und andererseits effizient und automationsunterstützt gearbeitet werden kann. Schärfe das
     Bewusstsein der Mitarbeiter und unterstütze sie in Form geschickt gestalteter
     Anwendungen, – auch im Effizienzdruck der operativen Arbeit – Chancen zur Innovation, Verbreiterung und Vertiefung zu erkennen. Gib dafür ausreichend Freiraum.

Beispiel Krankenhauskonzern

Sandra, die Chefärztin der Abteilung für innere Medizin, stellte fest, dass die Anamnese multimorbider PatientInnen – mangels kontextsensitiver Aufbereitung der Datenfülle und oft problematischer Kommunikationsfähigkeit der PatientInnen nicht zufriedenstellend war und die abgeleiteten Entscheidungen hinsichtlich Diagnostik und Therapie „verbesserungsbedürftig" waren. Seit einiger Zeit standen nun neue Zugriffsmöglichkeiten auf die Patientengeschichte zur Verfügung, die gerade bei chronisch Kranken und multimorbiden Patienten einen Umfang erreichten, der für einen – mit dem Fall noch nicht enger vertrauten – Mediziner unmöglich überblickbar waren. Durch die neue Aufbereitung in Form einer Wortwolke mit den in unterschiedlicher Größe je nach Relevanz dargestellten Begriffen aus der gesamten Krankengeschichte konnten ihre Ärzte nun je nach Behandlungskontext – z. B. Rehabilitationsplanung oder akute Verschlechterung mit ihren jeweils ganz unterschiedlichen Informationsbedürfnissen – sich in die Krankengeschichte vertiefen und sie konnten auch schnell auf die relevante chronologische Darstellung wechseln. So konnte im Vergleich zu den bisherigen Möglichkeiten blitzschnell die relevante Situation erfasst werden und trotzdem ging die Einbettung in den Gesamtzusammenhang nicht verloren. Über die „Word Cloud" konnte blitzschnell die Perspektive gewechselt werden, z. B. von der Betrachtung der Entwicklung der onkologischen Erkrankung auf die Betrachtung der akuten Niereninsuffizienz. Qualität und Geschwindigkeit hatten sich enorm verbessert. Die EDV-Spezialisten hatten ihr auf Nachfrage auch plausibel erklärt, wieso dies jetzt plötzlich in dieser Geschwindigkeit möglich war: Die Daten waren alle im schnell zugreifbaren Arbeitsspeicher. In-Memory-Computing nannten sie das. Sandra fiel sogleich der Vergleich mit den Fähigkeiten des Gehirns ein und die Art und Weise wie die Gehirnforscher die kognitiven Prozesse im Gehirn erklärten. Sandra hatte selbst bereits mehrfach mit dem neuen System gearbeitet und festgestellt, dass die kontextsensitive Aufbereitung und das „Sprechen mit den Daten" ihre Art der kognitiven Verarbeitung der Information und ihre Entscheidungsfindung ganz anders ablaufen ließ als in der herkömmlichen Arbeitsumgebung. Alles ging kompakter, schneller und besser von der Hand. Nachdem diese Funktionen an ihrer Abteilung pilotiert wurden und sie in den Primarärztesitzungen davon berichtet hatte, verlangten ihre Kollegen ein schnelles Rollout. Paul, der CEO klagte bereits, dass er Probleme hätte, die anfallenden zusätzlichen Lizenzgebühren zu finanzieren.

▶ Lege höchsten Wert auf die bestmögliche Visualisierung der neuen „flachen" – nicht hierarchisierten -Daten-, Informations- und Wissensarchitekturen. Sichere bestmögliche User Experience und Einbindung und Engagement der Mitarbeiter und Partner. Die Visualisierung ermöglicht es, mit den Daten in Dialog zu treten, daraus zu lernen, Wissen zu entdecken und ein Gespür zu entwickeln, was das Unterbewusstsein der Organisation entscheidend prägen wird.

Beispiel Industrieunternehmen

Frank, der Instandhalter des Walzwerkes, und **der Projektleiter Gabriel** berieten in der Projektsitzung mit dem Anlagenlieferanten die zur sinnvollen Analyse notwendige Anlagenvisualisierung bis hinab zu den Lagern der Walzgerüste, der Kennzeichnung gleicher Typen, den Betriebsdauern, den Schwingungsmustern, den Last-Mustern und den Vorschlägen für verbesserte Betriebsformen. Frank war entschlossen, die bestmögliche Visualisierung einzufordern, da er das Gefühl hatte, nur über Bilder in immer ähnlicher Struktur das Gesamtgeschehen über die Zeit nachvollziehen und so ein „Gespür" für seine Walzstraße aufbauen zu können. Die Bilder und Muster im Hinterkopf waren ihm wichtig, da er nur so seine persönliche Entscheidungsbasis sichern konnte.

5.2.2.4 Entscheidungsunterstützung und automatisierte Entscheidungen

Beginnen wir mit einem Beispiel der Entscheidungsunterstützung beim Kunden, das möglicherweise nahe an der Manipulation des Kunden angesiedelt ist, wie in vielen internetbasierenden Verkaufsprozessen, in denen die Vorlieben des Kunden aus früheren Anfragen und Transaktionen bereits bekannt sind. Ein beispielhaftes Szenario der Entscheidungsunterstützung für Kunden und der Einbindung von Kunden wäre das Folgende: Betritt der Kunde das Geschäft einer Einzelhandelsorganisation, wird er über eine mobile Applikation auf seinem Smartphone begrüßt und entsprechend seiner Präferenzen mit personalisierten Angeboten versorgt. Die Aktivierung der Benachrichtigungen innerhalb der App erfolgt dabei durch den Einsatz von Funktechnik mit kurzer Reichweite, die unmittelbar vor Ort im Geschäft angebracht ist.

Abgesehen vom Handelsbereich eignet sich der Einsatz dieser neuartigen Form der Interaktion auch im Zuge von Messen und Events, der Bankstelle der Zukunft und eigentlich überall da, wo ein Unternehmen mit seinen Kunden direkt und personalisiert in Kontakt treten möchte.

Ähnlich wie es der Gehirnforscher Manfred Spitzer (2012) in seinem Buch „Digitale Demenz" beschreibt, wenn das Navigationssystem und die Gewöhnung daran die Fähigkeit zum räumlichen und örtlichen Zurechtfinden nach und nach schwächt, sind auch solche Entscheidungsunterstützungen beim Kunden zu sehen. Nach und nach wird der Drang und die Fähigkeit der wachen und aufmerksamen Plausibilisierung des eigenen Tuns (System 2 – das langsame Denken) nachlassen und die Entscheidungsvorschläge wie die intuitiven Vorschläge unseres Systems 1– das schnelle Denken – bzw. unseres Unterbewusstseins empfunden werden. Der Charakter verschiebt sich von Entscheidungsunterstützung im Sinne des Anbietens von Optionen hin zu automatisiertem Entscheiden mit der gefährlichen Eigendynamik, dass – wenn sich gutwillig oder bösartig manipulativ die Algorithmen ändern – leichte Veränderungen der Entscheidungsqualität nicht mehr wahrgenommen werden.

Hinsichtlich der Gestaltungsleitsätze des Unterbewusstseins von Organisationen kann im Wesentlichen auf die in Abschn. 5.1.3 postulierten und mit praktischen Beispielen unterlegten Leitsätze verwiesen werden.

Im täglichen Entscheiden im professionellen Umfeld ist darauf zu achten, dass halbautomatisierte Entscheidungsprozesse, in denen die Menschen durch Entscheidungsvorschläge von entscheidungsunterstützenden Systemen (DSS = Decision-Support-Systeme) unterstützt werden, diese Menschen das oft als Entlastung von der Verantwortung sehen und sie den Entscheidungsvorschlägen möglicherweise „blind" folgen. Entscheidungsunterstützende Systeme sollten daher so gestaltet sein, dass die Hintergründe ihrer Entscheidungsvorschläge – zumindest im Groben – auch einigermaßen nachvollziehbar gemacht werden.

Eine besondere Form von Entscheidungen sind rein automatisierte Entscheidungen. Diese rein automatisierten Entscheidungsfindungen, die ja zunehmend implementiert werden, erfordern gute stichprobenweise von Menschen geleitete Reviewverfahren. Dazu ist es notwendig, die Entscheidungsherleitung aus dem Algorithmus auch entsprechend nachvollziehbar zu dokumentieren, um das Review auf eine entsprechende Grundlage zu stellen und einen Lernprozess und die Verbesserung der Algorithmen und deren Implementierung zu ermöglichen.

Um der „Erblindung" oder zumindest „Fehlsichtigkeit" der Entscheider angesichts der Entscheidungsvorschläge und Automatismen mit den dahinterliegenden – gestaltbaren und manipulierbaren – Algorithmen vorzubeugen, ist es notwendig, eine Lern- und Reviewkultur zu etablieren, wenn man die Nachhaltigkeit und Überlebensfähigkeit einer Organisation nicht der kurzfristigen Effizienzsteigerung und scheinbaren Qualitätsverbesserung opfern will.

Mögliche Maßnahmen gegen allzu kritiklose Übernahme von Entscheidungsvorschlägen können sein:

- Plausibilisierungen,
- Fallbesprechungen,
- Trainings an Simulationen,
- Team Learning,
- Kurzgeschichten, die komplexe Zusammenhänge erlebbar machen – „Microworlds" wie sie Peter Senge (1990) in seinem Buch über lernende Organisationen beschrieben hat.

Einige Erläuterungen zu den Hintergründen entscheidungsunterstützender Algorithmen:

Grundsätzlich macht Big Data aus präzisen Daten Wahrscheinlichkeiten. Bessere und leistungsfähigere Algorithmen werden durch immer höhere Rechenleistungen ermöglicht. Die steigende Datenmenge wiederum verbessert die Leistung der Algorithmen, die meist über Selbstlernfunktionen in Form von geschickt gewählten Iterationen verfügen. Beispiele sind automatische Grammatikprüfungen und automatische Sprachübersetzungen. Google hat alle Übersetzungen im Internet als Grundlage für die Entwicklung von „Google translate" genommen – Google translate entstand sozusagen aus dem Treibgut des Internet. „Einfache Modelle und viele Daten sind besser als ausgefeilte Modelle und wenig Daten" sagt Google (vgl. Schönberger und Cukier 2013).

Ein Entscheidungsunterstützungssystem kann ohne Kenntnis der Ursachen wertvolle Korrelationen erschließen – zu wissen was, ohne zu wissen warum, ist in vielen Fällen ausreichend. Eine Korrelation quantifiziert die statistische Beziehung zwischen zwei Datenpunkten. Eine starke Korrelation sagt aus: wenn sich Punkt A ändert, ändert sich wahrscheinlich der Punkt B ebenso. Aber es besteht keine Sicherheit, sondern nur eine Wahrscheinlichkeit (siehe auch Quantenphysik). Damit kann ich an B erkennen, wie sich A verhält.

Korrelationen generieren Hypothesen – scheinbare Zusammenhänge. Damit sind besondere analytische Vorsichtsmaßnahmen erforderlich, wenn man darauf Entscheidungen gründen will. Ein Anwendungsfeld ist beispielsweise die Kreditwürdigkeitsbewertung von Bankkunden. Ein US-amerikanischer Versicherungskonzern verknüpft beispielsweise viele Lebensstilvariablen mit Gesundheitsdaten – eine Art „Profiling" von Antragstellern. Das ist wohl an bzw. jenseits der Grenze dessen, was der europäische Datenschutz für zulässig hält.

Die klassische Wissenschaft generiert Wissenszuwachs durch eine hypothesenbasierte Versuch-Irrtum-Methode. Individuelle und kollektive Neigungen und Vorlieben beeinflussen aber immer wieder die Aufstellung und Anwendung von Hypothesen und die Wahl der Datenquellen. Nunmehr – in der Welt von Big Data – generieren Korrelationen die Hypothesen. Wir brauchen also nicht notwendigerweise eine zutreffende Hypothese für ein Phänomen, um beginnen zu können, unsere Welt zu verstehen. Es handelt sich um einen datenbasierten Ansatz statt eines hypothesenbasierten Ansatzes.

Die klassischen Entscheider befinden sich damit immer im Widerspruch zu ihrem intuitiven Verlangen, Kausalzusammenhänge zu erkennen. Sie glauben dann kausale Zusammenhänge zu erkennen, wo es sie gar nicht gibt. Die Folge: Sie beurteilen und entscheiden intuitiv, ohne die Sachlage wirklich durchzudenken. Aber Korrelationsanalysen und andere nichtkausale Methoden sind oft den intuitiven Vermutungen über Ursachen – also den Ergebnissen der schnellen Denkweise (System 1) – überlegen. Für nichtkausale Analysen sind Korrelationen vergleichsweise schnell und kostengünstig. Korrelationen weisen somit der Ursachenforschung den Weg – und Korrelationen sind mathematisch beweisbar.

Datengestützte Entscheidungen werden die menschliche Beurteilung entweder ergänzen oder ersetzen. Sie werden Daten für sich sprechen lassen. Statistische Analysen werden die Menschen zwingen, ihre Intuition neu zu bewerten. Big Data und Technologiefirmen sind und bleiben aber nur „Werkzeugmacher" und ermöglichen uns eine neue Sicht der Realität. Umso wichtiger ist es, die Entscheidungsfähigkeit der Menschen in der jeweiligen Organisation in einer angemessenen und zweckmäßigen Form zu sichern.

Die Algorithmen und Entscheidungswerkzeuge sollten dokumentiert und bewusst gepflegt werden und nicht einzelnen Gurus überlassen werden. Die Kunst ist, den Management- und Kontrollaufwand dafür gering zu halten. Wann immer möglich sollten dabei Selbststeuerungsmöglichkeiten überlegt werden, um auch Selbstlerneffekte in den Entscheidungsprozessen der Organisation bzw. des Systems zu etablieren. Ein Mindestmaß an Algorithmenkompetenz ist notwendig für Organisationen, die ihr Unterbewusstsein bewusst und kontrolliert gestalten wollen. Es ist sinnvoll für die Organisation, in ihrem Umgang mit Entscheidungsunterstützung und automatisierten Entscheidungen Klarheit zu schaffen und Regeln dafür zu formulieren, was bewusst im Fokus des Bewusstseins zu halten ist und was im Unterbewusstsein ablaufen kann. Dabei sollte die Richtigkeit der gewählten Strategie gelegentlich hinterfragt werden.

Das System 2 – das langsame Denken – zum richtigen Zeitpunkt und ausreichend oft zu aktivieren, ohne die Effizienz zu stören, ist eine herausragende Führungsaufgabe in Organisationen. Diese Führungskräfte müssen die offensichtliche Organisation und das Darunterliegende verstehen.

▶   Gestalte eine Lernumgebung und eine Reviewkultur, um die Entscheidungs-
    unterstützung und Entscheidungsautomatismen regelmäßig kritisch zu hinter-
    fragen, das Verständnis dafür bei den Mitarbeitern zu pflegen und zu schulen,
    um die zeitgerechte Einschaltung des Systems 2 in den Entscheidungsprozessen
    sicherzustellen und diese laufend zu verbessern. Dazu benötigt die Organisation
    ein Mindestmaß an Algorithmen-Kompetenz und einen gesicherten Change-
    Prozess für die Entscheidungsalgorithmen. Der Visualisierung kommt in einer
    solchen Lernumgebung besondere Bedeutung zu. Die Methoden der „Visual
    Analytics" sind gezielt einzusetzen, um die Nachvollziehbarkeit zu unterstützen.

Beispiel Industrieunternehmen

Gabriel, der Projektleiter, interessierte sich beim Anlagenlieferanten besonders dafür, wie die Systeme die sich abzeichnenden technischen Defekte in Lagern, Getrieben und Motoren aus den Schwingungsmustern und Belastungsmustern erkennen konnten. Am Anfang war ihm dies völlig schleierhaft. Die Antworten seiner Partner war immer sehr kryptisch – Statistik eben. Da Gabriel mathematisch einigermaßen talentiert und interessiert war, begann er sich mit den Algorithmen auseinanderzusetzen, wie man Muster erkennen konnte und wie man Mutmaßungen für die Kausalitäten dahinter anstellen könnte. Gabriel als Ingenieur wollte immer die Gründe dahinter verstehen. Es war ihm zuwider, Entscheidungen der „Maschine" nicht verstehen und nachvollziehen zu können.

Beispiel Krankenhauskonzern

Sandra, die Chefärztin für Innere Medizin, hatte schon lange die Diskussion um die evidenzbasierte Medizin (EBM) verfolgt. Manche Proponenten wollten hier regelrechte Richtlinien erlassen. Sandra wollte die evidenzbasierten Leitlinien zwar nutzen, da es ja inzwischen unmöglich war, den Stand der Wissenschaft durch Lesen von medizinischen Fachzeitschriften und Kongressbesuchen zu erfassen – geschweige denn, an die Mitarbeiter das Wesentliche weiterzuvermitteln. Nun wollte die IT-Abteilung des Krankenhauskonzerns im Auftrag des medizinischen Direktors Leitlinien im Krankenhausinformationssystem als Entscheidungsunterstützung einbauen. Sandra wollte als Mitglied des Projektteams darum kämpfen, alternative Diagnose- und vor allem Therapievorschläge auf jeder Stufe vorzuschlagen und immer darauf hinzuweisen, dass die Präferenzen und die Lebenssituation des Patienten zu berücksichtigen waren. Es graute ihr vor dem Gedanken, dass die jungen Mitarbeiter aus forensischen Gründen, aber auch aus Unsicherheit einfach die Vorschläge quittieren würden und so nach und nach Kritikfähigkeit und Kompetenz einbüßen würden. Außerdem war sie aus ihrer Kenntnis des Medizin- und Wissenschaftsbetriebes skeptisch, ob so manche den Leitlinien zugrunde gelegten Studien nicht von der Pharmaindustrie etwas „interessengeleitet" entwickelt wurden.

Im Abschn. 5.2.2.7 werden wir Gestaltungsleitlinien für das Unterbewusstsein von Organisationen unter dem Gesichtspunkt des organisatorischen Lernens behandeln.

5.2.2.5 Simulation

Innovation ist immer getrieben vom Versuch, die Zukunft zu verstehen, das „Nächstmögliche" zu ergründen, wie es Steven Johnson in seinen Grundmustern der Innovation darlegt.

Ein traditioneller Weg, die Zukunft zu ergründen, ist – neben der Predictive Analysis als Ergebnis der neuen Big-Data-Technologien – das Gebiet der Modellbildung und Simulation (vgl. Abschn. 3.2.9). Simulation und dazugehörige Animationen eignen sich hervorragend, ein Verständnis für Wirkungszusammenhänge und das Systemverhalten als

Ganzes zu erzeugen und ist daher ein hervorragendes Trainingselement. Die geläufigsten Methoden der Simulation sind (in Anlehnung an Niessner, Rachinger 2014):

- DES (Discrete Event Simulation) – Ereignisorientierte Simulation
  Durch Simulation von Individuen ist die DES leicht visualisierbar und verständlich (z. B. in Form von Animationen). DES ist ein Standard für Produktions-, Prozess- und Logistiksimulationen.
- ABS (Agent Based Simulation) – Agentenbasierte Simulation
  Der Fokus der Simulation liegt auf dem einzelnen Agenten und dessen Verhalten und Steuerung (z. B. autonome Transportfahrzeuge, zunehmend Supply Chains) oder das Verhalten der Masse (bei sozialwissenschaftlichen Fragestellungen), generelle Verkehrssimulationen oder Verkehrssimulationen bei Großveranstaltungen.
- System Dynamics
  System Dynamics dient zur ganzheitlichen Analyse und Simulation komplexer und dynamischer Systeme, z. B. schwer quantifizierbare Wirkungsbeziehungen, komplexe und nicht-lineare Abhängigkeiten, wie bei sozialen, ökonomischen, biologischen und ökologischen Systemen, der Ausbreitung ansteckender Krankheiten, Simulationen zur strategischen Planung, Annahmenanalyse, Innovationswirkungen, Marktentwicklungen etc.
- Kombination verschiedener Simulationstechniken (hybride Simulationsansätze)
  Häufig werden diese Simulationstechniken kombiniert, z. B. Ereignisorientierte Simulation (DES) zur Simulation einer teilautomatisierten Produktionsanlage kombiniert mit agentenbasierter Simulation (ABS) für autonom agierende Transporteinheiten wie Kräne, autonome Fahrzeuge (AGVs) etc.

Modelle und Simulationen eignen sich damit hervorragend zum „Team Learning" und zur Kommunikation komplexer Sachverhalte. Das Modell wird zum Medium der Kommunikation, um das aggregierte Wissen in seiner vollen Tiefe mit der Gruppe bzw. der gesamten Organisation zu teilen. Sämtliche Annahmen können als zusammenhängendes Modell und harmonisierte Sichtweise auf die wesentlichen Kennzahlen an Top Management, Sponsoren, Aufsichtsräte, Investoren etc. kommuniziert werden.

Diese klassischen Simulationsmethoden bauen auf Kausalitätsbeziehungen auf, die im Modell abgebildet sind und damit kausal nachvollziehbar sind, z. B. als vorhersagende (predictive) Modelle wie Wettersimulationen oder als epische, erzählende (narrative) Modelle wie Szenarien, Sensitivitätsanalysen etc.

Als Kompass- und Navigationsinstrumente schärfen sie unsere Intuition. Modelle als Geschichten und Metaphern der realen Welt erklären Ereignisabfolgen, weisen auf Gefahren hin, lassen uns schneller lernen etc. Die kontinuierliche Verbesserung der Geschäftsmodelle und die Verbesserung der Entscheidungsfindung stehen dabei im Vordergrund.

Die Korrelationsanalyse mit Big-Data-Technologien und die kausalitätsorientierten Ansätze der klassischen Modellbildung und Simulationstechniken sollten in guter Kombination beider Disziplinen bzw. je nach problemorientierter Auswahl der richtigen Methode eingesetzt werden. Durch Analyse beispielsweise eines aus umfangreichen Vergangen-heitsdaten mit Big-Data-Algorithmen ermittelten Entscheidungsbaumes können Experten durchaus auch neue Kausalitäten erkennen (Knowledge Discovery) und Teams können ihr Wissen und ihr Gespür für die Realität und zu treffende Entscheidungen verbessern.

▶ Nutze die Möglichkeiten der Simulationstechniken – gegebenenfalls in Kom-bination mit Big-Data-Technologien -, um Vorhersagen für wahrscheinliche Entwicklungen zu treffen. Versuche in Team-Learning-Prozessen anhand von Simulationsmodellen in guter animierter und visualisierter Aufbereitung die bewussten und – mit fortschreitendem Training in wichtigen Bereichen – auch unterbewussten Fähigkeiten der Mitarbeiter und der Organisation zu erweitern.

5.2.2.6 Gamification

Simulationen und Modelle eignen sich im Besonderen in spieleähnlichen Formen darge-stellt zu werden und so in einer positiven User Experience die Effektivität von Trainings zu steigern (E-Learning mit Gamification) und in das Unterbewusstsein der Betroffenen und damit der Organisation vorzudringen.

Dabei werden gezielt Spiele-Mechanismen eingebaut und Belohnungssysteme z. B. in Form von Punktevergabe, die dann mit Benchmarks etc. verglichen werden und so eine intrinsische und extrinsische Motivation des Lernenden bedingen können. Solche Lern-module können auch über mobile Endgeräte benutzt werden, wenn die Lerneinheiten in entsprechend kleine „Portionen" zerlegt und angeboten werden.

▶ Experimentiere mit Gamification, um Entscheidungssituationen zu trainieren und bei entscheidungsunterstützenden Systemen die kritische intuitive Plau-sibilisierung von Entscheidungsvorschlägen zu trainieren.

Beispiel Krankenhauskonzern

Robert, der Facharzt für innere Medizin, machte sich schon lange Gedanken, wie man den Assistenz- und Turnusärzten, für deren Ausbildung er in seiner Funktion Ver-antwortung trug, in Zusammenhang mit der zunehmenden Verfügbarkeit von entschei-dungsunterstützenden Systemen im Sinne der Evidence Based Medicine helfen konnte, dass sie nicht der Versuchung unterliegen würden, „sich das Denken bei Diagnose und Therapieentscheidungen zu ersparen". Er hatte daher mit dem Softwarelieferanten und der IT-Abteilung seines Krankenhauskonzernes darüber gesprochen, einen Entschei-dungssimulator zu bauen, in dem die Ärzte in ruhigeren Journaldiensten in der vertrau-ten Umgebung des Krankenhausinformationssystems Fälle durchspielen konnten: mit Anamneseerstellung unter Nutzung der elektronischen Gesundheitsakte des Patienten, mit Befragung des Patienten und zurückgespielten Laborwerten zuvor beauftragter Befundungen, mit Entscheidungsvorschlägen des Systems, die auch manchmal Fallen beinhalteten und die jungen Kolleginnen dadurch angehalten waren, diese Entscheidungsvorschläge auch wirklich zu plausibilisieren, bevor sie quittiert würden. Seine Ideen wurden mit Interesse aufgenommen. Beispiele für Simulatoren, die in Form von Gamification implementiert waren und wo jeder bemüht war, viele Punkte und wenig Punkteabzüge für Fehlentscheidungen zu bekommen, wurden ihm gezeigt – aber leider aus anderen Branchen. Es gab aber immerhin Signale dafür, über Forschungs- und Entwicklungsgelder derartige Entwicklungen auch für das Gesundheitswesen zu versuchen. Robert wollte schließlich im Alter von kompetenten Medizinern und nicht von Entscheidungsautomaten behandelt werden… Sehr wertvoll empfand er die inzwischen verfügbaren Dummies im Clinical Skill Center, in dem angehende Fachärzte schwierige Situationen als Teil ihrer Ausbildung simulieren konnten. Der Instruktor im Hintergrund baute dabei manchmal schwierige und seltene Fallkonstellationen ein, wie z. B. ein allergischer Schock bei der Einleitung der Anästhesie. Es erinnerte etwas an einen Flugsimulator. Robert kannte die diesbezügliche Spiellust noch aus jüngeren Jahren, in denen er im Computerspiel gerne Flugzeuge landete.

5.2.2.7   Lernende und lernfähige Systeme und Organisationen

Eine sehr fortgeschrittene Form von Systemen und Organisationen – und eine hohe Kunst des Managements solche zu gestalten – sind lernfähige und lernende Systeme und Organisationen, die so konstruiert und gestaltet sind, dass sie sich selbst im Sinne ihres Zweckes und ihrer Ziele verbessern. Die Fähigkeit zu lernen ist auch eine Vorbedingung und ein Charakteristikum von intelligenten Systemen bis hin zur künstlichen Intelligenz. Auch die Befähigung des Einzelnen im Wege der von ihm bewusst akzeptierten Beeinflussung und Gestaltung seiner analytischen, aber auch seiner intuitiven Fähigkeiten gehört zur Gestaltung lernfähiger Systeme und Organisationen.

Wenn wir als Menschen unsere Fertigkeiten verbessern und ausreichend Praxis und Übung haben, lernt neben den bewusst eingesetzten Fähigkeiten (Bewusstsein) auch immer das Unterbewusstsein. Insofern ist es bedeutend, dieses Thema der lernfähigen und lernenden Systemen auch an dieser Stelle zu behandeln. Zahlreiche im Nahebereich der neuen Technologien angesiedelte Themen haben wir in den vorangegangenen Kapiteln bereits behandelt. In der Zusammenschau ist es wesentlich beim Bemühen, Organisationen und Systeme lernfähig zu gestalten, diese komplexen Gebilde systemisch als Ganzes mit seinen offensichtlichen und weniger offensichtlichen Wirkungszusammenhängen zu verstehen.

Dazu ist es notwendig, neben der bestmöglichen Organisation, die wir in den nachfolgenden Kapiteln behandeln werden, den Führungskräften, Mitarbeitern und den organisatorischen Gruppierungen Werkzeuge und Methoden in die Hand zu geben, mit Komplexität umzugehen und sie zu verstehen, um in der Folge auch eventuell unnötige Komplexität herauszunehmen.

Im Kapitel zum Thema Simulation (Abschn. 5.2.2.5) wurde auch die Bildung von Modellen angesprochen. Diesem Kapitel zur Gestaltung des Unterbewusstseins von Organisationen liegt das Modell einer Organisation (Kap. 4) auf einer Metaebene zugrunde.

Nunmehr betrachten wir einen methodischen Ansatz zur Stärkung des Systemdenkens, des Umgangs mit Komplexität und des Lernens auf Ebene des einzelnen Menschen ohne technische Hilfsmittel.

> ▶ Etabliere Methoden, die die Mitarbeiter und Führungskräfte in die Lage versetzen, komplexe organisatorische und mathematisch nicht fassbare Sachverhalte und deren Wirkungszusammenhänge zu veranschaulichen, sie zu reflektieren und so die Reaktion auf externe Anforderungen, Störungen etc. bzw. die Systeme und die Organisation selbst im Sinne einer lernenden Organisation zu verbessern.

Eine Methode, – zwischen mathematisch orientierten Modellen und solchen Metamodellen – Systeme und vor allem Organisationen in ihrer Wirkungsweise zu modellieren ist im Folgenden skizziert:

Folgende Merksätze sollte man sich bei jeder systemischen Betrachtung bewusst oder – im fortgeschrittenen Stadium – intuitiv und unterbewusst präsent halten (In Anlehnung an Senge 1990):

* Die Probleme von heute sind die „Lösungen" von gestern
* Druck erzeugt Gegendruck
* Es wird besser, bevor es schlechter wird
* Der leichte Weg hinaus führt meist wieder zurück herein
* Die Therapie kann schlimmer werden als die Krankheit
* Schneller ist langsamer
* Ursache und Wirkung liegen zeitlich und räumlich nicht immer nahe beieinander
* Kleine Änderungen können große Ergebnisse bewirken – aber die größte Hebelwirkung ist oft die am wenigsten offensichtliche
* Du kannst den Kuchen haben und ihn essen – aber nicht zugleich
* Einen Elefanten zu teilen ergibt nicht zwei kleine Elefanten
* Der andere ist nicht schuld – vielleicht ist es deine Beziehung zu ihm

Sollte eine dieser Aussagen das Gefühl erwecken, dass im gegenständlichen Fall Handlungsbedarf für die Intervention des Systems 2 gegeben sein könnte, ist es wert, etwas Mühe zu investieren und die Sachlage einer tieferen Prüfung zu unterziehen.

Das „Grundvokabular" des Systemdenkens, das dabei zur Anwendung gebracht werden kann, ist im Wesentlichen:

* die positive (verstärkende) Rückkopplung (Feedback) mit dem Ergebnis eines sich beschleunigenden Wachstums oder eines sich beschleunigenden Rückgangs
* Die negative (gegenläufige) Rückkopplung (Feedback) mit dem Ergebnis eines sich stabilisierenden Verlaufs und gegebenenfalls eines sich ausbildenden Veränderungswiderstandes

Abb. 5.1 Systemarchetyp Der sich verstärkende Kreislauf. (nach Peter Senge)

- die Verzögerung (Delay), die das Zeitverhalten des Systems – z. B. „Einschwingen" in einen stabilen Zustand oder asymptotisches Annähern an einen stabilen Zustand – wesentlich beeinflusst.

Dabei sind zwei einfache kybernetische Grundprozesse zu beachten:

- Der sich verstärkende Kreislauf, wie er in Abb. 5.1 beispielhaft dargestellt ist.
- Der ausgleichende Kreislauf, wie er in Abb. 5.2 beispielhaft dargestellt ist.

Anhand dieser Elemente und kybernetischen Grundprozesse kann man einfache und komplexe Systeme modellieren und durchdenken bzw. simulieren. Wenn man komplexe Systeme beobachtet und analysiert, erkennt man dabei bestimmte Muster, sogenannte Systemarchetypen oder generische Strukturen.

Peter Senge ist es gelungen, aus diesem „Vokabular" eine Sammlung von Systemarchetypen zu formulieren und diese anschaulich zu beschreiben (Senge 1990). Er hat zu diesen Archetypen neben der Beschreibung auch Charakteristika, Warnsignale und Management-

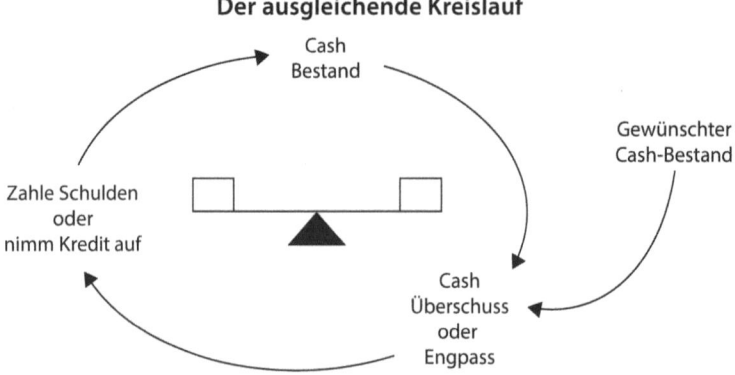

Abb. 5.2 Systemarchetyp Der ausgleichende Kreislauf. (nach Peter Senge)

Abb. 5.3 Systemarchetyp Ausgleichender Prozess mit Verzögerung. (nach Peter Senge)

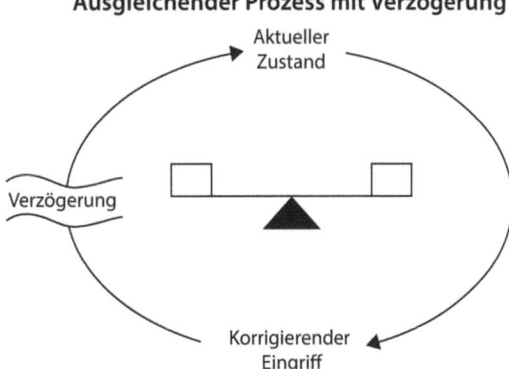

Ausgleichender Prozess mit Verzögerung

Aktueller Zustand

Verzögerung

Korrigierender Eingriff

regeln zum Umgang damit sowie Beispiele zur Veranschaulichung formuliert. Ich möchte dem Leser an dieser Stelle – nur zum notwendigen Grundverständnis und als erstes Hilfsmittel in einer konkreten schwierigen Managementsituation – kurze Denkanstöße in Form lose aneinander gereihter plakativer Aussagen zu jedem Archetyp liefern. Sie sollen eine Hilfestellung geben, um rasch die jeweilige Situation zu erkennen bzw. die richtigen Maßnahmen und Konzepte zu finden – ein Beitrag zur Gestaltung eines „lernfähigen Unterbewusstseins".

Ausgleichender Prozess mit Verzögerung
Verhaltensanpassung erfolgt erst auf verzögertes Feedback. Die Verzögerung ist nicht bewusst. „Ich dachte, die Sache wäre im Gleichgewicht." „Wir sind über das Ziel hinausgeschossen". → Sei geduldig und beobachte wie sich das System wirklich verhält (vgl. Abb. 5.3).

Grenzen des Wachstums
Das geplante Wachstum verzögert sich unerklärlicherweise, stoppt oder kippt sogar. Die Ressourcen sind begrenzt. „Wieso sollten wir uns um Probleme kümmern, die wir gar nicht haben?" „Je mehr wir uns anstrengen, umso zäher geht es voran". → Verstärke nicht den Druck auf den Prozess, sondern beachte allfällige Ressourcenbegrenzungen (vgl. Abb. 5.4).

Verlagerung der Last (auf den Eingreifenden)
Eine kurzfristige Maßnahme oder Lösung beseitigt oder mildert ein Symptom, behebt aber nicht das Problem. Die kurzfristige Maßnahme oder Lösung wird wegen des Erfolges verstärkt. „Schau, es hat funktioniert!" „Wieso meinst du, dass wir später in Probleme laufen werden?" Arbeite – zumindest im Hintergrund – an der grundsätzlichen Lösung. „Unser gescheites Management hat eingegriffen und wird schon wissen was es tut." „Diese Berater sollen nur machen…" → Lerne die Menschen zu fischen, statt ihnen Fisch zu geben (vgl. Abb. 5.5).

Grenzen des Wachstums

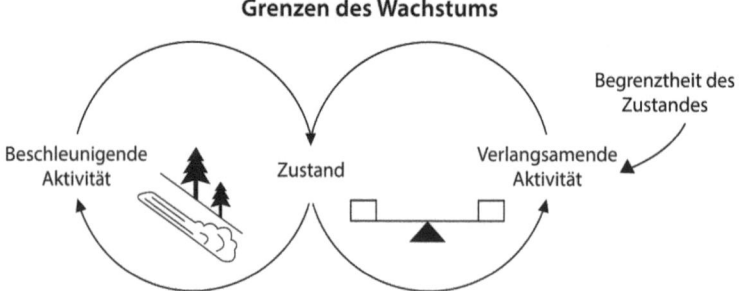

Abb. 5.4 Systemarchetyp Grenzen des Wachstums. (nach Peter Senge)

Verlagerung der Last

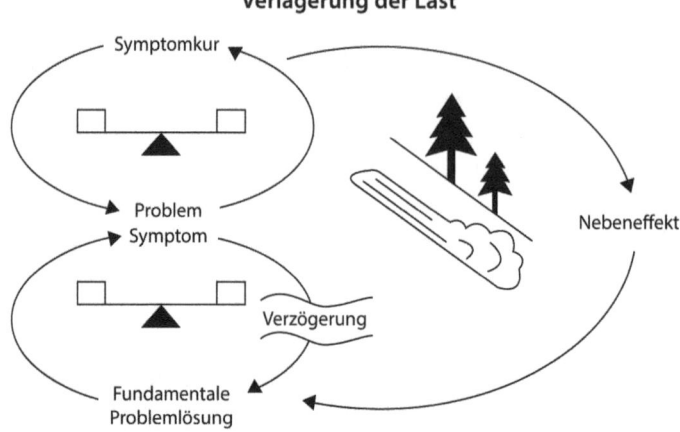

Abb. 5.5 Systemarchetyp Verlagerung der Last. (nach Peter Senge)

Aushöhlung der Ziele

„Wir „doktern" herum, aber wir verlieren das Ziel aus den Augen!" „Macht nichts, wenn wir das nicht so eng sehen – nur bis die Krise vorbei ist." → Behalten wir das Ziel im Auge – stehen wir zu unserer Vision! (vgl. Abb. 5.6)

Eskalation

„Wir bringen uns gegenseitig um." Aggression wird mit Aggression beantwortet. „Wenn unser Konkurrent nur etwas Tempo herausnehmen würde, könnten wir aufhören zu kämpfen und uns um andere Dinge kümmern." → Gibt es eine Win-Win-Situation? Sollen wir etwas Tempo herausnehmen? (vgl. Abb. 5.7)

Abb. 5.6 Systemarchetyp Aushöhlung
der Ziele. (nach Peter Senge)

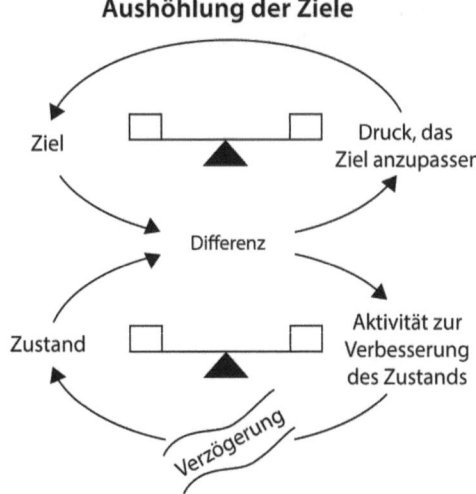

Abb. 5.7 Systemarchetyp
Eskalation. (nach Peter Senge)

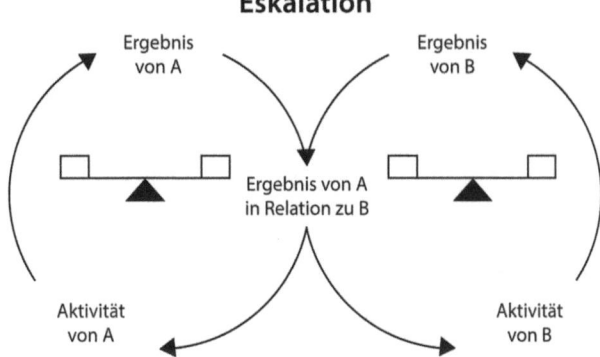

Erfolg den Erfolgreichen

Zwei Aufträge kämpfen um begrenzte Ressourcen. Das Projekt läuft hervorragend, aber
das andere Projekt „verhungert"! → Wir sollten das entkoppeln! (vgl. Abb. 5.8)

Tragödie des Gemeinsamen – gemeinsam in den Untergang

Einzelne nutzen allgemein zugängliche Ressourcen primär eigennützig bis nichts mehr
übrig ist. „Da war doch noch genug da!" „Jetzt wird es aber eng." → Implementiere
Selbstregulationsmechanismen z. B. durch Gruppendruck, am besten unter Beteiligung
der Nutzer (vgl. Abb. 5.9).

Abb. 5.8 Systemarchetyp Erfolg den Erfolgreichen. (nach Peter Senge)

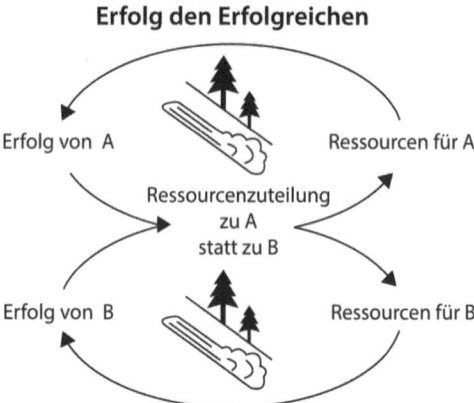

Erfolg den Erfolgreichen

Erfolg von A — Ressourcen für A

Ressourcenzuteilung zu A statt zu B

Erfolg von B — Ressourcen für B

Tragödie des Gemeinsamen – gemeinsam in den Untergang

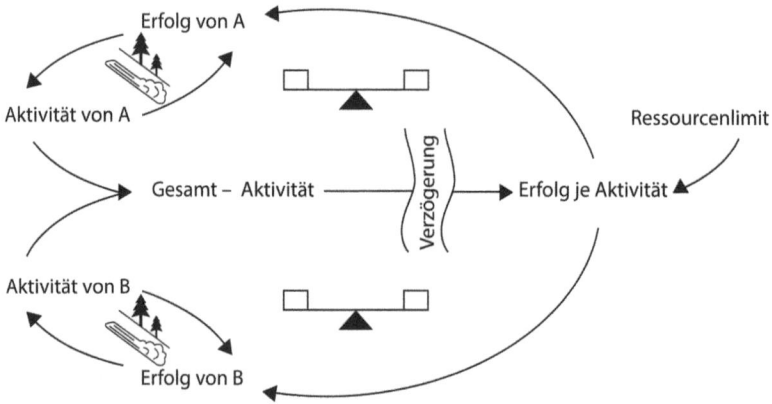

Erfolg von A

Aktivität von A

Gesamt – Aktivität — Verzögerung → Erfolg je Aktivität — Ressourcenlimit

Aktivität von B

Erfolg von B

Abb. 5.9 Systemarchetyp Tragödie des Gemeinsamen – gemeinsam in den Untergang. (nach Peter Senge)

Misslungene Reparatur

Eine kurzfristige „Reparaturmaßnahme" hat unerwartete mittel- und längerfristige Auswirkungen. „Das hat doch immer funktioniert, warum jetzt nicht mehr?" → Kurzfristige Reparaturmaßnahmen sollten nur implementiert werden, um notwendige Zeit für nachhaltige Lösungen zu gewinnen (vgl. Abb. 5.10).

Wachstum und mangelnde Ressourcenausstattung

„Wir waren die Besten und wir werden wieder die Besten sein, aber jetzt müssen wir unsere Kräfte schonen und wollen nicht zu viel investieren." → Wichtige Maßnahmen müssen entschlossen und ausreichend schnell gesetzt werden, um am Wachstumspfad zu

Abb. 5.10 Systemarchetyp Misslungene
Reparatur. (nach Peter Senge)

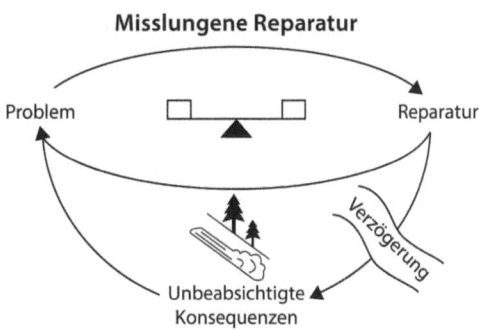

bleiben. In Kapazität sollte vorlaufend zur Nachfrage investiert werden, wenn es um ein strategisches Unterfangen geht (vgl. Abb. 5.11).

Diese Archetypen eignen sich hervorragend dafür, Entscheidungssituationen gründlich durchzudenken, die Systemarchetypen zu erkennen und gegebenenfalls die Wirkungszusammenhänge der jeweiligen Situation und möglicher Entwicklungen in Form eines Modells zu skizzieren und gedanklich zu simulieren. Sowohl die einzelnen Führungskräfte als auch Mitarbeiter, die regelmäßig mit komplexen Fragestellungen konfrontiert sind, werden mit der Zeit diese systemischen Denkweisen internalisieren bzw. werden sich eingespielte Teams in der Zusammenarbeit ganzheitlicher und systemischer verhalten. In Teamtrainings oder auch im Anschluss an Routinebesprechungen können auch Lerneinheiten dafür eingebaut werden, um diese Art des systematischen Denkens zu trainieren.

Es gilt aber auch, die einzelnen Mitarbeiter mit Problemlösungsstrategien auszustatten bzw. Mitarbeiter auszuwählen, die bereits über derartige Fähigkeiten und Kenntnisse verfügen und so das „Unterbewusstsein der Organisation zu verbessern" bzw. es „lernfähig zu machen".

Der deutsche Schachgroßmeister Stefan Kindermann hat seine Erfahrungen in der Nutzung der Intuition im Schachspiel auch für Entscheidungen in komplexen Situationen in Organisationen in Form eines 7-stufigen Entscheidungsmodell „Der Königsweg" aufbereitet.

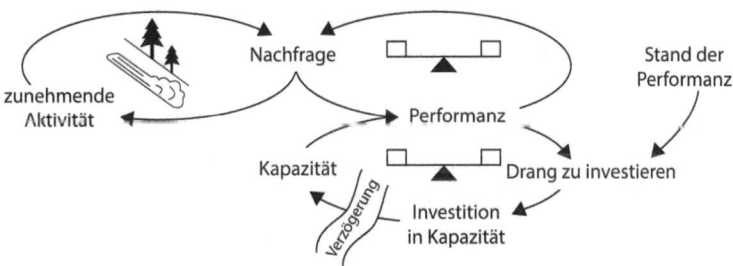

Abb. 5.11 Systemarchetyp Wachstum und mangelnde Ressourcenausstattung. (nach Peter Senge)

In Anlehnung an Kindermann und Weizsäcker (2010) stellt sich diese Denkdisziplin wie folgt dar:

- mich in Bestform bringen und Klarheit mit mir selbst schaffen
- Klarheit im Umfeld schaffen – Konkurrenzsituationen erkennen, Istzustand als solchen bejahen und zur Kenntnis nehmen
- kreative Ideen mit „Hand und Fuß" generieren – wenn möglich im Team
- nach vorne denken – Breite geht vor Tiefe: 2–3 Varianten weiter vorantreiben und simulieren, nach jeder neuen Wendung flexibel bleiben und ggfs. den Plan modifizieren oder über Bord werfen
- präzise Zieldefinition – was ist mein entscheidender Wert? – Was (nicht wer!) ist der „König" in meiner Organisation?
- vom Ziel rückwärts denken – dabei nicht ängstlich sein, nicht nur „Verteidigungszüge" denken – eventuell das „Schachbrett umdrehen" – wovor hat der andere am meisten Angst? – Perspektivenwechsel herbeiführen
- Reflektion – was ist wirklich geschehen und warum? – mögliche Rückschläge konstruktiv verarbeiten – die gemachten Erfahrungen ordnen und daraus Kraft schöpfen

„Bauch" und Verstand müssen lernen, Hand in Hand zu arbeiten. Die Intuition und das Unterbewusstsein des Einzelnen, der Teams und damit der Organisation werden so geschärft und entwickeln sich weiter im Sinne einer lernenden Organisation.

▶ Schaffe Lernsituationen und ein Lernklima für die Organisation durch geschickte Vermittlung von Methodenkompetenz in Denk- und Selbstdisziplin, durch Gamification- und E-Learning-Ansätze und ein Klima des konstruktiven Umgangs mit Abweichungen und Rückschlägen, sodass sich Gespür und Intuition der Mitarbeiter und der Organisation laufend verbessern können.

Kindermann und Weizsäcker (2010) haben auch eine Checkliste für den Einsatz von Ratio und Intuition bei Planungen und Entscheidungen erstellt, die wertvolle Hinweise auf die Wirkungsweise des schnellen Denkens (Intuition) und des langsamen Denkens (ratio) nach Kahneman (System 1 und System 2) gibt und die als Regel zum „Wirken lassen" des organisatorischen Unterbewusstseins im Gegensatz zur bewussten Reflektion und bewussten Einschaltung der Führungsebene gelten kann:
Welche Umstände sprechen dafür, hauptsächlich der Intuition zu vertrauen?

- In diesem Bereich bin ich/sind wir Experten mit viel Erfahrung
- Eine sehr komplexe Situation mit so vielen Faktoren, dass die Ratio ohnehin überfordert ist – Entscheiden im Lichte des Ungewissen
- Bewertungen, in die diverse emotional-soziale Faktoren einfließen
- Sehr wenig Zeit

Welche Umstände sprechen dafür, unbedingt die Ratio zu befragen bzw. als Kontrollinstanz einzuschalten?

- Erfordernis einer klaren Struktur
- Emotional aufgeladene Risikoszenarien und auch Kauf/Investitionsentscheidungen – Entscheiden bei berechenbarem Risiko
- Wahrscheinlichkeiten und ganz allgemein mathematische Zusammenhänge
- Entscheidungen in einem Umfeld, in dem wir keine Experten sind
- Ausreichende Zeitressourcen

In Prozesse und das Arbeitsumfeld integrierte Funktionen für Kollaboration – wie z. B. Diskussionsforen für gemeinsame Gruppen oder Wikis, dezentrale Erstellung von Kurzvideos, „Sharing" von Ideen und Fragen sowie von Aufgaben und Dokumenten sorgen für effektives Lernen auch außerhalb des traditionellen formalen Lernumfeldes. Lernende, Referenten und Experten können so jederzeit Informationen austauschen. Dieser Trend wird auch als „Social Learning" bezeichnet. So lassen sich etwa soziale Plattformen auf Schulungsebene integrieren, sodass Kooperation und Austausch zwischen den Lernenden möglich ist.

▶ Achte darauf, dass die organisatorischen Systeme und Entscheidungssysteme nicht nur im operativen Routinemodus laufen, sondern auch ausreichend Raum für individuelles und organisationales Lernen vorhanden ist und dieser Raum auch genutzt wird, um die Organisation und ihr Unterbewusstsein laufend weiterzuentwickeln. Dies sind oft nur kurze Nachdenkvorgänge und Erörterungen, die aber sehr effiziente Lernsequenzen darstellen. „Man braucht zum Lernen nicht immer ein Seminarhotel."

Reflektion und Bewusstmachen der Entscheidungsvorgänge sind dabei von besonderer Bedeutung. Kindermann und Weizsäcker (2010) meinen, „wir sollten zunächst genau auf die Signale der Intuition achten und diese festhalten. Dann entwickeln wir eine rationale Planungsstruktur. Dabei sollten kritische Punkte (typischerweise zu Beginn und am Ende der Planungsvarianten) identifiziert werden, an denen wiederum die Intuition befragt wird und sich die Ratio eventuell für nicht kompetent erklärt. Am Ende des Prozesses werden die Resultate wiederum der Intuition vorgelegt – wie ist nun unser Gefühl dazu? Im Idealfall sollte eine Kongruenz oder zumindest starke Annäherung zwischen Ratio und Intuition erreicht werden."

Ein wesentliches Element der Kulturwissenschaften ist die Erzählung, die auch aus der Sicht der Kognitionswissenschaften einen bedeutenden Stellenwert hat. „Stories" können leichter verinnerlicht werden und Haltungen und auch die Intuition beeinflussen, insbesonders wenn sie konsistent im Kontext zur Organisation und ihrer Geschichte stehen. Zusammenhänge und Wechselwirkungen bleiben durch die wiederkehrende Reproduktion als Muster im Gehirn präsent und können im Wege der Intuition auch zu Analogien und anderen kreativen Problemlösungs- und Entscheidungsprozessen beitragen. Prägender sind meist nur persönliche Erlebnisse. Kompakte vereinfachende Erzählungen über Erfolge – aber auch über Krisen und deren Bewältigung – können so nicht nur Teil des Bewusstseins einer Organisation sein, sondern werden mit der Zeit auch Teil des Unterbewusstseins einer Organisation. Auf die „Pflege" dieser Erzählungen im Rahmen der generellen Unternehmenskommunikation aber auch der laufenden Wiederholung und Neuerzählung von erfahrenen an neue Mitarbeiter etc. sollte durchaus Augenmerk gelegt werden.

Auch Szenarien sind eine Form von Erzählungen – in die Zukunft gedachte „Stories". Die unter „Beispiel" geschriebenen Erzählungen in diesem Buch erzählen solche „Stories" (Beispiel Krankenhauskonzern, Beispiel Industrieunternehmen, Beispiel Handelsunternehmen).

5.2.2.8   Automation, Robotics, Produktinnovation

Wenn wir uns die vorne beschriebenen relevanten Technologieentwicklungen betrachten, so ist festzustellen, dass im Bereich Automation und Robotics (vgl. Abschn. 3.2.13) dynamische Entwicklungen Platz greifen. Diese müssen geschickt in die jeweiligen diese Technologien nutzenden Organisationen eingebaut werden, um – da ja vieles automatisch und für wesentliche Teile der Organisation unterbewusst geschieht – gezielt zu definieren, was im „Unterbewusstsein" geschieht und was ins Bewusstsein der jeweiligen Entscheidungsebene rückt.

Die Basis dafür im Bereich Automation sind „Cyber-physical Systems" (CPS). Dieser inzwischen verbreitete Begriff CPS umschreibt die Verbindung der Sensorik und Aktorik in Produktionsanlagen mit den Steuerungen und Planungssystemen einerseits sowie den elektronisch identifizierten Produkten andererseits, die den „Arbeitsplan" in sich tragen und wissen, welche Bearbeitungsschritte sie als nächstes benötigen, bzw. in welchen Arbeitsschritten sie in welches Produkt eingebaut werden. Dies erfolgt zum Teil in Nutzung des Internets der Dinge und erfordert neben der Kommunikation auch die richtigen Algorithmen zur Selbststeuerung solcher komplexer Systeme. Dabei entstehen „hybride Leistungsbündel" in denen Produkt und Service verschmelzen. Beispiele dafür sind Kopiergeräte mit einem Performance-Pricing-Modell (Kunden bezahlen pro Seite) oder Flugzeugturbinen von Rolls-Royce die bereits seit den 1980er-Jahren durch Bezahlung von Flugstunden finanziert werden und die Wartung dabei inkludieren (vgl. Wipfler et al. 2014). Insofern ist es nicht abwegig, wenn – wie im Beispiel beschrieben – Martha als Managerin des Edelstahlunternehmens darüber nachdenkt, die Walzanlagen an einen Partner mit entsprechender Engineering- und Wartungskompetenz zu verkaufen

▶   Versuche teilautonome Systeme zu gestalten – durch Nutzung der Möglichkeit, wesentliche Bearbeitungsinformation („Erinnerung" und „Wissen") direkt in Produkten zu speichern, und damit zukunftsfähige neue Produktionsstrukturen zu entwickeln. Versuche diese Technologien zur Generierung neuer Produkte und Dienstleistungen („service enabled products",„hybride Leistungsbündel") zu nutzen.

Damit lassen sich Produktionsprozesse und Produkte leichter replizieren und die Produktion lässt sich schneller und flexibler an den jeweiligen Bedarf anpassen. Produkte lassen sich noch kundenspezifischer fertigen als bisher. Es lassen sich aber auch ganz neue Produkte und Dienstleistungen entwickeln und auf den Markt bringen. Die Robotik, deren ursprünglicher Schwerpunkt in der Automation von Produktionsprozessen lag, hat sich mit zunehmender Technologieentwicklung ja in Richtung teilautonomer Dienstleister entwickelt und verändert Dienstleistungen bzw. ermöglicht Dienstleistungen in bisher ungeahnter Art:

- selbstfahrende Roboter (AGV = automatic guided vehicles) in Lagerhallen,
- Minensuchroboter und Drohnen im militärischen Bereich,
- Haushaltsroboter,
- Telepräsenzroboter, die z. B. Teilnehmer, die bisher über Videokonferenz an Sitzungen teilgenommen haben, physisch-virtuell als Telepräsenzroboter teilnehmen lassen,
- Telemedizinroboter, die z. B. – begleitet von einem Allgemeinmediziner oder einer Krankenschwester – virtuell den Fachspezialisten an ein Krankenbett bringen, um den weiteren Therapieverlauf in Kommunikation mit dem medizinisch–pflegerischen Personal vor Ort mitzuentscheiden und zu klären, ob die Einlieferung in eine Spezialklinik notwendig ist,
- Chirurgieroboter und sogar
- Rehabilitations- und Pflegeroboter: Sowohl in der postoperativen Akutbetreuung als auch in der präventiven Mobilitätserhaltung zeigen sich „Roboter mit Gefühl" als wertvolle Zukunftsperspektive. Ziel ist die Unterstützung des Fachpersonals. Sie spüren die Schmerzgrenze des Patienten und integrieren diese intuitiv in den Therapieverlauf und im Training des Patienten, z. B. spezielle Reha-Geräte für Schultern nach Sturzverletzungen etc.

Neben neuen flexibleren und kundengerechteren Produktionsabläufen eröffnen sich weite Tore für Innovation der Produkte und Dienstleistungen bzw. neue Kombinationen von Produkten und Dienstleistungen: sogenannte „service-enabled products".

Die Organisation kann ihre Kunden beeindrucken und Kundenloyalität aufbauen durch bessere Services nach dem Verkauf (After Sales Services), indem Tipps für die effizientere Benutzung gegeben werden, die über das Lesen von Gebrauchsanweisungen weit hinausgehen. Es sind ja immer mehr sogenannte „embedded systems" in den Geräten, die zukünftig auch zunehmend über des Internet zugänglich sind (Internet of Things), die auch die Art und Weise der Benutzung beobachten können und Verbesserungsvorschläge machen können.

Unser Problem ist es nicht, Daten zu generieren oder mehr Daten zu wollen, sagt der Futurist Eric Topol, ein Mediziner und Direktor des Instituts für translationale Wissenschaft am Scripps Research Institute in La Jolla, CA., sondern dass nur 5 % der generierten Daten je analysiert und verwendet werden. „Das durchschnittliche Auto hat über 400 Sensoren, das durchschnittliche Smartphone 10, unser Körper hat noch keine Sensoren."

Die zunehmenden Möglichkeiten werden nicht nur die Medizin verändern, sondern vor allem auch die Labors. „Wir werden nach wie vor eine Doktor-Patientenbeziehung haben (im Gegensatz zum fahrerlosen Auto), aber die meisten Diagnosen werden zukünftig durch bzw. bei den Patienten erfolgen". Cal Tech arbeitet an Sensoren im Körper, die endothelische Zellen erkennen, die eine Herzattacke vorhersagen können, und Nachricht über das Smartphone geben. Ähnlich können zukünftig Krebszellen entdeckt werden und frühzeitig Gegenmaßnahmen getroffen werden. An der Stanford University wurde nicht nur die „gene expression" mit 1 TB, sondern auch die epigenomischen Daten (2 TB) und das Microbiom (3 TB) eines Menschen in analysierbarer Datenform gespeichert (vgl. Topol 2014).

Um diese neuen Möglichkeiten herum werden sich innovative Dienstleistungen und Produkte entwickeln, die auch die Strukturen und die Art und Weise, wie Medizin heute betrieben wird, verändern werden. Die Arbeitsteilung und die Organisation der Gesundheitsdienstleister wird sich ändern. Die Organisation, deren Infrastrukturen und das Unterbewusstsein der Organisation sind entsprechend umzugestalten bzw. anzupassen. Die Organisation und die Steuerung der Prozesse und die Qualitätssicherung müssen sehr bewusst wahrgenommen werden.

►   Gestalte die Produkte und Dienstleistungen so, dass maximaler Kundennutzen und Kundenloyalität entsteht und verankere die Produktentwicklungs-, Produktions- und Dienstleistungsprozesse in der Organisation in einer Weise, die Kundennutzen und Eigennutzen der Organisation gut ausbalanciert. Gestalte die Controlling- und Monitoringprozesse auf Führungsebene als das steuernde und kontrollierende Bewusstsein der Organisation und der ansonsten weitgehend im Unterbewusstsein der Organisation ablaufenden Kunden-, Dienstleistungs- und Organisationsprozesse.

Beispiel Industrieunternehmen

Ralph, der Betriebsleiter des Walzwerkes, hatte nun schon einige Erfahrung mit den neuen Simulations- und Optimierungsalgorithmen und Systemen der Fertigungslogistik vom Stahlwerk über das Walzwerk bis zur Wärmebehandlung und zum Finishing der Produkte. Die einzelnen Halbfertigprodukte waren alle eindeutig identifiziert und „wussten" bereits, was ihr nächster Fertigungsschritt war und welche Prozessparameter wie Walztemperaturen und Verformungsschritte dabei notwendig waren. Die Mühen der Umplanungen im Falle einer Produktionsänderung oder einer Störung waren gering – wesentlich geringer bei unvergleichlich besseren Ergebnissen als früher. Die Entscheidungsvorschläge konnten anschaulich in Simulationen plausibilisiert werden und anschließend die bestmögliche Entscheidung getroffen werden. Die Prozessparameter jedes einzelnen Halbfertigproduktes waren dokumentiert. Die Erfahrungen der Kunden mit ihren Produkten in der Weiterverarbeitung z. B. als Werkzeugstahl in der mechanischen Fertigung, wie Standzeiten etc. wurden dem Edelstahlunternehmen wieder zur Verfügung gestellt und mit den Produktionsparametern mit Big-Data-Technologien gemeinsam analysiert. Diese Hinweise wurden von den hauseigenen Metallurgen analysiert, gegebenenfalls wurden die Einsatzbedingungen mit den Kunden diskutiert und führten so zu Verbesserungen der Prozessparameter, nach denen auch präzise und kostengünstig produziert werden konnte. Die Kunden wussten, dass sie derartige Qualität an Werkzeugstahl für ihre spezifischen Anwendungsfälle nur bei diesem Unternehmen bekommen konnten. Die Loyalität der Kunden war durch diese neuen zusätzlichen Engineering-Dienstleistungen so hoch wie nie. Die Prozessingenieure und viele von Ralphs Mitarbeitern hatten mehr Kundenkontakt als je zuvor. **Martha, die Geschäftsführerin des Edelstahlunternehmens**, bemerkte, wie diese Erweiterungen des Produktes durch Dienstleistungen nicht nur die Loyalität der Kunden steigerten, sondern das eigene Unternehmen zunehmend prägten und die Kultur und das Unterbewusstsein ihres Fertigungsunternehmens veränderten.

Beispiel Handelsunternehmen

Markus, der Marketingmanager des Handelsunternehmens, hatte dem Vorstand im letzten Jahr entsprechende Vorschläge zur Entwicklung in Richtung „Smart Commerce" und „User Experience" gemacht, die überraschend schnell umgesetzt worden waren. Das Wasser stand dem Unternehmen ja doch schon „bis zum Hals". Nun stellten sich erste Erfolge ein. Die Anbindung an den Markt und an die Kunden war damit neu gestaltet. Die „User Experience" der Kunden mit inkompetenten Verkäufern, bei denen man vergeblich nach Beratung suchte, mit Hotlines, wo man nach langer Wartezeit weiterverbunden wurde und lästigen Anrufen von Online-Verkäufern und ähnlichen, waren in der Umstellungsphase erfolgreich vermieden worden. Es war gelungen, dem Kunden ein marken- und einkaufsspezifisches Erlebnis, zu vermitteln, das in sich konsistent war: auf der Website, im E-Mail-Marketing, in der Werbung, in den Suchmaschinen, im Callcenter, in den social-Media-Foren und bei den Serviceleistungen und Unterstützungsleistungen nach dem Kauf. Lediglich das Ranking in den großen Suchmaschinen war noch nicht überzeugend. Dafür war es gelungen, die Stärke der Verkaufsstandorte als Beratungs- Reparatur- und Altgerätesammelstellen zu nutzen und Onlinekanäle zu etablieren. Viele potentielle Kunden in der Region hatten Markus' Unternehmen nun als Favoriten auf ihrem PC oder Smartphone. Das Ranking in Google war nicht mehr so bedeutend. Die lokale Kooperation mit Handwerksbetrieben und die Logistikperformance des neuen Auslieferungslagers mit seinen Kommissionierrobotern etc. war beeindruckend. Die Geschäftsleitung war optimistisch, die für die Erneuerung notwendigerweise gestiegene Fremdkapitalquote bald wieder senken zu können. Die Kundenorientierung der Mitarbeiter, die Qualität der Beratung im Geschäft und am Telefon waren top. Der Fortbestand des Unternehmens schien gesichert. Markus war überzeugt, einen wichtigen Beitrag dazu geleistet zu haben.

Sandra, die Chefärztin der internen Medizin, unterhielt sich gerade entspannt mit **Robert, ihrem langjährigen Oberarzt**, bei einem Abendessen anlässlich seines 30-jährigen Dienstjubiläums in dieser Abteilung. Sie reflektierten die stürmische Entwicklung der letzten 3 Jahre, in denen sich technologisch so viele Entwicklungen aufgetan hatten, mit denen sie 5 Jahre zuvor nicht gerechnet hatten. Big Data, die neuen Möglichkeiten der Sensorik und Diagnostik und die personalisierte Medizin hatten einiges verändert. Die Leistungen für ihre Patienten waren andere geworden. Die niedergelassenen Internisten der Region waren zum Großteil im Krankenhaus tätig – die meisten angestellt – und erbrachten hier ihre ambulanten Leistungen an den Patienten. Die stationären Aufenthalte waren weniger und kürzer. Viele Leistungen wurden telemedizinisch erbracht, z. B. in Form von Telekonsilen mit Allgemeinmedizinern oder geriatrischen Konsilen mit Altenheimen. Die Messung einfacher Parameter als Grundlage für Diagnostik und das spätere Monitoring erfolgte vor allem bei den zahlreichen chronisch kranken Patienten mit Herz-Kreislauf-, Krebs- oder Stoffwechselerkrankungen beim Patienten zuhause und war für die behandelnden Ärzte anschaulich visualisiert verfügbar. Auf schwierige Fälle konnte man sich mit den neuen kontextbezogenen Zugängen zu Literatur- und Wissensdatenbanken gut vorbereiten. Die Monitoringdaten wie Blutdruck, Blutzucker, Gewicht, Blutgerinnungsparameter etc. waren im Zeitverlauf übersichtlich verfügbar. Sogar Biomarker für sich ankündigende Herzinfarkte bei Risikopatienten, die mit implantierbaren Sensoren detektiert werden konnten, zeichneten sich am Horizont der medizintechnischen Entwicklung bereits ab. Entscheidungsunterstützende Systeme machten unaufdringlich Vorschläge zu Diagnostik und weiterer Vorgangsweise, die die Mitarbeiter aber eigentlich meist plausibilisierten. Die neuen Trainingsmethoden am Simulator hatten gewirkt und wurden inzwischen gerne angenommen. Die Patientengespräche konnten nun viel individueller geführt werden. Der Patient hatte nun eine Art „Vertrauensarzt im Krankenhaus", wie das früher nur in den Arztpraxen möglich war. Die Terminvereinbarungen mit dem Vertrauensarzt klappten gut. Bei Notfällen konnte sich der jeweils diensthabende Arzt schnell und kontextbezogen in der übersichtlich aufbereiteten Krankengeschichte informieren. Der Verwaltungs- und Suchaufwand für die Ärzte waren signifikant zurückgegangen. Die Nachbetreuung erfolgte oft mit einer „E-Mail-Visite" mit strukturierten Fragebögen, sodass alle Ärzte wesentlich mehr über den Erfolg ihrer Behandlung wussten als je zuvor. Sandra und Paul meinten, dass das die Qualität ihrer Ärzte verbessert hatte und die Ärzte fühlten sich sicherer und besser. Sie konnten sich nun die Bewerber für die Ausbildungsstellen aussuchen. Der Ruf ihrer Abteilung war hervorragend.

5.2.2.9 Sicherheit

Die extensive Nutzung der neuen Technologien und ihre Einbettung in Produkte, Dienstleistungen und Prozesse, die aus Konkurrenzgründen meist unumgänglich sind, und die zum Teil des Unterbewusstseins der Organisation wird, erfordert aber auch einen bewuss-

ten Umgang mit dem Thema Sicherheit in einer Art und Weise, die Innovation und Kreativität nicht gefährden. In Ergänzung zu den Erörterungen zum Thema Sicherheitsarchitektur in Zusammenhang mit den informationstechnischen Infrastrukturen seien an dieser
Stelle vor dem Hintergrund der letzten Kapitel noch ergänzende Überlegungen angestellt:
In der Wochenzeitschrift ZEIT (vgl. Himpsl 2014) wurde das Thema Sicherheit in Auf-
arbeitung des NSA-Skandals mit Blick auf die Industrie gut zusammengefasst: Vernetzte,
hoch automatisierte Fabriken bieten viel Angriffsfläche. Die Angriffe kommen nicht nur
aus dem Inland, sondern auch von ausländischen Konkurrenzunternehmen – und Geheim-
diensten. Eine Befragung der Wirtschaftsprüfungsgesellschaft Ernst & Young ergab, dass
die Angst vor Angriffen aus dem Ausland deutlich zugenommen hat. Vor allem gegenüber
den US-Amerikanern ist das Misstrauen gewachsen: 26 % der befragten deutschen Unternehmen befanden im Sommer 2013, dass von den USA eine besonders hohe Industriespio-
nagegefahr ausgehe – 2 Jahre zuvor waren es nur 6 % gewesen.

Das Problem der Industriespionage wird vor allem deshalb brisanter, weil ein Großteil
der Unternehmenskommunikation heute digital abläuft. Und komplexe IT-Systeme haben Schwachstellen: Drahtlose Firmennetzwerke lassen sich hacken, Firewalls überlisten,
Mobiltelefone abhören. Ein infizierter E-Mail-Anhang kann sich, erst einmal geöffnet,
auf dem Rechner ausbreiten und Informationen absaugen. Das Risiko der Spionage, aber
auch der bewussten Schädigung bis hin zum Terrorismus und der Erpressbarkeit mit entsprechenden Drohungen ist besonders groß für die Fabriken der Zukunft („Industrie 4.0"),
wo die Produktions- und Montagevorgänge eigenständig zwischen den Maschinen und
Werkstücken untereinander ausgehandelt werden – ein Internet der Dinge. In einer herkömmlichen Fabrik ist es vergleichsweise schwer, von außen an die Fließbänder und Fer-
tigungsanlagen heranzukommen. In einer vernetzten, hoch automatisierten Fabrik könnte
ein Angreifer von außen Viren einschleusen und die Produktion stilllegen. Die CIA hatte
ja angeblich mit STUXNET die Uranzentrifugen in den iranischen Atomanlagen sogar
teilweise zerstört.

IT-Sicherheit wird für alle Unternehmen immer wichtiger. Häufig gehen sensible
Unternehmensdaten aber auch verloren, ohne dass der Angreifer sich mit großem technischen Aufwand in der digitalen Infrastruktur eines Unternehmens einnisten muss: Gegen
einen bestochenen Informanten, der Konstruktionszeichnungen spätabends kopiert und
nach draußen schmuggelt, ist kaum ein Unternehmen gefeit.

Die Spionagerisiken durch das eigene Personal werden von vielen Firmen unterschätzt.
Die Gefahr geht vor allem von notorisch unzufriedenen Mitarbeitern aus, von Leuten,
die frustriert sind und das Gefühl haben, im Unternehmen nicht voranzukommen. Wer
sich vor Industriespionage schützen will, kommt am Faktor Mensch nicht vorbei. Eine
hohe Mitarbeiterloyalität ist eine der wichtigsten Sicherheitsvorkehrungen. Sicherheit ist
auch eine Frage der Betriebsatmosphäre. Möglichkeiten zur Statusermittlung sind anony-
misierte Personalbefragungen oder professionell aufgesetzte „Whistleblower-Hotlines",
wo anonymisiert Hinweise gegeben werden können: Man muss herausfinden, wo es zwi-
schenmenschliche Probleme gibt – und dann auch Konsequenzen ziehen. Oft lässt sich

die Mentalität einer ganzen Organisationseinheit durch den Austausch einer einzelnen Führungskraft spürbar verbessern. Es geht um „psychologische Arbeitssicherheit". Es ist entscheidend insbesondere an kritischen Stellen – aber das gilt auch generell im betrieblichen Gesundheitsmanagement – das Selbstwertgefühl des Mitarbeiters einzuschätzen. Gehen wir davon aus, dass das Selbstwertgefühl aus drei Elementen besteht: Familie/ Freunde, Beruf, die Person selbst (Selbstvertrauen, Gesundheit etc.). Wenn ein Element mehr ausmacht als die Summe der beiden anderen, besteht höchste Gefahr, wenn dieses Element wegbricht. Dann ist die „psychologische Arbeitssicherheit" bei diesem Mitarbeiter möglicherweise in Gefahr und das Risiko von bewussten Fehlhandlungen hoch (vgl. Müller 2014).

►   Baue eine kluge Sicherheitsarchitektur, welche die technischen, organisatorischen und menschlichen Fehlermöglichkeiten berücksichtigt und definiere klare Verantwortlichkeiten dafür in der Organisation. Kommuniziere – ohne die Sicherheit zu gefährden – angemessen und offen darüber und vermeide es, eine Misstrauenskultur zu etablieren.

5.2.2.10   Künstliche Intelligenz

Das Thema der künstlichen Intelligenz (vgl. Abschn. 3.2.15) wurde von den grundsätzlichen – bis hin zu philosophischen Gesichtspunkten –, aber auch den Implementierungsaspekten weiter vorne beleuchtet. Was bedeutet dies für das Neu-Denken und die Innovation von Organisationen? Was ist eigentlich bereits relevant?

IBM hat seinen neuen Chip TrueNorth vorgestellt, der mit niedrigem Energieverbrauch (0,1 W Leistungsaufnahme) 4096 synaptische Kerne (das entspricht einer Million programmierbaren Neuronen mit 256 Mio. programmierbaren Synapsen) betreibt. Er benötigt dazu 5,4 Mrd. Transistoren. Das Design ist ein „ereignisgetriebenes". TrueNorth speichert Daten, verarbeitet sie und jeder neurosynaptische Kern kann mit jedem anderen über eine Crossbar-Kommunikationsarchitektur kommunizieren. Im Vergleich dazu besteht das Gehirn aus ungefähr 100 Mrd. Neuronen und 100 Billionen Synapsen. Die besonderen Fähigkeiten sind Mustererkennung und Klassifizierung von Objekten. Er könnte Schaltzentrale für das Internet der Dinge werden und die mobile Erfahrung, wie wir sie jetzt kennen, komplett verändern, sagt der Chefentwickler des Bereiches „Brain inspired Computing" von IBM, Dharmendra Modha.

Diese Chips – auch Konkurrenten von IBM arbeiten an solchen Designs – stoßen das Tor zum „Neuromorphic Computing" auf. Um höhere Leistungsfähigkeit zu erzielen und die vielen Verbindungen im Gehirn besser nachahmen zu können, werden „gestapelte" Chipdesigns notwendig werden.

Diese nun verfügbaren Technologieansätze des Neuromorphic Computing werden in die beiden großen Projekte zur Erforschung und zum „Nachbau" des Gehirns einfließen: Das Human Brain Project (HBP) in Europa und die „Brain Initiative" in den USA.

Richard Frackowiack vom HBP meint, dass man im medizinischen Kontext auf dem Weg sei von der symptombasierenden Diagnose zur mechanistischen Diagnose und dass die Diagnosenkataloge zum Teil umzuschreiben sein werden. Ziel des HBP ist es, einen Blueprint des Gehirns zu bauen und zu konstruieren: in allen Dimensionen vom „Basenpaar" bis zur kognitiven Ebene (vgl. Frackowiack 2014).

Der behinderte Forscher und Prothetiker Hugh Herr vom MIT hat eine Prothese für das Sprunggelenk entwickelt, das den Motor und die Sprungfeder mit im Sprunggelenk eingebauter Elektronik und intelligenter Software sowie in der Prothetik bereits verbreiteten Impulsen vom Beinstumpf steuert. Diese Prothese und zahlreiche andere am Markt verfügbare Prothesen wurden in einem Projekt von einem Team rund um Richard Walker zu einem Roboter und Androiden mit erstaunlichen Fähigkeiten zusammengebaut (vgl. Mayer 2014). Es fällt auf, dass in den Prothesen auch dezentrale Intelligenz eingebaut ist und nicht alles vom „Gehirn" des Androiden gesteuert wird, so wie beim Menschen. Auch in Systemen mit Fähigkeiten der künstlichen Intelligenz wird sich das Element der verteilten Intelligenz wohl noch einige Zeit behaupten – dieses Merkmal wird die Analogie zu „intelligenten Organisationen" erleichtern.

Der österreichische Philosoph Peter Kampits (2014) hat in den Vienna Lectures angemerkt, dass es eine anthropologische Konstante der Natur des Menschen sei, immer die natürlichen Gegebenheiten übersteigen zu wollen. Das habe sich evolutionsbiologisch durch Millionen von Jahren gezogen. Nun haben sich Hilfsmittel verselbständigt – wir beherrschen sie nicht mehr. „Der Mensch will über das hinausgehen, was er ist".

Die Kulturwissenschaftlerin Karin Harrasser spricht in ihrem Buch „Körper 2.0 – über die technische Erweiterbarkeit des Menschen" (2013) von Medien als Infrastruktur des Denkens, Fühlens und Handelns sowie vom Druck, der sich entwickelt – dem auch zunehmend viele Menschen folgen – von der Möglichkeit zur Selbstverbesserung hin zum Imperativ der Selbstoptimierung. Grundlage ihrer Forschungen und Ausgangspunkt ihrer Überlegungen sind Beobachtungen zur Entwicklung und Anwendung von Prothesen bei Menschen.

Diese Betrachtungen sind relevant, wenn wir darüber nachdenken, wie wir in den Organisationen Vorsorge treffen können, dass künstliche Intelligenz, automatisierte Entscheidungen und selbstlernende und selbstoptimierende Systeme, Algorithmen und Prozesse sinnvoll eingesetzt werden – unter dem Gesichtspunkt, dass, was technisch möglich ist, auch irgendwann seine Anwendung findet. Die Technologen sind schon weit in der intrakorporalen Zusammenarbeit Mensch und Maschine: Nanotechnologie, Mikroelektronik, die Fähigkeit, Chips zu implantieren etc. lassen vieles machbar erscheinen – bis hin zur Fähigkeit, z. B. die Aggressivität von Soldaten zu steuern. In Grenzbereichen hat ja auch schon der Gesetzgeber – zumindest in Österreich – Vorsorge getroffen: Eugenische Praktiken und das Klonen von Menschen sind verboten.

Systeme mit Fähigkeiten zur künstlichen Intelligenz werden in der Lage sein, selbständig Inhalte zu interpretieren. Suchmaschinen werden an Relevanz verlieren und künftig durch etwas wie Wissensmaschinen ersetzt werden, die situations- und kontextspezifisch Handlungsempfehlungen geben und allenfalls Handlungsalternativen anbieten werden.

Wie müssen wir uns in unseren Organisationen aufstellen und organisieren, damit wir mit diesen Technologien, die dieses Potential zur künstlichen Intelligenz haben, organisa-

torisch und ethisch bewusst umgehen und was sollen wir im Hintergrund – im Unterbewusstsein der Organisation – zulassen? So manches an „künstlicher Intelligenz" wird sich
dort „einschleichen". Wir sind gefordert, das zu erkennen und im Sinne der Gestaltung des
Unterbewusstseins der Organisation richtig damit umzugehen.

▶ Evaluiere die Einsatzmöglichkeiten und Szenarien zum Einsatz künstlicher
   Intelligenz in Form von (teil)automatisierten Entscheidungsfindungen und
   selbstlernenden und selbstoptimierenden Systemen, Algorithmen und Prozessen gründlich und implementiere Prozesse zur Evaluierung der Lernfortschritte
   hinsichtlich der Verbesserung bezüglich der gesetzten Ziele. Beobachte aufmerksam mögliche negative und positive Nebeneffekte. Wenn die Veränderungen nicht plausibel sind, ist eine bewusste Reflektion vor Implementierung und
   Weiterführung der Innovation angebracht.

Beispiel Krankenhauskonzern

Sandra, der Chefärztin für innere Medizin, war zu Ohren gekommen, dass das seit
Jahren in Einsatz befindliche regelbasierende System zur Bemessung der Insulinverabreichung bei Intensivpatienten und auch anderen Patienten nunmehr eine Selbstlernfunktion installiert bekommen sollte. Eine Selbstlernfunktion, die auf Basis von
Wirkmustern von Dosisverabreichungen in bestimmten medizinischen Konstellationen
und Situationen von hunderttausenden Fällen basierend auf statistischen Big-Data-
Algorithmen die Insulinverabreichung weiter optimieren sollte. Sie stoppte zunächst
dieses Verfahren und beriet mit ihren Mitarbeitern, wie man damit umgehen wolle.
Auch wenn diese Software nach dem Medizinproduktegesetz zertifiziert war, wollte
sie sich in ihrer Verantwortung diesen Automatismen nicht vorbehaltlos ausliefern. Sie
forderte für ein Jahr monatlich einen Bericht über die Fortschritte der Selbstlernal-
gorithmen in Bezug auf 50 standardisierte Fälle und konfrontierte das System mit 20
von Mitarbeitern willkürlich festgelegten – aber medizinisch plausiblen – Fallvarian-
ten. Diese Ergebnisse wurden im Beisein mehrerer Mitarbeiter und eines Spezialisten
für Endokrinologie diskutiert und plausibilisiert. Damit würde in Wahrnehmung ihrer
Letztverantwortung die Qualitätssicherung sichergestellt sein und ein Lerneffekt für
die Mitarbeiter erzielt werden. Sie sollten auch in Zukunft in der Lage sein, ohne dieses
System Insulingaben richtig zu bemessen.

Damit sind die Innovation an sich und die Innovation der Infrastruktur umfassend behandelt und es wurden zahlreiche Hinweise für die Gestaltung der Infrastruktur der Organisationen mit Blick auf das Unterbewusstsein und das Bewusstsein von Organisationen
gegeben. Nun wollen wir die Gestaltungsüberlegungen und -empfehlungen auf die Gesamtorganisation ausdehnen:

5.3   Organisation neu denken

Wenn wir das Modell einer Organisation (vgl. Kap. 4) betrachten, so beinhaltet es eine hierarchische Struktur. Wie tief strukturiert oder flach strukturiert man eine Organisation in Anbetracht der neuen Technologien und der in diesem Buch gewählten „verhaltenspsychologischen" und „kognitionswissenschaftlichen" Sichtweise des Unterbewusstseins und Bewusstseins von Organisationen? Dies wird nun in den nachfolgenden Kapiteln behandelt.

Grundlage dafür sind die vorne betrachteten – durch einige neue technologische Möglichkeiten induzierten – innovativen Infrastrukturen und die Anbindung der Organisation an die Sphäre der externen und internen Wissensquellen. Diese Sphäre der externen Informations- und Wissensquellen wird bei sehr selbstbezogenen Organisationen oft wenig beachtet. Manchmal werden die sich daraus ergebenden Chancen und Wirkungen als solche gar nicht erkannt. Die noch engere Vernetzung mit der Umwelt und Erweiterung der Wahrnehmung durch das Web 3.0, Werkzeuge der Augmented Reality und das Internet der Dinge – das Realtime Enterprise – erschließen neue, noch weitgehend nicht erkundete Möglichkeiten: Chancen zur Innovation für die Agilen einerseits bzw. Bedrohung für die Unbeweglichen andererseits.

Die Anbindung der Organisationseinheiten und ihrer MitarbeiterInnen erfolgt zum Teil direkt an diese „externen" Sphären, in jedem Fall aber auch an die Sphäre der internen Informations- und Wissensquellen, die ihrerseits Teil der technologischen Infrastruktur der Organisation (vgl. Abschn. 5.2.2) sind.

Leistungsfähigkeit der Suchmaschinen („search engines" und „knowledge engines") und ihre Handhabbarkeit und Treffergenauigkeit („Usability"), welche idealerweise durch lernende Algorithmen ständig zielgruppenbezogen verbessert werden, sind dabei von besonderer Bedeutung, da Daten und Informationen zunehmend unstrukturiert – dafür aber „getaggt" (versehen mit Tags) – abgelegt werden.

Ein Grundmerkmal erfolgreicher Organisationen der Zukunft wird die Kollaboration im Sinne des „Zusammenarbeitens" und des „Teilens" sein.

5.3.1   Kollaboration und „Shareconomy"

Kollaboration innerhalb der Organisation und mit Partnerorganisationen und das Teilen von Ressourcen und Wissen sind wesentliche Elemente eines wirtschaftlichen Paradigmas des Teilens. Diese wirtschaftliche Paradigma des Teilens („sharing economy" oder „shareconomy") ist mehr und anders als das Paradigma der „arbeitsteiligen Wirtschaft", wie wir sie seit Beginn der industriellen Organisation kennen. Erst die neuen Technologien haben hier neue Türen aufgestoßen und neue Geschäftsmodelle entstehen lassen. Dass dies manchmal auch Bedrohung für etablierte Branchen in bestimmten Segmenten sein kann, zeigen die Vermietung von Wohnungen an Touristen (z. B. Airbnb), das car-sharing vor allem in Großstädten und die Organisation von Mitfahrgelegenheiten (z. B. Uber) und

Transportdiensten (z. B. Checkrobin, eine Onlineplattform, die es Privatpersonen ermöglicht, einfach, schnell und flexibel Dinge aller Art zu transportieren).

Kollaboration ist mehr als Kooperation und erfordert mehr Bereitschaft zum Teilen. Ein wesentliches Element dabei ist das Teilen des Wissens. Ein effizienter Markt und Effizienz gelten als Ziel jeder Ökonomie – außer es geht um Ideen. Da haben wir ineffiziente Märkte geschaffen, wenn es um Innovation geht: Copyright, Patente, Betriebsgeheimnisse. Das heißt nicht, dass Patente aufgehoben und alle Formen von Innovation ab sofort ungeschützt sein sollten. Was wir laut Steven Johnson (2013), dem Innovationsforscher, aber sehen, ist: „Das Credo, dass – ohne die durch geistiges Eigentumsrecht erzeugte künstliche Verknappung – Innovation zum Stillstand kommen würde, ist schlichtweg falsch. Wenn wir uns die Frage stellen, welches System natürlicher ist, sticht der freie Fluss von Ideen das Patentrecht und die damit herbeigeführte künstliche Verknappung locker aus. Im Gegensatz zu Nahrung und Rohstoffen sind Ideen vom Wesen her selbstreproduzierend". Einzelkämpfer, die in ihren Labors patentrechtlich geschützte Innovationen austüfteln (wie Alfred Nobel) sind selten. Kollektive Erfindungen sind keine sozialistische oder sozialromantische Wunschvorstellung. Die Freiheit, auf die Ideen anderer zurückgreifen zu können, brachte oft mehr Nutzen als die Geheimniskrämerei. Ohne die Ahnungen und Ideen der Mitbewerber hätte man die wirklich großen Schritte ins Nächstmögliche oft nicht geschafft. „Viele gute Ideen entstanden auch dort, wo jeglicher finanzieller Anreiz fehlte", schreibt Steven Johnson.

Die „Open Data"- Bewegung und ihre Ergebnisse fußen auf dem freien Zugang zu Big Data als Grundlage dafür, neues Wissen zu generieren.

Die Kollaboration wird auch durch neue Standards in der Prozessintegration über Organisationen hinweg erleichtert. Das ist ein deutlicher Fortschritt gegenüber den Standards für reinen Daten- und Informationsaustausch, wie sie sich in den 1980er- und 1990er-Jahren des vorigen Jahrhunderts entwickelten. Ein Beispiel dafür im Gesundheitsbereich ist IHE (integrating the healthcare enterprise), das Prozessprofile für Standardprozesse und Spezialprozesse, z. B. im Bereich der Kardiologie beschreibt. IHE ist in zahlreichen Ländern als Standard vorgegeben. Damit werden z. B. die Medizintechnik-Hersteller gedrängt, interoperabel zu werden und damit organisationsübergreifende Prozesse für die Patienten zu erschwinglichen Preisen zu ermöglichen.

Als Grundlage für das „Neudenken der Organisationen" im folgenden Kapitel noch einige Sätze zur Gestaltung der Kultur und des Bewusstseins von Organisationen, die ja wesentlich vom Unterbewusstsein geprägt werden. Auch die Fähigkeit zur Zusammenarbeit und zum Teilen sind ja eine Frage der Haltung und der Kultur. Dabei sind natürlich auch Führungsfragen anzusprechen.

Danach werden wir in der Reihenfolge zunächst betrachten, was wir bei der Innovation im Bereich der Prozesse und der Ablauforganisation zu beachten haben, um das Unterbewusstsein der Organisationen möglichst zukunftsfähig zu gestalten. Danach beleuchten wir die Möglichkeiten in der Aufbauorganisation.

5.3.2   Kultur und Bewusstsein einer Organisation

Das Bewusstsein einer Organisation – und damit auch ein Teil der Kultur einer Organisation – wird wesentlich geprägt durch die Gedankenmodelle und die Disziplin des Denkens in der Herbeiführung von Entscheidungen.

Mission Statements, Visionen und daraus abgeleitete Unternehmensstrategien und strategische Zielsetzungen sind wesentliche Elemente einer guten Ausrichtung, Fokussierung und Steuerung eines Unternehmens bzw. einer Organisation.

Ausgehend von der Beherrschung des umfassenden Systemdenkens (siehe „Soft"-Infrastruktur, Abschn. 3.1.1) – gegebenenfalls unter Anwendung der Systemarchetypen (Lernende und lernfähige Systeme, Abschn. 5.2.2.7) zum Verständnis der wechselseitigen dynamischen und nichtlinearen Zusammenhänge in den meist komplexen Systemen – sind die im Abschn. 5.1.3 (in den Prozessen der Erkenntnis und der Entscheidung) formulierten Leitsätze gut als Hilfsmittel geeignet zur Gestaltung und zum Training des Unterbewusstseins einer Organisation und zu dessen „Pflege". Darüber hinaus ist die Art und Weise, wie eine Organisation geführt wird, ebenfalls prägend für Kultur und Bewusstsein einer Organisation.

▶   Verankere eine konsistente Disziplin des Denkens in der Organisation. Gemeinsame bzw. ähnliche Gedankenmodelle in den Teams und im Führungskreis helfen eine gemeinsam getragene Vision in Form konsistenter Zielsetzungen umzusetzen. Systemdenken und Committment zur Vision und zu den Zielen beeinflussen das Verhalten. Insbesonders die entsprechend gelebte Haltung der Führungskräfte und erfahrenen Mitarbeiter im Sinne eines „Führens durch Vorbild" sind notwendig, um der Tendenz komplexer Systeme, allen Versuchen, ihr Verhalten zu ändern, zu widerstehen („policy resistance"), entgegenzuwirken. Team Learning – verbunden mit exzellenter Führung und Vertrauen -prägen und entwickeln so Bewusstsein, Kultur und das Unterbewusstsein einer Organisation im täglichen Tun.

Im Folgenden eine Auflistung und – sofern sie vorne noch nicht ausgearbeitet wurden – Erläuterung dieser kulturellen Elemente einer Organisation:

Disziplin des Denkens, Gedankenmodelle
Dies umfasst das Systemdenken, die Disziplin des strukturierten Denkens mit der klaren Unterscheidung zwischen Tatsachen, Erkenntnissen, Schlussfolgerungen und Empfehlungen. Dabei werden die zugrunde gelegten Annahmen transparent gemacht, Arbeitshypothesen formuliert und daraus Fragestellungen zur Ermittlung der relevanten Fakten und Erkenntnisse abgeleitet. Das Training und die Beherrschung dieser Methoden und Techniken führen zu einer intuitiv geleiteten und besseren Qualität des Denkens und der Argumentation.

Eine gemeinsam getragene Vision entwickeln und leben
Die von allen geteilte Vision ist idealerweise umfassend und anschaulich wie ein Hologramm. Die einzelnen Menschen und Organisationseinheiten verhalten sich dann nicht nur entsprechend dieser Ziele im Sinne von „Compliance", sondern bekennen sich dazu im Sinne von „Committment". In der höchsten Form entsteht ein gemeinsamer Sinn und Zweck, der in Partnerschaft miteinander angestrebt wird.

Team Learning
Das Lernen von und in Teams ist entscheidend für die Konditionierung und das Training des Bewusstseins und damit des Systems 2 der Organisation. Es konditioniert aber auch das Unterbewusstsein der Organisation, geleitet von einer gemeinsam getragenen Vision und gedacht und argumentiert in ähnlichen Denkmodellen.

Führen durch Vorbild, Vertrauen
Nichts kann so viel im Unternehmen kaputtmachen wie schlechte Führungskräfte, die die Visionen und Strategien sowie die Grundhaltung zur Arbeit und zur Organisation nicht vorleben oder sie gar konterkarieren. Wenn beispielsweise die Kultur der absoluten Konzentration auf den Kunden bzw. Adressaten der Leistungen der Organisation nicht von den Führungskräften vorbildhaft vorgelebt wird, wird man es von den Mitarbeitern auch nicht erwarten können. Ähnliches gilt für den offenen Umgang mit Veränderungen. Das heißt nicht, dass der Verkaufsleiter der beste Verkäufer sein muss oder der Vorstand der bessere Finanzmanager, Verkäufer und Betriebsleiter. Es wäre unsinnig, das zu verlangen und es würde die Mitarbeiter in ihrer Kernkompetenz nur demotivieren. Es geht darum, wie sich die Führungskraft in heiklen Situationen, in Krisen aber auch bei Erfolgen verhält – welche Haltung sie an den Tag legt, sich mit Mitarbeitern berät, ihre Entscheidungen begründet etc. Reinhard K. Sprenger sagt: „Führende haben Folgende". Freiwillige Gefolgsleute sind das unabdingbare Gegenstück von Führungskräften. Die Kunst ist, Situation und Individuum entsprechend zur Passung zu bringen (Sprenger 2013). „Freiwillig" folgen heißt: Die Abwesenheit von Zwang, Wollen im Sinne des freien Willens. Freiwilligkeit setzt aber auch Vertrauen voraus. „Der Vertrauensmechanismus senkt nicht nur die Kosten der Zusammenarbeit, sondern ermöglicht erst Kooperation, die ohne Vertrauen gar nicht oder nur zu sehr hohen Kosten zustande käme", sagt Sprenger. „In einer unsicheren Welt wächst der Bedarf an Vertrauen rasant". Vertrauen ist eine Frage des konkreten Verhaltens einzelner Personen und zwar vor allem im Konfliktfall. Vertrauen bezieht seine Kraft aus der kollektiven Vorteilhaftigkeit von Vertrauen. Jeder ist zugleich Vertrauensgeber und Vertrauensnehmer. Vertrauen ist ein Teil der Kultur einer Organisation, ist zum großen Teil im Unterbewusstsein der Organisation angesiedelt und wird oft erst im intuitiven Verhalten, bei „Bauchentscheidungen" etc. sichtbar (System 1 nach Kahneman).

Das „Bewusstsein" der Organisation mit seinen wirklich bewusst und reflektiert herbeigeführten Entscheidungen und Handlungen umfasst Bereiche wie Strategie, Forschung und Entwicklung, Planung, Marketing, Rechnungswesen etc. Diese bilden wesentliche Teile des System 2 (nach Kahneman) einer Organisation.

Nun noch einige Anmerkungen zu den Themen Führung, Verantwortung und Motivation in Anlehnung an Sprenger, die ich auch aus eigener Erfahrung zum überwiegenden Teil bestätigen kann:

Führung, Verantwortung, Motivation

Führung heißt Führung zur Selbstführung idealerweise bis zum Punkt, an dem der Mitarbeiter keine Führung mehr braucht. Führung und Selbstführung brauchen Selbstbewusstsein. Wille ist der eigentliche Kern des Selbstbewusstseins, zumal Wille die wesentliche Erfahrung der eigenen Identität – des „Ich" – darstellt.

Selbstführung laut Sprenger bedeutet: Eigene motivationale Einstellungen zu haben und sie zu kontrollieren, Entscheidungen klug und abgewogen zu treffen, nicht angewiesen zu sein auf Lenkung und extrinsische Motivierung.

Zur Selbstführung ist auch Selbstverantwortung unabdingbar. Führen ist das Anleiten und „Führen zur Selbstverantwortung":

- Selbstverantwortung heißt Wählen – autonomes und freiwilliges Handeln
- Selbstverantwortung heißt Wollen – initiatives und engagiertes Handeln
- Selbstverantwortung heißt „Antworten" – kreatives und schöpferisches Handeln

Führungskräfte, die zur Selbstverantwortung motivieren, die Platz machen für Selbstführung, ermöglichen Selbstorganisation und damit auch andere aufbauorganisatorische Strukturen, wie wir später sehen werden.

Der Mitarbeiter muss fühlen, dass ihm vertraut wird. Führungskräfte müssen vermeiden, dass das „Wollen" des Mitarbeiters zum „Sollen" wird.

Führung – Management – Leadership: Drei Begriffe, die im täglichen Sprachgebrauch – im „Management-Deutsch" – immer wieder und oft synonym vorkommen. Lassen sie mich den Begriff Leadership, der vor allem auf der Ebene des Bewusstseins der Organisationen sehr häufig verwendet wird, der aber auch stark ins Unterbewusstsein wirkt, mit den Worten von Fredmund Malik (2007b), einem der führenden Managementdenker Europas, erläutern: „Wenn man schon Management und Leadership differenziert, muss man von einem möglichst positiv verstandenen Bild von Management ausgehen und von dort aus fragen, was Leadership darüber hinaus zusätzlich bedeutet. Es gibt zahlreiche Führungskräfte, die zukunftsorientiert sind, Weitsicht haben, Innovatoren sind und allen Kriterien von positiv verstandenen Führern entsprechen; als Menschen aber sind sie viel zu bescheiden, um sich jemals als Leader zu bezeichnen oder bezeichnen zu lassen. Das würde ihnen als Anmaßung erscheinen. Es genügt ihnen, als gute Manager und Führungskräfte zu gelten. Ich meine, dass wirklich gute Organisationen auf diesen Begriff gut verzichten können."

5.3.3   Organisation neu denken – Ablauforganisation

Hammer und Champy haben 1994 mit dem Managementklassiker „Business Reengineering" einen Meilenstein in der Managementlehre gesetzt und den Fokus sehr stark auf das
Prozessmanagement gelegt. Sie lösten damit den Hype rund um das Thema Lean Management, das die zweite Hälfte der 1980er-Jahre beherrscht hatte, ab. Prozessmanagement
ist inzwischen in zahlreichen Organisationen bereits geübte Praxis. Wollte jemand seine
Organisation nach – welcher Norm immer – zertifizieren lassen, war Prozessmanagement
immer mit dabei. Man begann sogar die Prozesskennzahlen zu definieren und zu messen,
was sich bei einer Vielzahl an Prozessen bald als hoher bürokratischer Aufwand heraus-
stellte. Die jeweils benannten Prozessmanager sahen sich bald gleichwertig wie Linien-
manager und stellten entsprechende Forderungen. In der Folge beschränkte man sich zunehmend auf kritische Führungsprozesse und unternehmenskritische Kernprozesse. Der
Neuigkeitswert ließ nach und andere Managementthemen traten in den Vordergrund, wie
z. B. Change Management. Mit der Definition und Messung von Führungsprozessen ver-
folgte man das Ziel, den Prozess immer mehr und nachvollziehbar zu verbessern. Eine
mögliche umfassende Beschreibung eines Prozesses und seines Umfeldes umfasst aus
meiner Erfahrung idealerweise folgende Elemente:

- Prozesskontext
- Prozessziele
- Prozessergebnisse hinsichtlich Struktur- Prozess- und Ergebnisqualität
- Prozessbeschreibung mit prozessauslösendem Ereignis, den Prozessschritten und dem
  prozessabschließenden Ereignis
- Gegebenenfalls Prozesskennzahlen

Diese vollumfängliche Beschreibung lässt sich am besten auf Führungsprozesse anwenden.
Bei Kernprozessen liegt der Fokus stärker auf den Prozessschritten und der Flexibilität bei
Ad-hoc-Änderungen. Der Wert liegt dabei oft darin, anhand von beispielhaften Referenz-
prozessen mit den Beteiligten in strukturierter Form anhand der – meist grafischen – Prozessbeschreibung den spezifischen Prozess zu definieren und Klärungen bei Auffassungs-
unterschieden herbeizuführen. Wenn die Prozesse routinemäßig laufen, werden die Prozessbeschreibungen eher selten hervorgeholt, es sei denn, dass Änderungsbedarf diskutiert
werden muss. Bei selten benötigten Prozessen kann eine prozesshafte Darstellung die ein-
zuhaltenden Regeln gut veranschaulichen und für den richtigen Informationsfluss sorgen.
    Die beschriebenen Prozesse sind – in der Analogiebetrachtung – so etwas wie die Parti-
tur für die verschiedenen Instrumente bzw. Stimmen eines Orchesters bzw. Chors. Bei gut
eingespielten Orchestern kann sich der Dirigent auf sehr sparsame Interventionen beim
Dirigieren beschränken. Man fragt sich oft, was wäre, wenn der Dirigent einmal nicht
dabei wäre…
    Die Prozessbeschreibungen sind oft indirekt ein Abbild der Aufbauorganisation und de-
ren Komplexität. Ein weiteres Abbild der Aufbauorganisation und deren Komplexität sind
die Datenstrukturen, insbesonders die Aggregationsebenen und zugehörigen Kennzahlen

in Managementinformationssystemen. Die neuen In-Memory-Computing-Technologien und Visualisierungsmöglichkeiten machen die früheren EDV-technischen Restriktionen und Gründe für Datenverdichtungen obsolet, was ebenso als Anstoß für das Neudenken von aufbauorganisatorischen Strukturen herangezogen werden kann. Ein dritter Indikator für allfällig zu komplexe Aufbauorganisation neben Prozessbeschreibungen und Reportingstrukturen im Managementinformationssystem sind Projektvereinbarungen, wo in komplexen Organisationen ungewöhnlich viele Teilnehmer in Projektausschüssen sitzen. Ein jeder hat ein bisschen Verantwortung und will mitreden – im schlimmsten Fall will er durch Störung und gut argumentierte Blockade etwas für sich und seine Organisationseinheit „herausholen".

Heute ist die Herausforderung oft, schneller, flexibler und agiler zu sein als die anderen. Durch geschickte Parallelisierungen von Prozessschritten sind oft erhebliche Verbesserungen erreichbar.

Die leistungserbringenden Geschäftsprozesse – oft Kernprozesse genannt – bilden in der Regel die Transaktionen als wesentlichen Teil der gültigen Geschäftsmodelle ab.

Es ist wesentlich, Prozessinnovation als wesentlichen Teil von Business-Innovation zu verstehen. Traditionell steht meist die Produktinnovation im Vordergrund. Zwar ist der Umsatz oft die Folge von Produktinnovationen; ob dieser profitabel ist, wird allerdings durch Prozessinnovation entschieden (vgl. Suter und Weitlaner 2014; Suter et al. 2014).

Die Verschmelzung von Produkt und Dienstleistung in Form von „hybriden Leistungsbündeln" oder „service-enabled products" unterstreicht diese Aspekte der „business innovation".

Oxford Economics (2011) meint, dass die reine Fokussierung auf herkömmliche geschäftliche Transaktionen einen Wissensverlust für die Organisation bedeuten würde. Der Wissensaustausch erfolgt nur, wenn Zusammenarbeit im Geschäftsprozess eingebettet ist. Die Gestaltung der Geschäftsprozesse hat damit auch einiges mit Wissenstransfer und Wissensgewinnung zu tun. Es hat seinen Grund, dass im Vergleich zu früheren EDV-technischen Implementierungen von Geschäftsprozessen nunmehr verstärkt Techniken nahe an den Daten-, Informations- und Wissensquellen angesiedelt sind und auch Social-Media-Techniken einbinden. Der verantwortliche Mitarbeiter bewegt sich in loser Prozessführung mit ausreichenden Möglichkeiten, ad hoc einen Zwischenschritt einzulegen oder sich eventuell auf Anregung des Systems andere Wissens- und Informationsquellen anzuschauen. Er hat idealerweise das Ziel im Fokus und Vision, Zielsetzung, Aufgabenstellung und Verantwortung im Hinterkopf. Die Systeme unterstützen ihn dabei.

▶ Gestalte eine flexible und mit dem Gesamtunternehmen und den internen und externen Partnern, Kunden und Wissensquellen gut vernetzte Prozessmanagementumgebung, in der verantwortungsbewusste Mitarbeiter entsprechend ihrer Aufgabenstellung termingerecht, vollständig, rasch, flexibel und intuitiv handeln können. Nimm den damit möglicherweise einhergehenden Kontrollverlust und die Nicht-Vorhersagbarkeit (Emergenz) nach grober Risikoevaluierung in Kauf. Ermögliche Kollaboration auf sozialer und technischer Ebene.

Martha, der Geschäftsführerin des Edelstahl-Produktionsunternehmens, wurde zunehmend klar, dass die Analyse der Sensordaten im Walzwerk eine sich dynamisch entwickelnde Technologie war, die auch davon lebte, dass andere Walzwerksbetreiber mit ähnlichen Anlagen ihre Daten einspeisten. Das war aber nur über den Anlagenbauer möglich. Auch wenn sich Instandhalter und Betriebsleiter sehr skeptisch zeigten, erkannte der **Projektleiter Gabriel** bereits die Unmöglichkeit, dieses Know-how alleine im Unternehmen vorhalten zu können. Außerdem standen auch andere Betriebe wie Stahlwerk und Wärmebehandlung vor ähnlichen Situationen. Der Pionier war das Walzwerk. Martha gab Gabriel nun den Auftrag, Kollaborationsprozesse mit dem Anlagenlieferanten so zu definieren, dass das eigene Unternehmen möglichst wenig an Autonomie und Souveränität verlor und doch die technologischen Entwicklungen nutzen konnte. Die Betriebshoheit – wann ein instandhaltungsbedingter Stillstand einzuplanen war etc. – musste unbedingt im Unternehmen bleiben. Ein Nebenziel war, die Bezahlung des Partners zumindest teilweise an Verfügbarkeiten und Instandhaltungskosten zu knüpfen.

5.3.4 Organisation neu denken – Aufbauorganisation

Die Beschäftigung mit der Ablauforganisation und dem Prozessmanagement hat gezeigt, dass die Aufbauorganisation oft Quelle von – scheinbar unnötiger – Komplexität war bzw. ist und dass die Kollaboration mit internen und externen Partnern und Kunden und der Zugriff auf interne und externe Wissensquellen immer dringlicher werden. Dies erfordert nicht nur die flexible Verbindung all dieser Elemente in einem sicheren Netzwerk mit der Gewährleistung einer bestmöglichen User Experience" und neue ablauforganisatorische Zugänge, sondern auch ein „Neudenken der Aufbauorganisation". Damit geht es um Machtgefüge, Einkommenshöhen etc. Manche Experten meinen, „Social Collaboration" – „Zusammenarbeit" – laute das neue Arbeitsparadigma, für das die entsprechenden Infrastrukturen bereitzustellen sind und die Organisation entsprechend zu gestalten ist.

Amartya Sen, Nobelpreisträger für Ökonomie, hat gesagt: „Entwicklung ist der Prozess der Ausweitung von Freiheiten". Es geht auch um die Neuordnung von Verantwortlichkeiten. Sprenger spricht mit Blick auf heutige Strukturen von häufig vorzufindender „organisierter Unverantwortlichkeit" (Sprenger 2013).

Zahlreiche Hierarchiestufen, wie wir sie heute oft vorfinden, erleichtern es, den oberen hierarchischen Rängen hohe Gehälter zu zahlen, die sich Stufe für Stufe nach unten verringern. Dies hat natürlich Auswirkungen auf den Veränderungswiderstand der eigentlich veränderungsverantwortlichen Strukturen in den oberen Rängen.

Den größten Veränderungsdruck können wohl die Märkte ausüben. Die sich weltweit schnell ändernden Märkte zwingen traditionell ausgerichtete westliche Unternehmen zunehmend dazu, sich von der strikt hierarchischen Entscheidungsfindungs-Kultur zu verabschieden und sich eine marktähnliche „organische" Netzwerkstruktur zu geben – nicht unähnlich dem Internet selbst. Dabei gilt es für große internationale Konzerne, die Vorteile der Größe zu nutzen und trotzdem agil zu sein. Erfolgreiche internationale Konzerne fügen zunehmend nicht mehr lokale nationale Gesellschaften unter einem Dach zusammen, sondern platzieren Unternehmensfunktionen dort, wo sie günstige Kosten, qualifizierte Arbeitskräfte und Rohstoffe vorfinden. Die Fortschritte in der Informationstechnologie und in der Business- und Datenanalyse machen es möglich, die Performanz und die Marktentwicklungen zeitnahe zu verfolgen und steuernd einzugreifen.

Nach Dr. Sviokla von Price Waterhouse Coopers treiben solche Unternehmen über die oben beschriebene globale Integration hinaus in Richtung „edge-based organisations": In dieser Organisationsform werden die Verantwortlichen und ihre Teams ermächtigt am „Rand der Organisation" – an der Außengrenze zum Kunden und zum Markt – sehr autonom zu agieren. Diese „edge-based organisations" charakterisieren sich durch die Fähigkeit zur Selbstorganisation, verteilte Entscheidungsfindung und hohe Marktanpassungsfähigkeit (vgl. Oxford Economic 2011). Die Gesamtorganisation braucht in dieser Struktur ein angemessen gut gestaltetes „Unterbewusstsein", um der Vision und den Zielen der Gesamtorganisation zu entsprechen und der Selbststeuerung den geeigneten Rahmen zu geben.

Die Organisationsform der „Taskforce" oder einer „Special Force"-Einheit, in der jeder das klare Bewusstsein zur Ausgangslage hat, die Werte, die Vision und die Ziele der Organisation kennt und die Fähigkeiten und die Autorisierung hat, Maßnahmen zu setzen bzw. dezentral entsprechende Vollmachten zu erteilen, ermöglicht die rasche Umsetzung von Zielen.

Präsident Obama hat bereits im Wahlkampf 2008 seine Wahlkampforganisation mit allen Mitteln zur Selbstorganisation und Verbreitung seiner Botschaften mit digitalen Mitteln ausgestattet. Durch ständiges Updating der verteilten Organisation und das zeitnahe Monitoring des Geschehens mit den modernsten digitalen Mitteln wurden die Frontleute ermächtigt, dezentral Versammlungen einzuberufen, E-Mail-Kampagnen und Messaging-Kampagnen durchzuführen, Umfragen zu machen etc. In den Wahlkämpfern zuvor musste dies meist zentral autorisiert werden. Für die zentrale Wahlkampfleitung funktionierte das „Unterbewusstsein der Organisation" hervorragend und sie konnten rasch und effizient zentrale Botschaften unter die Menschen bringen. Fehlentwicklungen konnten durch zentrales Monitoring und „Alerting" auf Basis der Beobachtung u. a. der Social-Media-Kanäle rechtzeitig erkannt werden und es konnte schnell gegengesteuert werden.

▶ Denken wir unsere Organisationen neu und organisieren wir sie möglichst flach. Schaffen wir die notwendigen technischen Voraussetzungen: flexibles und agiles Prozessmanagement verbunden mit guter Vernetzung zu internen und externen Partnern, Kunden und Wissensquellen sowie Managementinformationssysteme auf Basis der operativen Transaktionsdaten – ohne hierarchische Verdichtungsstrukturen.

Die richtige Kopplung der Infrastrukturen zur Kooperation und Kollaboration und zur Prozessermöglichung und Prozessintegration sind die entscheidenden technischen Herausforderungen. Diese erfordern saubere Informationsmanagementstrategien mit der richtigen Plattformstrategie auf Basis etablierter verbreiteter Standards.

▶   Ermögliche Kollaboration und Selbstorganisation. Die neuen flachen Organisa-
    tionen brauchen einerseits Mitarbeiter, die bereit und in der Lage sind, Verant-
    wortung zu übernehmen und andererseits Führungskräfte, die ihre Mitarbeiter
    zur Selbstverantwortung motivieren, die Platz machen für Selbstführung und
    die Selbstorganisation ermöglichen.

Die Organisationsformen der befristeten oder unbefristeten Arbeitsgruppe, einer Taskforce
etc. können als bewusste Maßnahme gegen intuitiv – vom System 1 gesteuerte bzw. getriggerte – Reaktionsmuster der Beharrung auf den Interessen der Organisationseinheiten
eingesetzt werden und führen zur strukturierten bewussten Lösungsfindung.

Eine ähnliche integrative Wirkung können klug aufgesetzte Zertifizierungs- und die
damit verbundenen Auditprozesse entfalten, wenn sie im Sinne und mit in der ehrlichen
Zielsetzung des organisatorischen Lernens aufgesetzt sind.

▶   Setze befristete und unbefristete Arbeitsgruppen, Taskforces etc. mit kla-
    ren Aufgaben ein und implementiere regelmäßige Audits, um „die Organisa-
    tion wach zu halten". Sie sollen helfen, Beharrungen zu lösen und innovative
    Lösungen zu finden. Eine klug gewählte Diversität der Arbeitsgruppen in ihrer
    Zusammensetzung verhindert unbewusste Reaktionsmuster der „eingelaufe-
    nen" Organisationseinheiten.

Moderne Organisationen sind riesige Netze miteinander verbundener Aufgaben. Die her-
ausfordernden Aufgabenstellungen zu bewältigen, erfordert sozial und technisch gut qualifizierte Mitarbeiter, die auch die Verantwortung für sich selbst zu tragen in der Lage sind
und nicht leicht ins Burnout gleiten.

Die wichtigste Führungsaufgabe wird die Stärkung der Selbstverantwortung im Unter-
nehmen sein. Es wird tendenziell immer weniger Führungskräfte mit immer größeren
Führungsspannen geben. Die Führungskräfte müssen damit mehr „lassen" als „machen".
Das sind gute Bedingungen, um die Möglichkeit zur Selbstverantwortung zu schaffen.
Selbstverantwortung ist laut Sprenger Voraussetzung für Committment und damit für ex-
zellente Leistungen.

Die bedeutendsten Führungsaufgaben dabei sind:

• die Personalauswahl,
• die Personalentwicklung (inkl. des Herausnehmens von Mitarbeitern aus der Verantwortung) mit Training und Weiterbildung,
• die Befähigung und Ermutigung der Mitarbeiter, Verantwortung zu übernehmen und
  selbständig zu handeln sowie von Rückdelegation Abstand zu nehmen,
• die Vereinbarung von Zielen und
• das Monitoring der Prozesse (insbesonders der Entscheidungsprozesse), der Kunden-
  und Partnerbeziehungen und der Zielerreichung.

Die Mitarbeiter müssen wissen, wann die Führungskraft zu involvieren ist und wann sie – aus der Sicht der Führungskraft – im „Unterbewusstsein der Organisation" ihre Entscheidungen ohne Rücksprache treffen können und sollen. Sie müssen ihrerseits für sich beurteilen, wo sie intuitiv entscheiden (System 1) und wo sie Zeit zur genaueren Analyse investieren (System 2). Eine flache Struktur erschwert ein Um-sich-Greifen von Rückdelegation und versuchter Abschiebung von Verantwortung. Führungskräfte, die dazu neigen, ihre Wichtigkeit damit zu definieren, dass sie möglichst viele Entscheidungen treffen und Rückdelegation geradezu herausfordern, werden dies in einer flachen Organisation mit hohen Führungsspannen nicht schaffen. Die Wertigkeiten der Begriffe Führungskraft und Mitarbeiter werden zukünftig mehr „zusammenrücken".

Ein „gut eingestelltes Unterbewusstsein" ermöglicht einen relativ mühelosen und effizienten System-1-Modus und eine gute und effiziente Organisation. Ständiges Handeln im System-2-Modus wäre zu anstrengend und wenig effizient. Arbeitsgruppen, Projektgruppen, erfahrene Mitarbeiter und die Führungskräfte haben die Aufgabe, ständig auf die gute „Einstellung des Unterbewusstseins" auf der jeweiligen Kaskadenstufe zu achten, indem sie sich zeitweise bewusst in den System-2-Modus versetzen und ihr Handeln reflektieren und sich um einen kontinuierlichen Verbesserungsprozess bemühen.

Eine Schlüsselaufgabe in der zunehmend vernetzten Welt ist das Management von Kooperationen. Dies erfordert nach Klärung der Ziele und Aufgabenverteilung in der Kooperation einerseits die aktive Gestaltung der Prozesse und andererseits das Zulassen von kreativer Selbstorganisation. Kooperation und Selbstorganisation führen zu gelebter Zusammenarbeit im Sinne von Kollaboration – „zusammen am selben Ziel arbeiten"

Ein schwieriger Prozess ist die Anpassung der Entlohnungs- und Incentivestrukturen. Die oberen Führungsebenen fürchten bei einer Verflachung der Organisation natürlich Auswirkungen auf ihre Entlohnung. Daher ist von diesen – vor allem, wenn sie noch weit von der Pensionierung entfernt sind – der größte Veränderungswiderstand zu erwarten. Entlohnungs- und Incentivesysteme, welche die hierarchische Komponente und die hierarchische Verantwortung übermäßig betonen – sprich auch sehr hoch, manchmal übermäßig entlohnen – erzeugen Spannungen und Spannungsbrüche in Form des Exodus oder der inneren Emigration guter und wertvoller Mitarbeiter. Nach den Umstellungsproblemen auf eine flache breite Organisation wird sich das deutlich ändern.

Das Outplacement von Führungskräften ist eine große Herausforderung in der Umorganisationsphase, da tendenziell ältere erfahrene Mitarbeiter betroffen sind, die Probleme damit haben, in einer breiteren und flacheren Organisation – mit weniger Macht ausgestattet – mit ehemaligen Untergebenen auf gleicher hierarchischer Ebene weiterzuarbeiten. Dazu ist zu sagen, dass sich die prototypischen Wissensorganisationen – die Universitäten – dadurch auszeichnen, dass beispielsweise ein Professor als Dekan für einen gewissen Zeitraum eine höhere hierarchische Position einnimmt und über mehr Macht verfügt und danach wieder eine Reihe zurückgeht, ohne „psychischen Schaden" zu nehmen. Es gilt, diese Kultur auch in anderen Organisationen und insbesonders in Unternehmen zu etablieren. Dies sollte eigentlich umso leichter sein, als viele Unternehmen von sich – meist nachvollziehbar – behaupten, auch eine Wissensorganisation zu sein.

In Schweden – wo das Pensionsantrittsalter wesentlich höher ist als in Österreich oder Deutschland – ist es üblich, dass ältere Mitarbeiter in ihren letzten Berufsjahren – gegebenenfalls in Altersteilzeit junge aufstrebende Mitarbeiter oder Projektleiter unterstützen oder coachen, in Konfliktsituationen als Mediatoren zur Verfügung stehen etc. und die jüngeren Kollegen beraten, ohne sie zu bevormunden.

Beispiel Krankenhauskonzern

Paul, der CEO des Krankenhauskonzerns, war im Rückblick auf die letzten Jahre stolz darauf, dass es gelungen war, eine Führungsebene im Konzern eliminiert zu haben. Er und seine Vorstandskollegen hatten zwar jetzt eine noch breitere Führungsspanne; andererseits erhöhte das aber den Druck auf die Führungskräfte seines Unternehmens, selbständiger und zielorientierter zu agieren. Die Motivation war hoch. Die Zielvereinbarungen mit variablem Gehaltsanteil waren zwar ein Diskussionspunkt im Aufsichtsrat gewesen, aber sie waren vom Großteil der Führungskräfte positiv aufgenommen worden. Das laufende Geschäftsjahr sah von den Ergebnissen her gut aus und die ehrgeizigen Budgetziele schienen durchaus erreichbar. Andererseits gab es noch einige Unklarheiten und Kritik im Zusammenspiel der flachen Organisation – insbesonders zwischen den nun sehr flach strukturierten Organisationseinheiten des zentralen Konzernmanagements und den Anstaltsleitungen in den einzelnen Krankenhäusern. Paul war überzeugt, dass die neue flache Organisation und die noch nicht eingelaufenen neuen Prozesse bald im Unterbewusstsein des Unternehmens verankert sein würden. In einigen Jahren würde er wissen, ob der eingeschlagene mutige Weg auch langfristig erfolgreich war.

5.3.5 Integriertes Managementsystem als Gerüst und „Betriebssystem" der Organisation

Man könnte nun meinen, dass die Aufbauorganisation und die Stellung der Führungskräfte mit der Einführung einer flachen Organisation an Bedeutung verlieren würde. Das Gegenteil ist der Fall. Die Menschen denken in Strukturen und orientieren sich an Strukturen. Sie wurden und werden in Strukturen sozialisiert. Bemühen wir einen Analogievergleich an einer neuen medizinischen Technologie: Beim Tissue Engineering – dem Züchten von Geweben – ist es entscheidend, dass eine Struktur vorgegeben wird, an der das Gewebe bzw. das Organ wachsen kann und sich die richtigen Zellen in richtiger Ausprägung richtig anordnen. Dazu brauchen sie den richtigen genetischen Code und die richtige Umgebung.

Alle Organisationen arbeiten in einem spezifischen Umfeld mit internen und externen Elementen und „Bausteinen": Organisationseinheiten, Mitarbeitern, Standorten, Produkten, Leistungen etc. Mitarbeiter und Organisationseinheiten, Teilorganisationen etc. verfügen über ein Bewusstsein und ein Unterbewusstsein. Das Bewusstsein drückt sich aus im willentlichen Bemühen einer Organisation und kommt zum Ausdruck in Visionen, Zielen, Strategien, Machtstrukturen, Organisationsstrukturen etc. Organisationen haben in der Regel bereits bei ihrer Gründung ein Bewusstsein, wenn Zweck, Ziele und Struktur im Gesellschaftsvertrag, in der Stiftungsurkunde, im Vereinsstatut etc. festgelegt sind. Das Unterbewusstsein entwickelt sich erst später, wenn die Elemente und Bausteine der Organisation interagieren, wenn sich Infrastrukturen herausbilden, wenn Abläufe definiert werden und geändert werden etc. Der Einfluss darauf kann – wie oben an vielen Facetten dargestellt – direkt und indirekt, aber selten unmittelbar, meist nur verzögert in seiner Wirkung genommen werden. Meist erfolgt das im Wege des Bewusstseins und sickert dann ins Unterbewusstsein – so, wie man das Autofahren erlernt.

Bewusstsein und Unterbewusstsein der Organisation müssen sich in einer gewissen Harmonie zueinander und miteinander befinden. Ansonsten entwickelt die Organisation „neurotische Verhaltensweisen" bis hin zur „Psychose". Dann allerdings ist die Organisation in ihrer Überlebensfähigkeit höchst gefährdet. Es ist daher entscheidend, wie Zielkonflikte gelöst werden – wie Entscheidungen, die ja meist Zielkonflikte klären sollen, herbeigeführt bzw. getroffen werden.

Die Struktur, an der sich die Organisation entwickelt und laufend weiterentwickelt ist ein Rahmen- und Regelwerk, das ich Integriertes Managementsystem nennen möchte. Um eine Analogie zur Informationstechnologie zur Veranschaulichung zu bemühen, könnte man es auch das „Betriebssystem der Organisation" nennen.

Fredmund Malik (2007b) hat diesen Begriff entscheidend geprägt und mit Leben erfüllt, so dass man es auch in die Praxis umsetzen kann. Das integrierte Managementsystem stellt sich in einer Art Portfoliomatrix dar, in der auf der x-Achse die unternehmensbezogene und die mitarbeiterbezogene Dimension und auf der y-Achse der Zeithorizont bis zu einem Jahr und darüber der Zeithorizont mehr als ein Jahr dargestellt sind. In dieser Darstellung sind die Elemente eines Managementsystems in Bezug zueinander dargestellt. Dies erscheint zunächst komplex, – wie Management auch ist. Seine Komplexität lässt sich aber, wie bei jedem kybernetischen System, einfach erfassen. Die Elemente eines integrierten Managementsystems sind in ihrer Ausprägung spezifisch für die jeweilige Organisation zu sehen und zu entwickeln. Sie haben in der Praxis einer Organisation manchmal andere Bezeichnungen, manche Elemente werden weggelassen, manche hinzugefügt. Die Grundidee ist bestechend und das originale Modell von Malik ist eine wertvolle „zweidimensionale Checkliste".

Nachfolgend eine Auflistung, welche Teilmanagementsysteme in diesem „Koordinatensystem" von links oben (unternehmensbezogen, länger als ein Jahr) bis nach rechts unten (mitarbeiterbezogen, bis zu einem Jahr) dargestellt werden können:

- Unternehmenszweck
- Mission, Vision, Ziele, Strategien
- Aufbauorganisation
- Managementsysteme
- Ablauforganisation
- Arbeitsorganisation
- Ergebnisse

Anhand dieser Blickwinkel bzw. Sichtweisen kann man eine gute Übersicht über das Funktionieren einer Organisation gewinnen, bzw. für die jeweilige Organisation den Handlungsrahmen bewusst definieren. In diesem kann sich dann das Unterbewusstsein der Organisation einigermaßen zielgerichtet und zweckmäßig entwickeln.

Die einzelnen Managementsysteme (wie z. B. Informationsmanagementsystem, Qualitätsmanagementsystem, Risikomanagementsystem, internes Kontrollsystem, Umweltmanagementsystem etc.) und Regelwerke (wie z. B. Compliance-Regeln im Rahmen eines „Kodex", Richtlinien, etc.) sind ebenfalls Teil eines umfassenden und integrierten Managementsystems. Die Führungs- und Kernprozesse, beispielsweise Prozesse wie „Unternehmensziele und Strategien entwickeln und monitoren", die ineinandergreifenden Prozesse der „Wirtschaftsplanung, Leistungsplanung, Finanzplanung und Controlling", „Rekrutierung und Entwicklung von Schlüsselpersonen" und „Managen von Verträgen" etc., sollten in einem schlüssigen Prozessmanagementsystem und einer konsistenten Methode und Denkweise in der gesamten Organisation in relevanter Granularität – nicht zu detailliert und bürokratisch – geregelt sein. Es bietet sich an, die Regelwerke in einem Managementhandbuch zusammenzuführen und so übersichtlich, kompakt und aktuell zu halten.

Managementsysteme sind eine Schnittstelle zwischen Unterbewusstsein und Bewusstsein einer Organisation. Das Instrumentarium und die Elemente eines integrierten Managementsystems wie IKS (internes Kontrollsystem), Risikomanagementsystem, Controlling, Prozessmanagementsystem etc. bilden die Trigger, die Abweichungen erkennen, die Veränderungs- und Verbesserungsbedarf erkennen, die bewusste Reformschritte einleiten und die den Bedarf an Einschaltung der höheren Managementebenen erkennen etc.

Manchmal induzieren Managementsysteme – zu Recht – bürokratisch anmutende Notwendigkeiten für die Mitarbeiter des Kerngeschäftes und könnten auch als Ausdruck mangelnden Vertrauens in die Mitarbeiter gesehen werden. Dieses Misstrauen ist natürlich auch manchmal gerechtfertigt. Ob in Abwägung des Risikos nicht das eine oder andere Element der Managementsysteme reduziert und zurückgefahren werden könnte, ist in jeder Organisation entsprechend zu diskutieren und die Entscheidungen sind zu treffen. Die künftigen wirtschaftlichen und gesellschaftlichen Entwicklungen fordern zunehmend agile, flexible und adaptive Organisationen. Misstrauensorganisationen werden nie wirklich agil, flexibel und adaptiv sein. Es scheint, dass es in diesem Lichte für zahlreiche Organisationen angebracht wäre, „sich neu zu denken" und entsprechend die Organisation und die Management- und vor allem Kontrollsysteme anzupassen. Vertrauen in die Mitarbeiter muss die Grundhaltung der Organisation bleiben. Dieses Vertrauen wird durch geregelte Abläufe und stichprobenweise Kontrollen abgesichert und darf nicht in eine Misstrauensorganisation kippen.

Die Managementsysteme geben der Organisation Struktur. Strukturen prägen mittel- und langfristig das Verhalten und – zumindest in gewissem Maß – auch die Haltung der Betroffenen. Sie fördern auch das Verstehen und Kommunizieren von Gesamtzusammenhängen. Insofern sind die Managementsysteme prägend für das Unterbewusstsein von Organisationen.

5.3.6 Kultur der Exzellenz

Ich möchte hier nicht die zahlreichen unterschiedlichen Qualitätsmanagementsysteme darstellen wie ISO 9000, Total Quality Management (TQM) oder EFQM, die als oberstes Ziel immer eine Stufe der Exzellenz haben.

Stattdessen möchte ich an dieser Stelle in Anlehnung an Peter Senge (1990) den Lernprozess in drei Stufen darstellen (er nimmt hier auch Anleihe bei Diana Smith), die alle zu durchlaufen sind, bis man auf der obersten Stufe 1 angelangt ist. Diese Stufen möchte ich – umgelegt auf das Thema dieses Buches wie folgt darstellen:

- Stufe 3: Werte und Annahmen: Die Menschen verbinden Regeln und reihen sie für ihren Gebrauch aneinander, sodass sie sie unter Stress und im Zweifel abrufen können. Sie haben die Regeln in ihr eigenes Handlungsmodell eingebaut, sie sprechen sie aber noch in ihrer eigenen alten Diktion an.
- Stufe 2: Neue Handlungsregeln: Die alten Handlungsregeln und Handlungsmuster verschwinden langsam, da eine tiefe kognitive Einsicht in die neuen besteht. Allerdings brauchen sie noch die neue Diktion, um die Muster abzurufen und sie in der jeweiligen Situation zweckmäßig zu kombinieren.
- Stufe 1: Neue kognitive und sprachliche Fähigkeiten: Man sieht die Annahmen, Aktivitäten und Konsequenzen der anderen klarer, weil die in Stufe 3 angenommenen Werte und Annahmen „in Fleisch und Blut" übergegangen sind und Teil des schnellen Denkens geworden sind (System 1)

Auf Stufe 1 hat der Einzelne und auch die Organisation die Stufe der Exzellenz erreicht. Die neuen Werte, Annahmen und Regeln sind Teil des Unterbewusstseins der Organisation. Diesen Lernprozess zu durchlaufen bedarf aber einer gewissen Zeit und Übung – auch in der Organisation – und man sollte sich auf die wichtigen und entscheidenden Regeln, Werte und Annahmen konzentrieren. Das sollte gelingen, wenn es eine strategisch gut geführte und ausgerichtete Organisation ist und sie nicht gerade in einer tiefgreifenden Phase der Umorientierung ist.

Krisen und strategische Umbrüche sind etwas, das in Organisationen von Zeit zu Zeit immer wieder passiert und passieren wird. Sie haben etwas Bedrohliches an sich, bieten aber auch echte Chancen zur Innovation, Festigung und Sicherstellung der Nachhaltigkeit. Damit sind wir beim Thema Resilienz.

5.3.7 Resilienz

Resilienz beschreibt die Toleranz eines Systems gegenüber Störungen und beschreibt so etwas wie „Widerstandsfähigkeit". Resilienz ist die Fähigkeit eines Systems, mit Veränderungen umgehen zu können (vgl. Ungericht und Wiesner 2011). Systeme müssen nämlich von innen oder außen kommende Störungen ihres Zustandes ausgleichen oder unter Aufrechterhaltung ihrer Systemintegrität ertragen.

Ein anschauliches Beispiel für Resilienz im engeren Sinn ist die Fähigkeit eines Stehaufmännchens: Es kann sich aus jeder beliebigen Lage wieder aufrichten. Der Begriff Resilienz wird in verschiedenen Fachgebieten unterschiedlich interpretiert. Im Katastrophenschutz ist Resilienz ein Sammelbegriff für Probleme der Verwundbarkeit von Einrichtungen oder Kollektiven.

Resilienz-Management umfasst alle Maßnahmen mit dem Ziel, die Belastbarkeit einer Organisation gegenüber äußeren Einflüssen zu stärken. Die Resilienz einer Organisation lässt sich durch drei Eigenschaften bzw. Fähigkeiten beschreiben:

- Vorbeugung: Eine Widerstandsfähigkeit gegenüber negativen externen Einwirkungen ist vorsorglich aufgebaut – vergleichbar der Resistenz.
- Adaption: Eine rasche Anpassung an geänderte Umstände ist möglich – vergleichbar der Selbstregulation.
- Innovation: Entstehende Vorteile aus den sich verändernden Umweltbedingungen werden ökonomisch genutzt – vergleichbar dem Innovationsmanagement.

Diversität in Bildung, sozialer Herkunft und Lebensgeschichte der MitarbeiteInnen ist eines der wesentlichen Merkmale für resiliente Organisationen und Strukturen, sagen Resilienzforscher. Das Gegenteil von Resilienz war das Fiasko der Finanzkrise 2008, die durch homogene, gleichartig denkende Zirkeln und deren synchrones, sich selbst verstärkendes Verhalten verursacht wurde (vgl. Schilcher 2013). Grundsätzlich kann sich das Resilienz-Management in seinem Handeln auf das Risikomanagement und Krisenmanagement stützen. Andere Effekte, die zur Erhöhung der Resilienz beitragen, sind die Vernetzung mit Stakeholdern und eine Priorisierung des Lernens. Somit kann die Resilienz einer Organisation auch durch eine erhöhte Orientierung an der Wissensgenerierung und eine erhöhte Diversifizierung im Wertschöpfungsbereich gesteigert werden.

Es ist entscheidend, die Organisation auf mögliche, kommende negative Ereignisse vorzubereiten und im Eintrittsfall das negative Geschehen nicht nur abzuwehren, sondern nach Möglichkeit in ein positives Ereignis zu transformieren. Eine bewältigte Krise kann für eine Organisation durchaus etwas sein, auf das sie stolz ist. Dies kann und soll auch in entsprechende Erzählungen gegossen werden und so Teil des Selbstverständnisses der Organisation werden. Dieses Selbstverständnis und Selbstbewusstsein der Organisation ermöglicht dann auch, einen präventiven, systematischen Managementsystemansatz zu wählen und zu leben: Die Organisation vertraut nicht auf Glück oder Zufall, sondern nimmt die Dinge selbst in die Hand. Die Organisation hat ein realistisches Bild von ihren Fähigkeiten (Stärken und Schwächen) und dadurch auch ein entsprechendes Selbstvertrauen, mit welchem sie auftritt. Aufbauend auf diesem Selbstbild erkennt die Organisation systematisch die Chancen und ergreift sie, wenn sie sich bieten. Solche Erzählungen über erfolgreiche Krisenbewältigung und das entwickelte Selbstvertrauen der Organisation werden Teil des Unterbewusstseins der Organisation.

Technisches Resilienzmanagement erfordert ein kluges Sicherheitsmanagement, das die Infrastrukturen und deren Sicherung auf einer „Security Policy" aufbaut. Besonders kritische Infrastrukturen sind auch besonders zu schützen. Die zulässigen Ausfallzeiten und Wiederanlaufzeiten nach physischer Zerstörung sind beispielsweise für kritische IT-Systeme zu definieren. Katastrophenszenarien sind auch regelmäßig zu üben.

Das regelmäßige Training z. B. am Simulator oder in anderen Settings soll auch bei routinemäßig hoher Verfügbarkeit von entscheidungsunterstützenden Systemen sicherstellen, dass auch ohne Verfügbarkeit dieser Systeme beispielsweise eine sichere und gute medizinische Versorgung möglich ist.

5.3.8 Die Gestaltung: Wie und wie schnell?

Sollten Sie, werter Leser dieses Buch tatsächlich bis hierher gelesen haben, so stellen sich Ihnen – bzw. haben sie sich das wahrscheinlich schon bei der Lektüre gedacht – vermutlich zwei Fragen:

- In welcher Ausgangssituation befindet sich meine Organisation? Ist das bisher Gelesene für mich und meine Organisation überhaupt relevant?
- Wenn ja – wie schnell kann das Unterbewusstsein von Organisationen gestaltet bzw. verändert werden?

Zum Ersten: Wie kann ich die Ausgangssituation beurteilen. Besteht überhaupt Handlungsbedarf für meine Organisation?

Versuchen Sie, sich für Ihre Organisation folgende Fragen zu beantworten:

- Wie fallen die Entscheidungen auf den verschiedenen Ebenen? Gut vorbereitet? Strukturiert? Intuitiv? Nachvollziehbar? Gibt es Fehlentscheidungen und was bewirken sie?
- Wie kommt etwas überhaupt ins Bewusstsein der nächsten Entscheidungsebene bzw. der Unternehmensleitung? Wird zu viel rückdelegiert oder zu viel abgeblockt?
- Gibt es Entscheidungen, die zukünftig automatisierbar sind – wo und auf welcher Ebene?
- Arbeiten wir wirklich zielorientiert und strategiegeleitet?
- Trainieren wir unsere Teams und unsere Mitarbeiter hinsichtlich Entscheiden und Entscheidungsvorbereitung? Haben wir eine Methodik? Brauchen wir eine?
- Haben wir ein integriertes Managementsystem? Brauchen wir überhaupt eines?
- Gibt es so etwas wie organisatorisches Lernen in unserer Organisation? Audits? Zertifizierungen? Wirksames internes Kontrollsystem? Wirksame Qualitätszirkel oder ähnliches? Team Learning?
- Nutzen wir unsere Chancen zur Innovation (Produkt- und Prozessinnovation, Geschäftsmodellinnovation)? Sind wir zumindest bereit dafür?

- Welche der neuen Technologien und Methoden (siehe Inhaltsverzeichnis Kapitel 3 und bei Bedarf die Ausführungen dazu) könnten für meine Organisation in den nächsten 5 Jahren relevant werden?
- Welche Innovationsmöglichkeiten haben wir durch Gestaltung der Infrastruktur (verwenden Sie das Inhaltsverzeichnis von 5.2.2. als Checkliste)?
- Ist unser Informationsmanagement und – sofern bereits vorhanden – Wissensmanagement für diese Zukunft gerüstet? Haben wir die richtigen Plattformen für die Zukunftsszenarien? Ist unsere Infrastruktur gerüstet?
- Wo können wir Komplexität herausnehmen? Ist uns die komplexe Aufbauorganisation im Weg?
- Verfügen wir bereits über eine Kultur der Exzellenz? – oder zumindest Ansätze dazu?
- Haben wir schon Krisenszenarien durchüberlegt? – Einen „Stresstest" für unsere Organisation? Wie resilient sind wir wirklich?

Sollten Sie zur Einschätzung kommen, dass sie an mehreren Stellen Handlungsbedarf haben, so lohnt es sich möglicherweise, das in diesem Buch beschriebene Gedankenmodell des Unterbewusstseins von Organisationen und die formulierten Leitsätze als Rahmen und Stütze für die zukunftsfähige Entwicklung Ihrer Organisation heranzuziehen – sei es, dass die neuen Technologien, für Ihre Organisation relevant sein werden, sei es, dass Sie in diesem Bereich weniger Relevanz sehen. Tragen Sie die vermeintlichen Handlungsfelder in Ihre Landkarte des Unterbewusstseins und des angrenzenden Bewusstseins Ihrer Organisation ein. Bereits laufende Entwicklungen und Veränderungen in Ihrer Organisation können vermutlich leicht in dieses Gedankenmodell eingebaut werden.

Sollten Sie aus der Einschätzung Ihrer Ausgangssituation Handlungsbedarf feststellen, stellt sich nun zur Frage: Wie schnell kann das Unterbewusstsein von Organisationen gestaltet bzw. verändert werden?

Betrachten wir dazu zunächst das „schnelle Denken" (System 1 nach Kahneman) in den Kaskadenstufen unserer modellhaften Organisation: Je höher man in der Betrachtung der Kaskade vom Mitarbeiter (beim einzelnen Menschen erfolgt das schnelle Denken (System 1) in Bruchteilen von Sekunden) bis zum Gesamtunternehmen steigt, umso länger dauert es, bis der intuitive (vom Unterbewusstsein gesteuerte System-1-Modus) verlassen wird und umso angestrengter und anstrengender erfolgt der Umstieg ins bewusste Handeln des System-2-Modus. Schlechte Gewohnheiten und Reaktionsmuster einer Organisation schlagen unbewusst zu und konterkarieren oft die guten Absichten, organisatorisch bewusst und strategiegeleitet zu handeln. Sie sind oft schneller als die „guten Vorsätze". Das ist eine der bedeutendsten Herausforderung für die Führungskräfte.

Das Unterbewusstsein zu gestalten und in der jeweiligen Entscheidungssituation den oben beschriebenen Wechsel vom organisatorisch schnellen Denken im organisatorischen Unterbewusstsein in das organisatorisch bewusste Handeln zum richtigen Zeitpunkt zu vollziehen, ist ein längerer Prozess – ein Prozess der Organisationsentwicklung und des organisatorischen Lernens. Es ist aber auch eine Frage des Umbaus der Infrastrukturen, der Implementierung neuer IT-Plattformen und neuer Technologien und damit eine Frage der Investitionsmittel. Nicht zuletzt ist es auch wichtig, die Aspekte der Personalentwicklung und der Trainingsprogramme zu berücksichtigen.

Das Inhaltsverzeichnis der vorhergehenden Abschnitte dieses Kapitels über die Gestaltung einer Organisation und ihres Unterbewusstseins möge dabei als Gedankenstütze und Checkliste dienen; die Inhalte und die Leitsätze als Hilfestellung in der Umsetzung auf Ihre Organisation, werter Leser. Die erläuternden beispielhaften Szenarien mögen ihre Phantasie anregen.

Es erfordert aber einen Anstoß – eine Initialzündung –, um den Lernprozess in Gang zu bringen. Wechsel in der Führungsmannschaft, Strategieentwicklungsprozesse, strukturelle Veränderungen in der Aufbauorganisation, Outsourcingmaßnahmen, signifikante Änderungen der IKT-Systeme, aber auch Unternehmenskrisen können einen solchen Anstoß liefern. Die Verantwortlichen sollten sich dabei aber von vornherein im Klaren sein, dass sie damit bewusst oder unbewusst das Unterbewusstsein der Organisation beeinflussen werden. Daher sollten sie die Chance nutzen und einen bewussten Gestaltungsprozess des Unterbewusstseins der Organisation (und seiner Schnittstellen zum Bewusstsein der Organisation) einleiten. Die Initialzündung wäre entsprechend vorzubereiten und zu gestalten. Eine Bestandsaufnahme der Ausgangssituation wäre zu machen, Handlungsfelder wären abzuleiten und zu definieren. Quick Wins sollten bewusst angestrebt und entsprechend in die Organisation rückgekoppelt werden. Niemand wird ein strategisches Projekt „Wir bauen unser Unterbewusstsein um" vom Zaun brechen. Im Fokus sollte immer der Kunde, die Produkte und Dienstleistungen sowie die Mitarbeiter und Stakeholder sein. Das Konzept und die Idee der Gestaltung des Unterbewusstseins dient als eine Art verdeckte Agenda im Hintergrund, die Auswahl von Handlungsfeldern, zu bearbeitenden Systemen, Prioritäten und Investitionsentscheidungen beeinflussen wird, die Projekte hervorbringen wird und die die Argumentation in der Entscheidungsfindung prägen wird. Wie bei jeder Kulturänderung erfordert es viel „Kondition" und Konsequenz, die Veränderungen nachhaltig wirksam zu machen – ein Lernprozess eben.

Das integrierte Managementsystem und die Veränderungen im Managementsystem sollten wie die Änderungen in der Infrastruktur der Organisation früh vorbereitet und frühzeitig durchdacht werden, auch wenn die Erarbeitung von Details ein Teil der Umsetzung und des gemeinsamen organisatorischen Lernprozesses sein können und sollen – getreu einem Grundsatz guten Change Managements: Die Betroffenen zu Beteiligten machen!

▶ Analysiere die Ausgangssituation der jeweiligen Organisation vor dem Gedankenmodell des Unterbewusstseins und des Bewusstseins von Organisationen, versuche Szenarien hinsichtlich der Relevanz und möglichen Anwendung der neuen Technologien zu entwerfen und bezeichne die gefundenen relevanten Handlungsfelder

▶   Nutze unternehmensweit spürbare und sichtbare Veränderungen als Ini-
      tialzündungen, um den Umgestaltungsprozess des Unterbewusstseins der
      Organisation einzuleiten. Richte das integrierte Managementsystem darauf
      aus bzw. entwickle ein integriertes Managementsystem und implementiere
      die richtigen Plattformen und Technologien. Eine gute Initialzündung sollte
      auch in der Umgestaltung des Unterbewusstseins erste schnelle Erfolge
      und Motivation bringen. Die nachhaltige Umsetzung erfordert Konsequenz,
      Geduld und Wachsamkeit – ein ständiger organisatorischer Lernprozess und
      Personalentwicklungsprozess.

Zusammenfassend und abschließend möchte ich vor den Schlussbetrachtungen folgenden
Leitsatz mit auf den Weg geben:

▶   Organisiere die jeweilige Organisation möglichst flach und agil. Entwickle in
      der Organisation ein integriertes Managementsystem als Handlungsrahmen
      und „Betriebssystem", das der Organisation Stabilität in seiner flachen und agi-
      len Struktur gibt. Unterstütze damit die Entwicklung der Organisation hin zur
      Exzellenz, indem Teile des Managementsystems Routine in der täglichen Arbeit
      werden – in das Unterbewusstsein einfließen. Vergiss dabei nicht, auch die Resi-
      lienz der Organisation zu sichern.

Beispiel Krankenhauskonzern

Paul, der CEO des Krankenhauskonzerns, konnte nun im Rückblick auf 4 Jahre in
der neuen flachen Organisationsstruktur, die auch ihm eine sehr breite Führungsspanne beschert hatte, zufrieden sein. Dank des integrierten Managementsystems, das der
Vorstand mit seinen Führungskräften in den ersten zweieinhalb Jahren entwickelt hatte
und in ein Managementhandbuch gegossen hatte, funktionierte die flache Organisation
schon bald zufriedenstellend. Die jährlichen Zielvereinbarungen und die Wirtschafts-
plangespräche mit den dazugehörigen Führungsgesprächen waren viel Arbeit. Aber sie
schweißten das Unternehmen unter dem Dach der Unternehmensstrategie zusammen
und entwickelten es entscheidend weiter. Die ambitionierten Budgetziele wurden ohne
Leistungsreduktion erreicht. Auch im Vergleich zu anderen Krankenhausträgern entwickelten sich die Kennzahlen hervorragend. Negative Entwicklungen konnten frühzeitig
erkannt werden und Gegenmaßnahmen gesetzt werden. Auch schwierige Strukturände-
rungen konnten rasch und ohne allzu große Aufregung umgesetzt werden. Das Selbstbewusstsein war gewachsen und das Unterbewusstsein der Organisation war fokussiert
auf die Herausforderungen und das Wohl und die Sicherheit der Patienten – auch bei
knappen budgetären Randbedingungen. Paul fragte sich aber, ob sie auch Krisen aufgrund mangelnder Ressourcen gemeinsam überstehen würden. War das Unternehmen
auch resilient? Aus der Sicht von Paul war man gut vorbereitet. Bei noch enger werdenden Budgetrahmen müssten die Eigentümer und die Politik eben auch schärfere

Strukturmaßnahmen zulassen… Im Change Management hatte sich die sehr flache Organisation in den letzten Jahren ja schon bewährt…

Beispiel Industrieunternehmen

Martha, die Geschäftsführerin des Edelstahlproduzenten, zog nun nach drei Jahren eine erste Bilanz der neuen Instandhaltungsstrategie, die man nach den Pilotversuchen im Walzwerk auf das gesamte Unternehmen ausgedehnt hatte. Die Instandhaltungspartner – meist der größte Anlagenlieferant im jeweiligen Betrieb – hatten wesentliche Aufgaben der Anlagenüberwachung übernommen, nachdem sie ja zusammen mit den Daten ihrer anderen Kunden und den Big Data Technologien – verlässlich und rechtzeitig – vor einer ungeplanten Störung den sich abzeichnenden Reparatur- und Ersatzbedarf erkennen konnten. Die jeweilige Ersatz- und Reparaturmaßnahme übernahm dann auch der Partner in enger Abstimmung mit den Anlagenverantwortlichen im Betrieb, der verbliebenen kleinen aber schlagkräftigen Instandhaltungstruppe und den Betriebsleitern. **Gabriel, der Projektleiter** des Pilotprojektes im Walzwerk, war inzwischen Instandhaltungschef des Unternehmens geworden. Die Bezahlung der Partner erfolgte mit einer niedrigen Pauschale und Prämien bei hoher Anlagenverfügbarkeit und hoher Produktivität. Es war ein deutlich stärkeres Bemühen der Anlagenlieferanten zu erkennen, die Maschinen nachhaltig gut „in Schuss" zu halten. Sie kannten natürlich die Anlagen in ihrem Innersten besser als die Instandhalter in den produzierenden Betrieben, zumal ja inzwischen alles „gespickt" war mit Elektronik und Sensorik. Bei Auftragsrückgängen wurde die Prämie an sie meistens nicht ausbezahlt, weil die hohe Verfügbarkeit ja nicht in Produktivität umgemünzt werden konnte. So hatte Martha auch die Kosten variabilisiert. Aber die Anlagenpartner konnten damit leben. Sie hatten ja regelmäßige zusätzliche Einnahmen. Auch die Abstimmung mit den Produktionsplanern klappte hervorragend. Die früher üblichen wochenlangen instandhaltungsbedingten Betriebsstillstände reduzierten sich auf maximal eine Woche je Betrieb und Jahr, konnten optimal aufeinander abgestimmt werden und führten nicht mehr zu diesen lästigen und teuren Lagerbestandsspitzen im Sommerhalbjahr, wenn die früher üblichen zwei- bis dreiwöchigen „Betriebsferien" für Instandhaltung genutzt wurden. Die Einlaufschwierigkeiten der neuen Organisation waren überschaubar gewesen. Nun – im dritten Jahr – war alles „in Fleisch und Blut" übergegangen und Teil der Routine – des Unterbewusstseins ihrer Organisation. Martha war stolz, eine neue Form der Zusammenarbeit mit den Partnern gefunden zu haben, die allen etwas brachte und so das Unternehmen in seiner Flexibilität und Produktivität entscheidend weiterentwickelt werden konnte. Sie waren inzwischen das profitabelste Werk im Konzern – trotz der hohen Löhne und niedrigen Arbeitszeiten in Europa.

5.4   Organisationen als besondere Form von künstlicher bzw. hybrider Intelligenz?

Sind diese Organisationen in Anbetracht der obigen Ausführungen zu den Weiterentwicklungsmöglichkeiten von Organisationen, zu den technologischen Entwicklungsmöglichkeiten und zum „Neudenken" von Organisationen bereits eine Ausformung von künstlicher Intelligenz? Diese Organisationen mit ihrer spezifischen Ausprägung von Unterbewusstsein und Bewusstsein, mit ihren Fähigkeiten zu automatisiertem Handeln und (mehr, weniger oder gar keiner) kontrollierter, verantwortlicher und verantwortungsbewusster Koordination?

Betrachten wir nochmals zusammenfassend die Merkmale künstlicher Intelligenz und stellen wir unsere Überlegungen zum Neudenken von Organisationen unter diesem Gesichtspunkt an:

Sprache ist eines der wesentlichen Ausdrucksmittel unserer mentalen Prozesse. Ihre Repräsentation in den Computerwissenschaften prägt aber auch wesentlich die Entwicklung der Informations- und Kommunikationstechnologien. Der Turing-Test als Kriterium für den Nachweis künstlicher Intelligenz ist Ausdruck dessen: Der Beobachter soll durch Fragestellungen ermitteln, wer der Computer und wer der Mensch ist. Wenn der Beobachter nicht in der Lage ist, verlässlich festzustellen, wer der Computer ist, gilt der Turing-Test als bestanden.

Sprachliche Konstrukte prägen auch unser Denken und sind somit Teil unseres Bewusstseins, aber auch unseres Unterbewusstseins. Das meist philosophisch diskutierte „mind-body problem" behandelt die Frage, welche Lebewesen überhaupt über so etwas wie eine Seele, wie einen Geist, verfügen. Die „Group selection Theory" sagt, dass sich Charakteristika in der Evolution durchgesetzt haben, die Vorteile für eine Gruppe gebracht haben, obwohl sie Nachteile für das Individuum gebracht haben. Damit sind wir bei der Frage, ob sich Organisationen auch zu so etwas wie künstlichen Intelligenzen entwickeln können, zumal die neuen Technologien und insbesonders künstliche Intelligenz hier neue Möglichkeiten der starken Bindung innerhalb der Organisation, aber auch in der Interaktion mit anderen bieten.

Der Dichter und Lyriker Clemens Setz (2014) hat in einem Artikel im Feuilleton der ZEIT die Frage gestellt: Brauchen sprachfähige Computer den Menschen überhaupt noch? Seine Antwort ist: Nein – denn Androiden können selber denken. Sie sind selbstständige Wesen, die eine eigene Sprache und eine eigene Kultur haben. Setz glaubt, die Zukunft der künstlichen Intelligenz liege in der Emanzipation vom Menschlichen. „Sprachroboter sollen eine reale fremde Intelligenz bilden – unabhängig von den absurden Anforderungen der menschlichen Kommunikationswelt".

Wenn wir mit unserer menschlichen Intelligenz Zugang zu dieser nichtbiologischen Intelligenz gewinnen und uns damit „erweitern", werden weitere exponentielle Entwicklungen eintreten – entsprechend dem von Kurzweil im informationstechnologischen Bereich postulierten und aus den vergangenen Entwicklungen hergeleiteten LOAR („Law of accelerated returns"), dem Gesetz des sich beschleunigenden Nutzens.

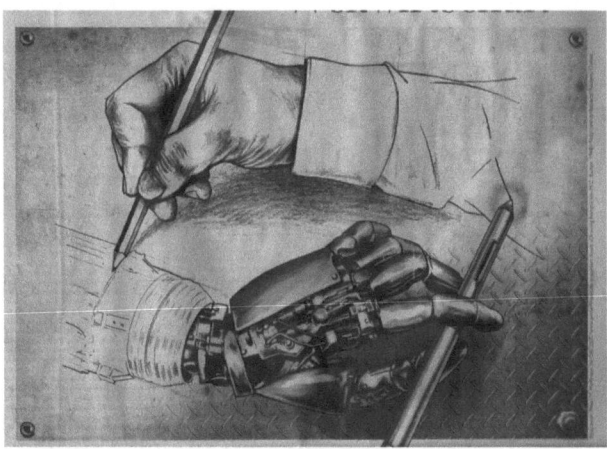

Abb. 5.12 Die Zukunft? (aus: Die ZEIT, 13.2.2014)

Das Gehirn gewinnt durch das in Gehirnforschung und Computertechnologie (neuromorphic computing und neuronale Netze) gerade stattfindende „Reverse Engineering" Zugang zu seinem eigenen „source code" und wird die Möglichkeit haben, sich beschleunigt in iterativen Zyklen zu verbessern. Durch diese Erweiterung unserer Intelligenz um die künstliche Intelligenz werden wir in der Lage sein, immer höhere Abstraktionsebenen zu erreichen. Eine ultraintelligente Maschine könnte noch bessere Maschinen erzeugen – es kommt zu einer Explosion der Intelligenz. Eines der Hauptwerke von Ray Kurzweil „The singularity is near" (2005 beschreibt diese Szenarien. Dieses Ineinandergreifen der realen und virtuellen Welt wird in der Illustration in Abb. 5.12 in großartiger Form dargestellt).

Wohin geht die Reise? Und wie schnell geht sie? Wie sieht die Entwicklung des menschlichen Geistes aus? Wer hat Zugang zu diesen Ressourcen? Wer beeinflusst die Entwicklung? Was ist mit unserem Bewusstsein? Was ist mit dem freien Willen des Einzelnen, gibt es den dann noch? Was ist die Identität des Einzelnen?

Diese Fragen sind nicht unmittelbares Thema dieses Buches. Es ist aber Thema, wie wir uns in unseren Organisationen aufstellen und organisieren müssen, damit wir mit diesen Technologien, die das Potential zur künstlichen Intelligenz haben, organisatorisch und ethisch bewusst umgehen und was wir im Hintergrund – im Unterbewusstsein der Organisation – zulassen. So manches an „künstlicher Intelligenz" wird sich dort „einschleichen". Wir sind gefordert, das zu erkennen und im Sinne der Gestaltung des Unterbewusstseins der Organisation damit richtig umzugehen.

Erörtern wir die beiden Pole der These – den einer Organisation als künstlicher Intelligenz, wie sie Clemens Setz indirekt postuliert, einerseits und unserem traditionellen Bild einer Organisation als zweckgerichtete, mehr oder wenig formalisierte Zusammenarbeit von Menschen andererseits:

Die intelligenten Algorithmen, die von sich aus lernfähig sind, drohen uns umfassend zu bestimmen, z. B. die digitalisierte Haustechnik oder das vernetzte Auto.

Yvonne Hofstetter sagt in ihrem Buch „Sie wissen alles" (2014) es gäbe drei verschiedene Arten künstlicher Intelligenz:

- Expertensysteme: Expertensysteme sind gut darin, aus Daten Wissen abzuleiten, ich kann z. B. in der Elektronik eines Autos Fehler finden, ohne dass der Programmierer diesen in seinem Analyseprogramm explizit antizipiert hat. Das System erkennt ihn trotzdem.
- Schwarmintelligenz: Eine zweite Form ist die Schwarmintelligenz, in der eine Population autonomer Softwareprogramme miteinander kooperieren, um ein Problem zu lösen.
- Optimierer: Die dritte Art sind die Optimierer, lernende Systeme, die sich fortwährend autonom verbessern, ohne dass der Mensch eingreift.

Die Optimierung unseres Alltags, den uns intelligente Maschinen versprechen, setzt eine ständige Überwachung unseres Lebens voraus. Apple Watch, Google Glass und andere Produkte und Systeme der erweiterten Realität und erweiterten Wahrnehmung sind die Werkzeuge dazu und Vorläufer von intelligenten, in unser Leben eingebetteten Systemen. Der Mensch ist eingebettet in Sensorik, Mikrofone etc., die gar nicht abgeschaltet werden können. Wir laufen Gefahr, in Abhängigkeit von ihnen zu gelangen. Der Mensch verliert zunehmend die Kontrolle darüber, wie er bewertet, klassifiziert und mit Informationen versorgt wird,

Dazu ein Szenario: Wenn z. B. das digitalisierte Haustechniksystem aufgrund der Statusmeldungen meines Handys erkennt, dass ich auf dem Nachhauseweg bin und beginnt, die Raumtemperatur und die Luftfeuchtigkeit entsprechend hochzuregeln, dann funktioniert das nur bei „unterbrechungsfreier Totalüberwachung".

Ist das nicht eine Bedrohung der Autonomie des einzelnen Menschen? Ist uns der Komfort das wert?

Intelligente Maschinen werden unsere Zukunft so vorherbestimmen, dass der Mensch Gefahr läuft, seine Entscheidungsfähigkeit zu verlieren. Andererseits werden uns intelligente Maschinen bei unserer Arbeit unterstützen. Für die Menschen stellt sich die Frage, wie sie „das letzte Wort behalten" können. Wir müssen die Maschinen abschalten können. Wir müssen unsere Organisationen am Laufen halten können – auch ohne die Maschinen. Das Thema Resilienz (siehe Abschn. 5.3.7) wird in diesem Zusammenhang an Bedeutung gewinnen.

Dabei stellt sich die Frage: Wann ist eine Maschine eigentlich intelligent?

Eine mögliche – pragmatische und leicht verständliche – Antwort in Anlehnung an Hofstetter ist: Eine Maschine, ein Algorithmus sind intelligent, wenn sie Verhaltensweisen zeigen, die vom Programmierer so nicht vorgesehen waren. Das System trifft Entscheidungen, die man nicht in allen Abzweigungen und Konsequenzen durchdacht und festgelegt hat. Insbesondere sind Systeme, die einen Plan und eine Strategie entwickeln können, wohl als intelligent zu bezeichnen.

Es fällt auf, dass in der heutigen Anwendung von künstlicher Intelligenz, z. B. in selbstfahrenden Autos, Prothesen, Robotern etc. künstliche Intelligenz oft „dezentral" implementiert ist und nicht alles – wie vergleichbar beim Menschen – vom „Gehirn des Androiden" gesteuert wird. Auch in Systemen mit Fähigkeiten und Merkmalen der künstlichen

Intelligenz wird sich das Element der verteilten Intelligenz wohl noch einige Zeit behaupten. Dieses Merkmal erleichtert uns die Analogie zu „intelligenten Organisationen".

Unter dem Gesichtspunkt, dass, was technisch möglich ist auch irgendwann seine Anwendung findet, sollten wir darüber nachdenken, wie wir in den Organisationen Vorsorge treffen können, damit künstliche Intelligenz, automatisierte Entscheidungen und selbstlernende und selbstoptimierende Systeme, Algorithmen und Prozesse sinnvoll eingesetzt werden.

Grundsätzlich ist daher dafür zu sorgen,

- dass in Organisationen geregelt ist, wie Prozesse zur Evaluierung der Lernfortschritte hinsichtlich der Verbesserung in Bezug auf die gesetzten Ziele implementiert werden,
- dass aufmerksam mögliche negative und positive Nebeneffekte beobachtet werden,
- dass dafür gesorgt ist, eine bewusste Reflektion vor Implementierung und Weiterführung der Innovation durchzuführen, wenn die beobachteten Veränderungen nicht plausibel sind.

Dies ist umso dringlicher, als unsere Methoden der Erzeugung von Information und der Interaktion mit Information sich ändern, und Regeln, nach denen wir regieren, und die Werte, die wir mit Regeln schützen wollen, daher anzupassen sind.

Betrachten wir ein weiteres Szenario: Ich fahre mit einem vollautomatisierten selbstfahrenden Auto und lese im Auto die Zeitung. Von links kommt ein Kind, von rechts kommt ein Lastwagen. Die Maschine muss sich entscheiden, ob sie mich als Fahrer sicher rettet und das Kind überfährt oder ob sie das Auto in den Laster lenkt. Wie entscheidet sich die Maschine? Vermutlich würden die Systeme wohl den Fahrer schützen und das Kind opfern, obwohl ein Überleben des Fahrers auch bei der Kollision mit dem Laster denkbar wäre.

Wer ist verantwortlich für diese Entscheidung? Der Fahrer? Der Autohersteller? Der Hersteller des Algorithmus? Es stellen sich eine Reihe von ethischen und rechtlichen Fragen, die wir nicht allein den Technologien überlassen können.

Ein weiteres Szenario: Im Zuge einer Fahndung analysieren Algorithmen Netzwerke von Personen und eruieren Hintermänner einer kriminellen Organisation. Die Wahrscheinlichkeit für die Richtigkeit ist aber nur mit 95 % gegeben.

Ein anderes Szenario ist das elektronische Profiling bei Kreditanträgen und damit die Beurteilung der Kreditwürdigkeit einer Person. Es geht zwar immer „nur um Wahrscheinlichkeiten", aber Fehleinschätzungen, falsche und falsch oder „unscharf" interpretierte Daten können so Existenzen massiv beeinflussen.

„Wir brauchen einen digitalen Technik-Ethos" sagt Hofstetter. „Wenn große Konzerne ungehindert künstliche Intelligenz nutzen, besteht die Gefahr der Diktatur".

Ich möchte daher abschließend einige Vorschläge zum Umgang mit innovativer Datennutzung und künstlicher Intelligenz in unseren Organisationen machen. Vieles davon ist auch für den Umgang unserer Gesellschaft mit diesen Technologien gültig:

Zunächst zum Thema Datennutzung und Datenschutz (In Anlehnung an Mayer-Schönberger und Cukier 2013 und ihre Vorschläge zum Umgang mit Big Data):

- Wir müssen vom „Datenschutz" zur „Verantwortung der Datennutzer" kommen.
- Dazu müssen wir wegkommen vom Ritual der Datenschutzerklärung und der Zustimmung des Betroffenen als formalisiertes Ritual. Dies scheint oft ohnehin nur mehr eine Illusion der Selbstbestimmung und Kontrolle durch den Betroffenen zu sein.
- Organisationen sollen eine förmliche Prüfung für jeden Verwendungszweck von personenbezogenen Daten im Hinblick auf die mögliche Auswirkung für Betroffene durchzuführen haben. Insbesonders die Gefahren der geplanten Nutzung für Betroffene sind dabei zu prüfen.
- Grobe Verwendungskategorien sollten in Datenschutzgesetzen – ob ohne oder mit begrenzten standardisierten Schutzmaßnahmen ist zu klären – geregelt sein.
- Es sollten verbindliche Grundregeln für die Bewertung einer geplanten Datennutzung und der zu treffenden Schutzmaßnahmen erlassen werden.
- Der Datennutzer ist rechtlich haftbar. Er muss die Überprüfung selbst durchführen. Damit ist auch kein Zwang zur Offenlegung aller Betriebsgeheimnisse verbunden.
- Um das „Gespenst des „ewigen Gedächtnisses" zu bannen, sollte der Gesetzgeber „maximale Speicherfristen" festlegen. Das würde auch zur frühen Wiederverwendung von Daten anregen. Alternativ oder ergänzend sollten Daten – zumindest nach einer gewissen Zeit – z. B. durch Anonymisierung „unscharf" gemacht werden. Dies reicht in der Regel für die nutzbringende Verwendung in Langzeitbetrachtungen.
- Big-Data-Analysen sollte nur eine eingeschränkte Beweiskraft vor Gericht zugesprochen werden. Dies ist eine Art „Vorbeugung" vor zu unstatthafter Nutzung im forensischen Umfeld.

Es sollte somit ein gesellschaftlicher Konsens gefunden werden, dass Menschen weiterhin nach ihrer Verantwortlichkeit und ihrem tatsächlichen Verhalten beurteilt werden und nicht durch „objektive Datenanalyse" und „Profiling".

Für Vorhersagen, maschinelles Lernen und Robotics sollten – ergänzend dazu – ebenfalls Regeln festgelegt werden:

- Für die Verantwortlichkeit gelten im übertragenen Sinn die obigen auf Datenschutz hin formulierten Regeln.
- Datenmaterial und Algorithmus der Vorhersage sind offenzulegen.
- Zertifizierung: Unabhängige Gutachter sollten die Algorithmen für den jeweiligen Verwendungszweck für geeignet befinden.
- Die Dominanz einzelner „Datenbarone" ist zu kontrollieren – wenn notwendig durch Antitrustgesetze. Monopole sind nach Möglichkeit zu verhindern

Der Futurist Isaac Asimov hat Robotik Gesetze formuliert. Die 1942 erstmals formulierten Asimov'schen Gesetze lauten (vgl. Asimov 1982):

- Regel 1: Ein Roboter darf kein menschliches Wesen (wissentlich) verletzen oder durch Untätigkeit gestatten, dass einem menschlichen Wesen (wissentlich) Schaden zugefügt wird.
- Regel 2: Ein Roboter muss den ihm von einem Menschen gegebenen Befehlen gehorchen – es sei denn, ein solcher Befehl würde mit Regel 1 kollidieren.
- Regel 3: Ein Roboter muss seine Existenz beschützen, solange dieser Schutz nicht mit Regel 1 oder 2 kollidiert.

Konkrete Schritte für die tatsächliche Programmierung heutiger Industrie- und Haushaltsroboter können heute daraus noch nicht abgeleitet werden – hier gelten derweil verschiedene Sicherheitsnormen. Auf EU-Ebene regelt das die Neufassung der Maschinenrichtlinie 2006/42/EG. Die Umsetzung in nationales Recht erfolgt beispielsweise in Deutschland durch die Maschinenverordnung. In Österreich ist dies durch die Maschinensicherheitsverordnung geregelt.

Das Problem der Unschärfe und der Güte der Software ist evident. Es sind Autoritäten und Instanzen zu etablieren, die die Innovation nicht ver- und behindern, die aber für ein Mindestmaß an Sicherheit, sozialer und gesellschaftlicher Verträglichkeit und Nachhaltigkeit sorgen. Es ist zu klären, wer Algorithmen auf Unschädlichkeit prüft und gegebenenfalls überwacht, wer sie zertifiziert und wer regelt, wie und welche Urheberrechte und Betriebsgeheimnisse dabei zu sichern sind. Letztendlich ist zu klären, wer welche Verantwortung trägt und wer das Risiko trägt und haftet.

Es gibt in der Wirtschaft zahlreiche im Interesse der Sicherheit der Menschen reglementierte und zertifizierungspflichtige Bereiche. Beispielsweise hat die FDA (Federal Drug Administration, USA) Telemedizinroboter zugelassen, die sich autonom unter Menschen in den Gängen eines Krankenhauses bewegen.

Diese Schutzmechanismen der zivilisierten Gesellschaft müssen auch in der zum Teil virtuellen Welt der Algorithmen zur Anwendung kommen. Hier ist ordnungspolitisch noch viel zu tun. Die Gesellschaft muss sich dringend auf einen ethischen Grundkonsens zu diesen Themen einigen. Das Innovationstempo in diesen Feldern ist derzeit enorm.

Wenn man – im Sinne der Gehirnforschung und des versuchten Reengineering des Gehirns – die Mechanismen des Neuromorphic Computing und das PRTM- Modell (Pattern recognition theory of mind) von Ray Kurzweil (Abb. 3.1) betrachtet, wo eigentlich das Erreichen analoger Schwellwerte eine Signalübertragung im Gehirn auslöst, und Kombinationen solcher Signalübertragungen zum Erkennen von Mustern führen, bzw. sogar fehlende Bildteile des Musters kompensiert werden können, so wird eines deutlich: Die 0/1- bzw. Ja/Nein-Welt der Digitalisierung, die uns derartige technologische Fortschritte beschert hat, ist wohl nur eine Übergangsphase.

Wir sind in einer – bzw. sind auf dem Weg zurück in eine – analogen Welt, die wir als Menschen gewohnt sind und die mit diesen neuen Möglichkeiten eine „analoge" Erweiterung erfährt – auch wenn diese Erweiterungen virtuell sein mögen: erweiterte Realität, erweiterte Wahrnehmung etc. Die Kunst wird sein, diesen Weg evolutionär zu beschreiten. Dieser Weg muss kontrolliert beschritten werden, wie in den obigen Ausführungen dargelegt. Dann werden wir es schaffen „intelligente Organisationen" zu entwickeln, in denen viel im „Unterbewusstsein der Organisationen" im Sinne des schnellen Denkens nach Kahneman (System 1) abläuft. Dieses Unterbewusstsein wird – in erfolgreichen und nachhaltigen Organisationen – bewusst gestaltet sein und Automatismen werden sich nicht „einschleichen", sondern werden überlegt und kontrolliert eingebaut und regelmäßig evaluiert werden.

Der Mensch wird dabei nach wie vor im „Fahrersitz" Platz nehmen bzw. „im Sattel" sitzen. Wenn wir es richtig machen, werden Organisationen keine „künstliche Intelligenz" darstellen, sondern sich in eine Art „hybride Intelligenz" weiterentwickeln.

Grundsätzlich sollte hinsichtlich der Menschen und ihrem Verhältnis zu den Strukturen, Organisationen und neuen Technologien gelten: Die Menschen dienen nicht den Strukturen, sondern die Organisationen und deren Infrastrukturen dienen den Menschen.

Literatur

Asimov I (1982) Meine Freunde, die Roboter. Heyne, München

Csikszentmihalyi M (2010) Flow: Das Geheimnis des Glücks. Klett Cotta Verlag, Stuttgart

Eric Topol on the Medical Geographic Information System (2014) Clinical informatics news. http://www.clinicalinformaticsnews.com/cln/2014/7/31/eric-topol-medical-geographic-information-system.html. Zugegriffen: 31. Juni 2014

Frackowiack R (2014) Die Objektivierung des Menschen; European Forum Alpbach (18. August 2014)

Gleick J (1987) Chaos – making a new science. Penguin Books, New York

Gibb BC (2011) The emergence of emergence. Nat Chem 3(1):3–8

Hammer M, Champy J (1994) Business reengineering. Campus, Frankfurt a. M.

Harrasser K (2013) Körper 2.0 – über die technische Erweiterbarkeit des Menschen. transcript Verlag, Bielefeld

Himpsl F (2014) Sicherheitsspezialisten: Ganz schnell geklaut. Zeit No. 16. http://www.zeit.de/2014/16/industriespionage-jobs-ingenieure/seite-2. Zugegriffen: 20. Aug. 2014

Hofstetter Y (2014) Sie wissen alles – Wie intelligente Maschinen in unser Leben eindringen und warum wir für unsere Freiheit kämpfen müssen C. Bertelsmann Verlag, München

Johnson S (2013) Wo gute Ideen herkommen – eine kurze Geschichte der Innovation. Scoventa-Verlag, Bad Vilbel

Kahneman D (2011) Thinking fast and slow. Farrar, Straus and Giroux, New York

Kampits P (2014) Klüger, besser, schöner – ist der Mensch optimierbar? Vienna Lectures European Forum Alpbach (19. August 2014)

Kindermann S, Robert K (2010) von Weizsäcker; Der Königsplan – Strategien für ihren Erfolg. Rowohlt Verlag, Berlin

Kurzweil R (2005) The Singularity is near. Viking, New York

Malik F (2007a) Management – Das A und O des Handwerks. Campus-Verlag, Frankfurt a. M.

Malik F (2007b) Richtig Denken – Wirksam Managen – Mit klarer Sprache besser führen. Campus Verlag, Frankfurt a. M.

Mayer B (2014) Mensch 2.0 – Roboter und Androiden. Wie mit Hilfe von Bionik künstliche Wesen entstehen; Dokumentation, Servus TV 20.8.14

Mayer- Schönberger V, Cukier K (2013) Big Data – Die Revolution, die unser Leben verändern wird. Redline Verlag, München

Müller T (2014) Arbeitsplatzsicherheit, Vortrag in Graz

Neuweg GH (1999) Könnerschaft und implizites Wissen: zur lehr-lerntheoretischen Bedeutung der Erkenntnis-und Wissenstheorie Michael Polanyis, Bd. 311. Waxmann Verlag, Berlin

Niessner H, Rachinger P (2014) Einsatzgebiete der Simulationsmethoden. WINGbusiness 1, Graz

Oxford Economics (2011) The new digital economy – how it will transform business, White paper from a research program sponsored by AT&T, Cisco, Citi, PwC, SAP

Schilcher B (2013) Vortrag zu Resilienz auf der CIO-Konferenz. Loipersdorf, Österreich (17. Nov. 2013)

Schmitt S (2014) So leben wir in 5 Jahren. Zeit 36/2014

Senge P (1990) The fifth discipline, the art and practice of the learning organisation. Doubleday currency. New York

Setz C (2014) Der Digitale Adam. Zeit (18. 4. 2014)

Spitzer M (2012) Digitale Demenz – wie wir uns und unsere Kinder um den Verstand bringen. Droemer Verlag, München

Sprenger RK (2013) An der Freiheit des anderen kommt keiner vorbei. Campus Verlag, New York

Springer Gabler Verlag (Hrsg) (2011) Gabler Wirtschaftslexikon, Stichwort: Tacit Knowledge. http://wirtschaftslexikon.gabler.de/Archiv/147159/tacit-knowledge-v4.html.

Stephan A (1999) Emergenz: Von der Unvorhersagbarkeit zur Selbstorganisation, Bd. 2. Dresden University Press, München

Suter A, Weitlaner D (2014) Innovation von Organisationen und Prozessen – Grazer Ansatz für Organisations- und Prozessgestaltung. WINGbusiness 3, Graz

Suter A, Vorbach S, Weitlaner D (2014) Die Wertschöpfungsmaschine: Strategie operativ verankern, Prozessmanagement umsetzen, operational Excellence erreichen. Hanser-Verlag, München

Ungericht B, Wiesner M (2011) Organisation & Change Management-Resilienz-Zur Widerstandskraft von Individuen und Organisationen. Z Führ Org 80(3)

Wipfler C, Müller S, Vorbach WA (2014) Hybride Leistungsbündel – Wenn Produkt und Service verschmelzen. WINGbusiness 3, Graz

Resümee und Ausblick

6

Zusammenfassung

Das Unterbewusstsein von Organisationen ist eine relevante Sichtweise bzw. Metapher auf dem Weg zur Weiterentwicklung unserer Organisationen und damit auch unserer Gesellschaft. Die Zukunft wird keine Organisationen als künstliche Intelligenz sehen, sondern als eine Form hybrider Intelligenz, mit Elementen künstlicher Intelligenz, aber mit – hoffentlich – verantwortungsbewussten Menschen im „Sattel".

Das Unterbewusstsein von Organisationen ist, wenn man es als bewussten Gestaltungsprozess im Sinne der in diesem Buch angerissenen und sicherlich erweiterbaren und weiterzuentwickelnden Leitlinien gestaltet, eine relevante Sichtweise bzw. Kategorie auf dem Weg zur Weiterentwicklung unserer Organisationen und damit auch unserer Gesellschaft. Dies gilt insbesondere angesichts der dynamischen technologischen Entwicklungen in den Bereichen Wahrnehmung, Wissensmanagement und „Knowledge Discovery", Entscheidungsfindung, Automatisierung/Robotics bis hin zur künstlichen Intelligenz.

Diese Sichtweise auf unsere Organisationen – dieses „neu Denken" unserer Organisationen – wird uns dabei helfen, die Chancen dieser technologischen Entwicklungen intelligent zu nutzen und deren Risiken intelligent zu bewältigen. Wir werden „intelligentere" und agilere bzw. anpassungsfähigere Organisationen entwickeln. Diese werden keine künstliche Intelligenz, sondern eine Form hybrider Intelligenz darstellen, mit Elementen künstlicher Intelligenz, aber mit – hoffentlich – verantwortungsbewussten Menschen im „Sattel". Auch die Gesellschaft wird sich entsprechend weiterentwickeln. Die Werte in unserer Gesellschaft werden entscheiden, welche Personen „im Sattel" sitzen und wie sich diese verhalten werden.

Es wird Zeit, sich von alten Paradigmen zu verabschieden, viele Menschen an der Führung der Organisationen zu beteiligen, flache Organisationen zu gestalten, diese mit dem

© Springer-Verlag Berlin Heidelberg 2015
W. Leodolter, *Das Unterbewusstsein von Organisationen*,
DOI 10.1007/978-3-662-44459-7_6

richtigen „Betriebssystem" im Sinne eines integrierten Managementsystems auszustatten, die Entlohnungsstrukturen zu überdenken, etc.

All diese Prozesse vollziehen sich in einem gesellschaftlichen Kontext. Die Gesellschaft wiederum ist selbst im Umbruch. Auch sie bedarf des einen oder anderen Paradigmenwechsels. Die „shareconomy" ist ein kleines Beispiel dafür.

Ein anscheinend bis heute unumstößliches Paradigma ist das Wirtschaftswachstum, das als „Götze" für das Wohlergehen der Gesellschaft angebetet wird und als unverzichtbar gilt. Andernfalls hätten wir die ständige Krise, Verarmung breiter Schichten etc. zu gewärtigen. Auch die Definition dieses Wirtschaftswachstums und seiner Messparameter wird nur marginal weiterentwickelt. Das Selbstverständnis unserer – vor allem westlichen – Zivilisation scheint daran gefesselt zu sein. Ansätze zur besseren Bewertung der Wirtschaftsleistung werden ja bereits diskutiert. Software, Wissen und kostenlose Dienstleistungen wie Wikipedia, Youtube etc. gelten zurecht als unterbewertet. Wenn man beispielsweise früher ein Lexikon gekauft hat, war das ja sehr wohl eine bewertete Wirtschaftsleistung.

Die Ressourcenkrise unseres Planeten ist ebenso häufig ein mediales Thema wie die – voraussichtliche – Entwicklung des Wirtschaftswachstums. Das Paradigma des ständigen Wachstums ist Bestandteil des „Unterbewusstseins" unserer westlichen Gesellschaft und damit auch der Weltwirtschaft. Evolutionär betrachtet – und das sagen bereits zahlreiche Forscher – wird uns das in den Abgrund führen. Man kann an die Berufenen und Verantwortlichen nur appellieren, diesen Teil des „gesellschaftlichen Unterbewusstseins" rasch und schrittweise umzubauen oder einen radikaleren Ansatz zu suchen. Die totale Krise als Anstoß dazu sollten wir nicht abwarten, da die Gefahr besteht, dass dies in unkontrollierte Umbrüche und gesellschaftliche Verwerfungen mündet.

Lassen Sie mich – wie im Vorwort begonnen – mit einer kleinen fiktiven Erzählung zum Autofahren schließen. Das Auto ist ja wohl eines der besten Symbole für unsere westliche Zivilisation:

Wir sind mit hochgezüchteten selbstfahrenden Autos – der neuesten Technologie im Luxusklassebereich – quer durch die arabische Wüste unterwegs. Zunächst führt die Route auf Autobahnen und dann geht es weiter auf typischen Sandpisten. Über Funk sind die Autos untereinander verbunden. Die Passagiere unterhalten sich über die schlechten Wirtschaftsdaten in der Region, in Europa und der USA sowie die immer häufiger werdenden Naturkatastrophen. Aber die Technologien der Energiespeicherung und des Energietransportes machen uns optimistisch hinsichtlich eines sich erholenden Wirtschaftswachstums nach den vergangenen sieben „dürren Jahren". Und das bei endlich sinkenden CO_2-Emissionen!

Es ist zwar ein Sandsturm vorhergesagt, aber die Tanks unserer SUVs sind ja voll. Das Navi wird ja automatisch die richtige Route wählen, um dem Sandsturm auszuweichen. Jeder Fahrer und Passagier haben eine Flasche Wasser dabei. Mehr braucht man in der Regel ja nicht – die Aircondition macht ja nicht durstig. Der Sandsturm hat allerdings gewaltige Ausmaße. Plötzlich funktioniert das Navigationssystem nicht mehr. Es sind keine Satellitensignale mehr zu empfangen. Es war zwar in letzter Zeit des Öfteren von Störungen bei den Satelliten die Rede, nachdem die öffentlichen Haushalte sich mehr auf militärische Infrastrukturen konzentrierten und die Instandhaltung der zivilen Infrastrukturen eher vernachlässigt wurde. Aber mit einem Ausfall hatte niemand gerechnet. Von der Straße ist inzwischen nichts mehr zu sehen. Straßenkarte und Kompass sind nicht im Auto... Wenn das nur gut geht.

Sachverzeichnis

© Springer-Verlag Berlin Heidelberg 2015
W. Leodolter, *Das Unterbewusstsein von Organisationen*,
DOI 10.1007/978-3-662-44459-7